Hannah ARENDT
Ética & Política

Eugênia Sales Wagner

Hannah ARENDT
Ética & Política

Ateliê Editorial

Copyright © 2007 by Eugênia Sales Wagner

Direitos reservados e protegidos pela Lei 9.610 de 19.2.1998.
É proibida a reprodução total ou parcial sem autorização, por escrito, da editora.

1ª edição, 2007
2ª edição, 2015

Dados Internacionais de Catalogação na Publicação (CIP)
(Câmara Brasileira do Livro, SP, Brasil)

Wagner, Eugênia Sales
   Hannah Arendt: ética & política/Eugênia Sales Wagner. – Cotia, SP: Ateliê Editorial, 2006.

ISBN 978-85-7480-705-8

Bibliografia.

1. Arendt, Hannah, 1906-1975. 2. Ética 3. Política – Filosofia I. Título.

06-7489   CDD-320.01

Índices para catálogo sistemático:

1. Arendt, Hannah: Ética & política   320.01

Direitos reservados à
Ateliê Editorial
Estrada da Aldeia de Carapicuíba, 897
06709-300 – Granja Viana – Cotia – SP
Telefax (11) 4612 9666
www.atelie.com.br
contato@atelie.com.br

Impresso no Brasil   2015
Foi feito o depósito legal

Para Werner Altmann

Sumário

PREFÁCIO: Do Amor como Conceito – *Jorge Grespan* 11
APRESENTAÇÃO 17

CAPÍTULO 1 O *Amor à Sabedoria* 27
    A persuasão grega e a autoridade romana 33
    A autoridade em Platão 42
    O amor à sabedoria como amor à verdade 51

CAPÍTULO 2 O *Amor ao Próximo* 61
    A autoridade da Igreja 68
    A liberdade em Agostinho 77
    O amor ao próximo como amor a Deus 93

CAPÍTULO 3 O *Amor à Liberdade* 103
    O fim da autoridade no espaço público 110
    O fim da liberdade nas filosofias da história ... 122
    O amor à liberdade como amor à vida 134

CAPÍTULO 4 O *Amor da Vontade* 147
    Irreflexão e banalidade do mal 160

O mal e o querer 183
O amor à liberdade como amor da vontade 195

CAPÍTULO 5 O *Amor ao Mundo* 219
Da teoria política à vida do espírito 230
Pensar como condição para julgar 243
O amor à liberdade como amor ao mundo. 263

CONCLUSÃO 303
BIBLIOGRAFIA 309

PREFÁCIO

Do Amor como Conceito

Não são muitos os filósofos que se atrevem a enfrentar o tema do amor, em geral fugidio e relutante aos assédios do conceito. Mas algumas filosofias parecem talhadas para ele, ou por ele. É o caso da de Hannah Arendt, conforme a interpretação bela e provocante deste livro.

De fato, como conjugar vontade e sabedoria, liberdade e ética, sem ser através de um impulso de pensamento poderoso e envolvente? Mas como, por outro lado, submeter este impulso à ordem inerente ao conceito? E como deixar de também pensar o amor? Ou serão estas questões mesmas imperativos e ciladas propostas por ele em sua total exigência?

É de tudo isso que trata Eugênia Wagner nas páginas que se seguem. Fruto de um doutorado, este livro se inspira no próprio doutorado de Hannah Arendt, sobre *O Conceito de Amor em Agostinho*, defendida em Heidelberg, no já distante ano de 1928. Ali o amor se desdobrava em três dimensões: o anseio, a relação com Deus e a relação com o próximo. Aqui ele se apresenta como "amor à sabedoria", "amor ao próximo", "amor à liberdade", "amor da vontade" e "amor ao mundo", de acordo com o título de cada um dos cinco capítulos em que se divide o livro. Em cada um deles, uma dimensão é avaliada e relacionada às outras, compondo um todo de sentido.

O "amor à sabedoria" é a definição mesma de filosofia, como se sabe. No ponto de partida da investigação, ele remete a Sócrates, figura emblemática e venerável, a quem Hannah Arendt atribui a vontade de conciliar as opiniões que dividiam e ameaçavam cindir a pólis grega. Mas nisso se revela a "sabedoria" socrática: não seria possível tal conciliação se cada um persistisse em impor sua opinião como verdade aos demais. Nem ele tentava persuadir ninguém de uma doutrina, colocando-se em pé de igualdade com os outros e admoestando-os a escutarem e respeitarem as opiniões recíprocas. Esta é sua forma específica de "amar", para Hannah Arendt, a *philia* que recusa a separação entre *doxa* e *epistemé*, abrindo a todos o mesmo direito de falar e de buscar um entendimento comum.

E este é o ponto de partida também da forma deste livro, impregnado por uma ideia central, tomada por Hannah Arendt de Jaspers e de Kant, sobre a necessidade de a filosofia poder ser comunicada a todo um amplo público. Não se deve confundir tal "comunicabilidade", que confere verdade a todo pensamento, com vulgarização dos conceitos, algo tão temido pela filosofia acadêmica. Ela pode ser acessível sem rebaixar as suas exigências, e tem de sê-lo, sob pena de se isolar do mundo e não conseguir dizer mais nada de pertinente a ele, isto é, algo de verdadeiro. Assim, por princípio, a opinião vale tanto quanto o conhecimento rigoroso. Mas isso vale não apenas para os autores mencionados, como para a autora deste livro. Daí seu estilo direto e simples, desinteressado nas demonstrações e formulações sistemáticas, mas muito feliz nas imagens e na sensibilidade com que sugere ou revela. Daí a leveza com que cita e apresenta os pensadores cruciais para o diálogo de Hannah Arendt consigo mesma.

Mas este "amor à sabedoria" não se contenta em criticar e abrir uma alternativa ao medo da simplicidade, tradicional na filosofia; ele pretende explicá-lo. A condenação de Sócrates teria levado os seus seguidores a um abandono ressentido da pólis, a uma distinção radical entre *doxa* e *epistemé*, de modo a se colocar numa esfera separada e pretensamente superior. A filosofia parecia ser, assim, algo absolutamente distinto da política, capaz de orientá-la de fora, ou de cima. Surge uma "sabedoria" distinta da amada por Sócrates. O filósofo se isola, torna-se solitário.

Impossível não lembrar aqui o conhecido aforismo de Nietzsche: "Para viver só, deve-se ser um animal ou um deus – diz Aristóteles. Falta o terceiro caso: deve-se ser ambos – *filósofo*". Pois de fato é preciso distinguir entre a solidão do isolamento e a do estar-só. A divindade brutal ou a animalidade divina do filosofar nietzschiano não se confunde com o tipo de ascetismo que pretende cortar os laços com o mundo e com a pólis. Na figura do filósofo que se isola já aparece a do cristão, cindido interiormente e, por isso, carente do diálogo consigo mesmo, "carente de sua própria companhia", na caracterização certeira de Hannah Arendt.

E assim, para continuarmos na pista de Nietzsche, aparece a forma tipicamente ascética da crueldade, em que a culpa pela dor da cisão e da solidão é posta no mundo, e a crueldade para consigo também deve ser crueldade para com o outro. Surge um espaço para um tipo particular de violência, da ação do homem que despreza o mundo. Ou, por outro lado, surge o desprezo da própria ação, que se vê impotente para interferir em processos autonomizados. É o espaço das filosofias da história, típicas da modernidade sucessora do cristianismo.

A oposição a elas é mote contínuo do pensamento de Hannah Arendt, porque concebem os afazeres do mundo humano submetidos a um mecanismo independente da vontade e da consciência dos agentes históricos. A indiferença em face do mundo tomaria nelas a forma de rendição à força sobre-humana de tais mecanismos e, muitas vezes, de cooperação com eles. Daí a "banalidade do mal". O ponto de vista da filosofia da história se mantém, de certo modo, agora como crueldade burocrática indiferente à vida real, à vida do indivíduo.

Eugênia Wagner insiste, com firmeza e argúcia, em que não há ruptura na obra de Hannah Arendt a partir de sua reflexão em *Eichmann em Jerusalém*. Ao contrário do que pretendem alguns comentadores, ela não teria aí se afastado da política e retornado à filosofia, mas persistido na primeira sob outra forma. Tratava-se ainda de afirmar o espaço da vontade diante do mecanismo do mundo. Este é o "amor da vontade" que emerge do "amor à liberdade" como sua condição. A liberdade não pode ser desejada como um prêmio a ser alcançado somente ao final de um processo histórico inevitável e constrangedor, dentro do qual meios violentos e coercitivos poderiam ser usados legitimamente. Com isso se perde o presente, dissolvido num futuro sempre adiado. O eco heideggeriano é claro: as filosofias da história concebem a temporalidade de modo impróprio, separando passado, presente e futuro e, ao mesmo tempo, considerando que esses momentos são homogêneos.

Mas a liberdade tematizada por Hannah Arendt é justamente a revelação da potência transformadora do querer, a espontaneidade desvinculada do compromisso com processos "externos" impositivos, a força de propor e buscar "novos começos". Retorna assim uma concepção decisiva de Agostinho, a da liberdade como instituição permanente de um "novo começo" para a vida, agora com a roupagem moderna da recuperação revolucionária do controle sobre os rumos da existência humana.

E também retorna a definição fundamental do "amor ao próximo" agostiniano. Ele deve ser repensado enquanto móvel do fim do isolamento do pensador, como sua volta à pólis, não no sentido de aplicar a ela fórmulas derivadas de sistemas doutrinários e dogmáticos, e sim no de pronunciar-se sobre a política.

O objetivo principal do livro surge agora claramente. Na figura final do "amor ao mundo", Eugênia Wagner sintetiza toda a sua discussão, cogitando sobre qual teria sido o conteúdo da última e inacabada obra de Hannah Arendt, *A Vida do Espírito*. Das três partes planejadas para ela, apenas as duas primeiras, "O Pensar" e "O Querer" foram escritas, deixando a última, "O Julgar", como um simples título sugestivo e polêmico. De qualquer modo, é sintomático que julgar venha como reflexão sobre pensar e querer, que os reúna e distinga. Hannah Arendt retoma aqui sem dúvida o tema da relação entre teoria e prática, completando um longo amadurecimento sobre as obras tanto de Heidegger, a quem censurava a identificação do pensar ao agir, quanto de Marx, criticado por ter ao final submetido a liberdade à necessidade. Pouco importa se estas críticas são adequadas. Em geral, os filósofos não são justos com seus predecessores, pois têm em vista retomá-los no bojo do pensamento que estão elaborando. Importa a solução específica dada ao seu próprio problema.

Mais do que uma relação dialética entre teoria e prática, pensamento e vontade, haveria uma relação estabelecida pelo ato de julgar. O pensar não é algo posterior ao agir, na forma da crítica, e nem anterior, à maneira de um projeto puramente imaginado. Eles constituem os momentos de um mesmo gesto, desde que este seja guiado pelo amor ao mundo, em que a ação não se refere a uma finalidade pensada e que serviria de baliza de sua eficiência. A medida do julgar não está numa finalidade externa à ação, apreendida por um pensar contemplativo, e nem numa ação que se impõe ao pensamento, impedindo a sua crítica. A ação guiada pelo amor ao mundo encontra o seu fim em si mesma, de tal forma que a crítica não lhe retira o encantamento.

No fundo, temos uma resposta ao velho dilema do amor: o conhecimento do que encanta, na medida em que o submete ao conceito e ao julgamento, destrói o próprio encantamento? Deveríamos então só exercer a crítica depois de nos deixarmos "arrebatar" por algo, como propõe o texto de Jaspers que aparece na epígrafe do capítulo 4 do livro? A crítica, se feita desde o começo, impediria o "arrebatamento", o deixar-se levar por uma ação, o sentir-se dominado por uma força que escapa até da compreensão de quem age? Neste caso, não haveria ação. Mas Hannah Arendt responde, lembrando a *Crítica do Juízo* kantiana: "é belo o que agrada no mero ato de julgar".

O "ato de julgar" como expressão do pensar e do querer, do conhecer criticamente e do encantar-se, é realmente um ponto crucial descoberto por Hannah Arendt, e por Eugênia Wagner na obra da filósofa. Donde o enorme interesse despertado por seu livro. A sua evidente preocupação em sugerir e inspirar, mais do que em demonstrar e explicar, desprende-se do próprio ponto iluminado. E assim, o critério mesmo do julgamento "que agrada no mero ato" da crítica conforma o texto todo, emergindo como a sensação bela e provocante que dele fica para o leitor.

Prof. Dr. Jorge Grespan
Universidade de São Paulo

Apresentação

Hannah Arendt obteve o título de doutora pela Universidade de Heidelberg, em 1928, com a tese intitulada O *Conceito de Amor em Agostinho*[1]. Ainda que esse primeiro estudo tenha deixado marcas decisivas em toda a obra arendtiana, nem de longe poderia indicar os rumos que tomariam as reflexões dessa pensadora.

A fuga que empreendeu em 1933 da Alemanha para a França, movida pela ascensão do nazismo em sua terra natal, não significou alienação em relação aos acontecimentos; levou-a, ao contrário, à resistência. Em seu primeiro país de exílio – a França –, Arendt atuou junto a organizações que prestavam auxílio a antifascistas e enviavam judeus para a Palestina.

Deixou para trás a intelectualidade apolítica de seus círculos universitários. Encontrou um grupo de pares que incluía artistas e operários, judeus e não-judeus, ativistas e párias. [...] Ao começar a Segunda Guerra Mundial [...] esse grupo dispersou-se.

Hannah Arendt e Heinrich Blücher [marido de Arendt] tiveram sorte. Receberam vistos norte-americanos provisórios e puderam viajar através do sul da França à Espanha e depois para Lisboa, onde embarcaram para Nova York[2].

---

1. *Der Liebesbegriff bei Augustin*, publicada em 1929.
2. E. Young-Bruehl, *Hannah Arendt: Por Amor ao Mundo*, Rio de Janeiro, Relume-Dumará, 1997, p. 125.

Enquanto perduraram e até muito tempo depois, aqueles fatos povoaram o espírito de H. Arendt. Era necessário compreendê-los, pois compreender "é a maneira especificamente humana de estar vivo; toda pessoa precisa reconciliar-se com um mundo em que nasceu como um estranho e no qual permanecerá para sempre um estranho, em sua distinta singularidade"[3].

Em *Responsabilidade Pessoal sob a Ditadura* (1964), Arendt afirmou:

para a minha geração e as pessoas de minha origem, a lição começou em 1933 e terminou quando não apenas os judeus alemães, mas o mundo inteiro tomou conhecimento das monstruosidades que ninguém acreditou possível no princípio. [...] Muitos de nós tivemos necessidade dos últimos vinte anos para buscar uma possível reconciliação com o que aconteceu, não em 1933, mas em 1941 e 1942 e 1943, até o amargo fim. E com isso eu não me refiro à aflição e tristeza pessoais, mas ao próprio horror, com o qual, como podemos ver agora, nenhuma das partes envolvidas foi capaz de se reconciliar[4].

Foram as perplexidades diante desses acontecimentos e aquelas surgidas a partir de eventos a eles associados, como, por exemplo, o totalitarismo na União Soviética e, mais tarde, o julgamento de Adolf Eichmann em Jerusalém, que determinaram os rumos das reflexões de Hannah Arendt e grande parte de sua obra.

Como isso pode acontecer? Por que alguns intelectuais não se deram conta – ainda que o tivessem feito um pouco mais tarde e entre eles Heidegger – do sentido dos acontecimentos que tiveram lugar com a chegada de Hitler ao poder? Qual a reconciliação possível para o fato de que não apenas os inimigos, como era de esperar, mas também os amigos houvessem virado as costas a ela e a outros,

---

3. H. Arendt, "Understanding and Politics", em *Essays in Understanding: 1930-1954*, New York, Harcourt Brace & Company, 1994, p. 308.
4. H. Arendt, "Personal Responsibility Under Dictatorship", em *Responsibility and Judgment*, New York, Schocken Books, 2003, p. 23.

transformando-se em colaboracionistas? Qual a origem do mal totalitário? E ainda, como Eichmann, criminoso de guerra – responsável pela eficiência do transporte de judeus para os campos de concentração –, pode proclamar a própria inocência alegando "obediência a ordens superiores"?

De outra maneira: que "correntes subterrâneas da história" poderiam explicar a "originalidade chocante" daqueles eventos? Por que a tradição de pensamento político não era capaz de contribuir para a compreensão do mal totalitário? Como, "da noite para o dia", indivíduos podiam trocar um código de ética por outro?

Referidas à conduta e à ação humanas, essas questões constituíram importantes balizas para este estudo, que pretendia alcançar, inicialmente, o que há, talvez, de mais importante no pensamento arendtiano: as relações entre ética, liberdade e política.

Essas relações constituem por si mesmas um desafio. De um lado, as experiências vivenciadas em nossos dias revelam com frequência a falta de vínculos entre ética e política. De outro lado, uma possível identidade entre ética e liberdade costuma ser questionada pelo motivo, bastante comum, de atribuir à ética o quinhão roubado à liberdade. Além disso, há o fato para o qual Hannah Arendt chamou a atenção: as experiências da atualidade, bem como o pensamento político apontam para o "divórcio entre liberdade e política"[5], soando, assim, como um "velho truísmo" a afirmação de que a liberdade é a razão de ser da política.

> Penso que o leitor poderá acreditar ter lido apenas um velho truísmo quando eu disse que a razão de ser da política é a liberdade e que a liberdade é essencialmente vivenciada na ação[6].

Outro desafio deveria ser enfrentado, todavia. Em se tratando de H. Arendt, esbarra-se na incompletude de *A Vida do Espírito*: na

---

5. H. Arendt, "What is Freedom?", em *Between Past and Future*, New York, Penguin, 1993, p. 151.
6. H. Arendt, "What is Freedom?", *op. cit.*, p. 151.

ausência da terceira e última parte dessa obra – "O Julgar" – e na inexistência de uma exposição de motivos para o conjunto da obra, uma dificuldade que as introduções às duas partes terminadas da obra – "O Pensar" e "O Querer" – tendem a ocultar. Elaboradas para conferências a serem ministradas separadamente, em 1973 e 1974, para as "Gifford Lectures" em Aberdeen, essas introduções explicitam apenas parcialmente o empreendimento arendtiano em *A Vida do Espírito*[7].

Seguir pistas e decifrar enigmas tornou-se, por esse motivo, uma condição para apreensão das relações entre ética, liberdade e política no pensamento arendtiano. Uma dessas pistas destacou-se das demais por ampliar os horizontes inicialmente estabelecidos para esta reflexão. Trata-se da confidência que H. Arendt fez a H. Jonas quando começou a trabalhar naquela que seria a sua última obra: pela teoria política havia feito "tudo o que me era possível"; passaria a dedicar-se agora "a assuntos transpolíticos" – isto é, à filosofia, concluiu H. Jonas.

Ainda que essa afirmação seja objeto de discordância entre os estudiosos do pensamento arendtiano, uma tal polêmica limitou-se a duas posições: para alguns, Arendt passou a dedicar-se à filosofia apenas em *A Vida do Espírito*; afirmam outros que essa pensadora nunca se afastou da filosofia. Ainda que à primeira vista os dois argumentos pareçam inconciliáveis, complementam-se: Arendt nunca se afastou da reflexão filosófica, mas pretendia elaborar uma filosofia em *A Vida do Espírito*. A dificuldade não está propriamente no prefixo "trans", que tem o sentido de "além de" e que permite supor que Arendt se referia à filosofia, e, sim, na palavra "política". Por que teria mantido a palavra política quando se referiu à filosofia?

Segundo Karl Jaspers, quando alguém pensa "além de" continua "dentro de" e quando alguém pensa "além de um fenômeno" permanece cativo ao fenômeno. *A Vida do Espírito* trata de filosofia

---

7. As conferências sobre "O Querer" foram interrompidas quando Arendt, já em Aberdeen, sofreu um ataque cardíaco. Sobre "O Julgar", Arendt deixou apenas uma folha na máquina de escrever, contendo o título e duas epígrafes.

e de política. Mas nesse caso surge uma nova questão: como poderia Arendt dedicar-se agora à Filosofia Política, se ela própria havia emprestado uma conotação negativa a esta? No âmbito da crítica arendtiana à tradição de pensamento político, Filosofia Política diz respeito à separação entre pensamento e ação.

Embora *A Vida do Espírito* trate de filosofia e de política, é convicção neste estudo que H. Arendt não estava elaborando uma Filosofia Política nessa obra e, sim, uma Filosofia da Liberdade. Não se trata aqui nem de um paradoxo nem de um sofisma, considerando o sentido que Filosofia Política e Liberdade ganham no pensamento arendtiano. Enquanto as filosofias políticas tradicionais ignoram o fenômeno político da liberdade, é justamente à liberdade que Arendt reserva um espaço precioso em *A Vida do Espírito*, uma pista que este estudo não se descuidou em seguir: as questões que Arendt deixou em aberto em "O Pensar", o tema de "O Querer", bem como as indicações a respeito do conteúdo de "O Julgar" dizem respeito ao fenômeno político da liberdade.

A suposição de que as relações entre ética, liberdade e política pertenciam a uma filosofia inacabada da Liberdade tornou a elucidação do empreendimento arendtiano em *A Vida do Espírito* uma condição para alcançar aquelas relações. Não foi por acaso que esta reflexão alcançou bem mais do que esperava: uma ética que é o coração mesmo de uma Filosofia da Liberdade.

Diferentemente dos manuais de Ética, esta investigação não arrasta no tempo e para um espaço comum uma variedade de concepções de ética, com a finalidade de somar a um rol de pensadores assim colecionados mais um nome: o de Hannah Arendt. Se esta reflexão visita a tradição de pensamento político é com o intuito único de alinhar-se à perspectiva de H. Arendt, quando essa pensadora analisa criticamente o pensamento político tradicional, desmitificando noções e conceitos que não estão assentados na realidade factual ou resgatando ideias que são verdadeiros tesouros dentro dessa mesma tradição.

Este estudo acompanha H. Arendt na investigação dos fatos históricos e no questionamento das filosofias, das doutrinas religiosas e das ideologias, um percurso considerado promissor para o aclaramento do espaço conceitual arendtiano. Trata-se da travessia entre teorias e acontecimentos humanos, tal como Arendt a empreendeu ao dedicar grande parte de seu tempo a refletir sobre "a natureza problemática da relação entre filosofia e política ou teoria e prática ou, mais simplesmente e precisamente, pensar e agir"[8], nas palavras de Jerome Kohn, e a viver a "tensão constante entre o desejo de elaborar uma teoria e sua vontade de estar disponível diante dos acontecimentos", como bem sublinhou Claude Lefort[9].

Essa não é, todavia, uma tarefa simples, pois acompanhar Arendt significa trafegar numa "dupla direção de choque", como afirmou Ursula Ludz: "de forma negativa [...], trata-se da crítica ao pensamento determinado pela dominação; por outro lado – positivo, por conseguinte – trata-se de realçar o que, além disso, houve em pensamento e experiências"[10]. E significa, também, caminhar em meio a uma desconstrução teórica, assim definida por Remi Peeters:

> Porque as falácias metafísicas são ao mesmo tempo ilusões [...], Arendt prefere desmontá-las, mais do que rejeitá-las. Desmontar significa: dar a ver o seu paradoxo existencial subjacente e mostrar em que sentido elas deformam, recobrem e ignoram, ao mesmo tempo, este paradoxo[11].

É uma desconstrução que procura explicitar a experiência factual subjacente àquilo que foi pensado, não considerada pela metafísica, e que leva em conta, como afirmou Karl Jaspers, a condição humana daquele que pensou[12]. A finalidade da desconstrução que

---

8. J. Kohn, "Introduction", em H. Arendt, *Responsibility and Judgment*, New York, Schocken Books, 2003, p. vii.
9. Claude Lefort, "Hannah Arendt y la cuestión de lo político", em *Hannah Arendt: El orgullo de pensar*, Barcelona, Gedisa, 2000, pp. 133-134.
10. U. Ludz, "Commentaire de l'éditeur", em H. Arendt, *Qu'est-ce que la politique?*, Paris, Éditions du Seuil, 1995, p. 172.
11. R. Peeters, "Hannah Arendt et le démantèlement de la vita contemplative", em *Hannah Arendt et la modernité*, Paris, Vrin, 1992, p. 22.
12. K. Jaspers, *Iniciação Filosófica*, 9. ed., Lisboa, Guimarães Editores, 1998, p. 126.

Arendt empreende não é a de incriminar filosofias ou filósofos, mas a de apontar as limitações das construções histórico-políticas elaboradas por filósofos que viveram afastados das comunidades políticas.

A travessia que este estudo realiza, em meio à "desconstrução teórica" arendtiana e através daquela "dupla direção de choque", poderia tornar-se obscura, todavia, se não levasse em conta aquilo que tem sido chamado por alguns estudiosos do pensamento arendtiano de "peças de um quebra-cabeças"[13]. E não é surpresa, como afirmou Dana R. Villa, que o pensamento de Arendt seja visto dessa maneira, pois não se trata de um sistema[14]. A reflexão arendtiana move-se constantemente à medida que essa pensadora se posiciona em um lugar diferente para olhar um mesmo fenômeno.

Algumas "peças" do "quebra-cabeças" arendtiano foram articuladas com o propósito de desvendar o empreendimento arendtiano em *A Vida do Espírito*, bem como emprestar clareza à exposição. Para essa articulação foram eleitos três conceitos, aqueles que pareceram os mais adequados para guiar a presente reflexão: os conceitos de liberdade e de autoridade – "dois conceitos políticos centrais inter-relacionados"[15] – e o conceito de amor ou, mais precisamente, as distintas formas de manifestação do amor presentes na obra de H. Arendt[16].

Seguindo o exemplo de Arendt, este estudo caminha com Jaspers e com Kant, exercitando o que este último chamou de a "popularização da filosofia", quando se referiu à importância da comuni-

---

13. Para D. Villa, *Origens do Totalitarismo* deixou nas mãos de Arendt um quebra-cabeças que acabaria por moldar as subsequentes explorações arendtianas em teoria política. D. Villa, "Introduction: The Development of Arendt's Political Thought", em *The Cambridge Companion to Hannah Arendt*, New York, Cambridge University Press, 2002, p. 6.
14. *Idem*, p. 1.
15. H. Arendt, "Preface: The Gap Between Past and Future", em *Between Past and Future*, op. cit., p. 15.
16. Para uma opinião diferente ver A. Heller. Segundo essa pensadora, "sua teoria [a de H. Arendt] distinguia-se por uma ausência única de sentimentalismo. [...] Amor e compaixão [...] [eram sentimentos] vistos por ela [Arendt] como estorvos desnecessários à reflexão intelectual". A. Heller & F. Fehér, *A Condição Política Pós-moderna*, Rio de Janeiro, Civilização Brasileira, 1998, p. 134.

cabilidade entre autores e leitores e ao anseio de comunicabilidade da razão, que nada tem em comum com a vulgarização das ideias filosóficas. Para Jaspers, a razão almeja a comunicação total, na medida em que "deseja conservar tudo o que se pode expressar, tudo o que existe, tudo o que se acaba"[17]. Segundo Arendt, "a razão – não porque o homem seja um ser pensante, mas porque ele só existe no plural – também quer a comunicação e tende a perder-se caso dela tenha de se privar; pois a razão, como observou Kant, não é de fato 'talhada para isolar-se, mas para comunicar-se'"[18].

Compartilhando com esses pensadores a crença na importância da comunicabilidade das ideias, esta reflexão ganha sentido se puder sintonizar essa convicção com a expressão das ideias que veicula, isto é, se puder articular complexidade e clareza, de modo a oferecer-se aos pesquisadores de diferentes áreas de conhecimento. Os méritos ou deméritos de uma tal disposição certamente se revelarão ao final; o importante a considerar no momento são as palavras de H. Arendt que inspiraram um tal intento:

> A solidão crescente dos filósofos [desde Hegel], num mundo que não se interessa pela filosofia porque vive absolutamente fascinado pela ciência, originou as conhecidas e tantas vezes denunciadas ambiguidades e obscuridades que muitos consideram características da filosofia alemã e que são, seguramente, a marca distintiva de todo o pensamento absolutamente solitário e incomunicativo. Ao nível da opinião corrente isto significa que clareza e grandeza são vistas como opostas. As numerosas declarações de Jaspers depois da guerra [...] obedeceram sempre a um esforço deliberado de popularização, de falar de filosofia sem recorrer a uma terminologia técnica, ou seja, à convicção de que é possível apelar à razão e à inquietação "existencial" que há em todos os homens. Filosoficamente tal só foi possível concebendo-se como uma e mesma coisa a verdade e a comunicação[19].

---

17. K. Jaspers, *Filosofía de la existencia*, Barcelona, Editorial Planeta-Agostini, 1985, p. 78.
18. H. Arendt, "Thinking", em *The Life of the Mind*, New York, Harcourt, Inc., 1978, p. 99.
19. H. Arendt, "Jaspers: Cidadão do Mundo", em *Homens em Tempos Sombrios*, Lisboa, Relógio D'água, 1991, p. 106.

Os três primeiros capítulos estão assentados, principalmente, na teoria política de H. Arendt, mais precisamente nas obras que essa pensadora produziu na década de 1950 e início da década de 1960 – em período anterior ao julgamento de Eichmann –, pois este estudo defende que a teoria política arendtiana guarda parte do segredo do empreendimento arendtiano inacabado: de *A Vida do Espírito*. Não é por acaso que a coletânea de textos *Entre o Passado e o Futuro* – destacando-se, entre esses, *O que É Liberdade?* e *O que É Autoridade?* – é um referencial permanente para os capítulos iniciais. É nessa coletânea, como ressaltou Celso Lafer, que "pulsa simultaneamente o conjunto de inquietações" de Hannah Arendt e onde está contido

ainda que de forma um tanto dispersa, todo o temário de sua obra, constituindo-se, portanto, num excelente ponto de partida para uma tentativa de interpretação e organização do seu pensamento. Este ponto de partida é metodologicamente útil porque uma leitura de Hannah Arendt implica um certo esforço de decodificação, pois as linhas de ordenação de seu pensamento não são óbvias e não se encontram apenas nos seus enunciados mas, também, nas inquietações que estruturam os seus trabalhos[20].

Os três primeiros capítulos conformam três painéis independentes que, referidos a períodos históricos diferentes, introduzem ideias e conceitos arendtianos e conformam, assim, o lugar em que se firmam as reflexões que constituem os dois últimos capítulos. Cada um dos três capítulos iniciais investiga os conceitos de liberdade, de autoridade e de amor, enfatizando o distanciamento e o estranhamento que Arendt identifica entre pensamento político tradicional e realidade factual política[21].

20. C. Lafer, *Hannah Arendt: Pensamento, Persuasão e Poder*, 2. ed., São Paulo, Paz e Terra, 2003, p. 51.
21. Nem Arendt nem este estudo pretendem reinstaurar, como se verá, a autoridade da tradição de pensamento, emendando o fio tradicional que se partiu no limiar da Era Moderna ou lançando mão do fio utilizado por Hegel para estabelecer a continuidade da tradição; o fio que permitiu a esse pensador conectar de forma unilinear e coerente, tal como ressaltou Arendt, as diferentes tendências do pensamento tradicional em um todo organizado.

O primeiro capítulo, "O Amor à Sabedoria", introduz os conceitos necessários ao estudo de "O Pensar", ao considerar o descompasso entre a noção de autoridade presente na tradição de pensamento político e a experiência da liberdade vivida na Antiguidade greco-romana. O capítulo segundo, "O Amor ao Próximo", ao se debruçar sobre o conceito de liberdade presente no pensamento de Agostinho e sobre os fatos que marcaram a fundação da autoridade política da Igreja, na Idade Média, faz um estudo preliminar da faculdade da vontade no pensamento cristão, abrindo caminho para o estudo de "O Querer". O amor à liberdade, tema do capítulo terceiro, diz respeito ao fim da autoridade no espaço público e aos acontecimentos revolucionários que tiveram lugar na era moderna. Este capítulo ocupa-se, também, do estudo do uso ideológico das filosofias da história pelo Totalitarismo e pelo Terror, introduzindo algumas das reflexões de Arendt sobre o juízo do historiador, um tema decisivo para a posterior tentativa de recuperação das ideias arendtianas a respeito da atividade de julgar.

O capítulo IV – "O Amor da Vontade" – ocupa-se do conceito de banalidade do mal, das críticas arendtianas à filosofia moral, bem como das consequências do solipsismo filosófico para a construção dos produtos do pensamento. O último capítulo – "O Amor ao Mundo" – intenta desvendar os caminhos que Arendt seguiria em "O Julgar" e dedica-se, a partir da interpretação arendtiana da terceira crítica kantiana – *Crítica da Faculdade do Juízo* –, a decifrar os enigmas que Arendt deixou como herança e que são indispensáveis à elucidação do empreendimento arendtiano e de uma ética em *A Vida do Espírito*.

Agradeço aos professores Antonio José R. Valverde, Jorge Grespan e Oswaldo Giacoia Junior pelas sugestões. Pelo estímulo, sou grata a Alexandre W. Bernardi e Werner Altmann.

CAPÍTULO I

O Amor à Sabedoria

> *Se nós pudéssemos conhecer a verdade haveríamos de nos preocupar com o que dizem os homens?*
>
> Sócrates, *Fedro*.

Quando, em 1970, Arendt afirmou que adotara Sócrates como modelo – em conferência que deu origem a *Pensamento e Considerações Morais*[1] –, não se preocupou em enfatizar a importância desse modelo para o conjunto da própria obra. Sócrates é, no entanto, um referencial permanente no pensamento arendtiano, enquanto "tipo ideal de cidadão-filósofo".

Proponho procurar um modelo, um exemplo que [...] pudesse ser representativo de nosso "todo mundo", isto é, procurar um homem que não se conte nem entre os muitos nem entre os poucos [...]; que não tenha aspirado a ser um governador das cidades nem reivindicado saber como melhorar e cuidar as almas dos cidadãos; que não tenha acreditado que os homens pudessem ser sábios e que não tenha invejado a sabedoria divina dos deuses, no caso de a possuírem;

---

1. Conferência apresentada no encontro de 30.10.1970 da Society for Phenomenology and Existential Philosophy, realizado na New School for Social Research. Esse texto foi parcialmente incorporado à conferência sobre *O Pensar* para as Gifford Lectures e posteriormente foi incorporada à primeira parte de *A Vida do Espírito*.

e que, portanto, jamais tenha tentado formular uma doutrina que pudesse ser ensinada e aprendida[2].

Se Sócrates é, para Arendt, aquele que "foi escolhido em meio à multidão de seres vivos, no passado ou no presente, porque possuía uma significação representativa na realidade, que somente precisava de alguma purificação para revelar plenamente o seu significado"[3], ele é, também, a origem do pensamento crítico. Em *Lições sobre a Filosofia Política de Kant* – a coletânea das aulas ministradas por Arendt no outono de 1970, na New School for Social Research – Arendt ressaltou que o pensamento crítico tem origem socrática, tendo sido Kant quem associou o seu próprio pensamento ao de Sócrates. Nesse mesmo sentido apontou Jaspers – "o único discípulo de Kant", tal como Arendt a este se referiu naquelas lições –, para quem Sócrates é um referencial: "Cabe dizer que, na atualidade, não pode existir um filosofar sem Sócrates, ainda que ele seja visto tão somente como um brilho em um passado remoto[4]".

O pensamento crítico é, segundo H. Arendt, aquele que se encontra fundado na experiência, é modesto, não-dogmático ou doutrinário e coloca em exame o próprio pensar. A partir dessas características, às quais este estudo deverá retornar oportunamente, é fácil distinguir a figura de Sócrates retratada por Arendt já em 1954, em *Filosofia e Política*[5], embora nessa ocasião enfatizasse muito mais o abandono da *polis* pelo filósofo, isto é, a separação entre pensamento e ação, marco do nascimento da tradição de pensamento político.

Para o contexto deste capítulo é imprescindível levar em consideração a história de Sócrates e de Platão, pois, como salientou

---

2. H. Arendt, "Thinking and Moral Considerations", em *Responsibility and Judgment*, op. cit., p. 168.
3. *Idem*, p. 169.
4. K. Jaspers, *Los grandes filósofos/Los hombres decisivos: Sócrates, Buda, Confucio, Jesús*, Madrid, Editorial Tecnos, 1993, p. 133.
5. Esse texto é parte da conferência que Arendt apresentou na Notre Dame University, sob o título: "The Problem of Action and Thought after the French Revolution".

Jerome Kohn, é através desses dois pensadores que Arendt "mostra que a relação entre pensamento e política era essencialmente problemática desde o início" da tradição de pensamento político[6]. O Sócrates arendtiano – apenas um entre os incontáveis modelos de Sócrates criados por filósofos e historiadores[7] – é, todavia, anterior à tradição; é ele que unifica, nas palavras de Arendt, duas paixões contraditórias: a de pensar e a de agir.

Sócrates é aquele que se dedicou à atividade de pensar, mas não pretendeu converter os cidadãos da *polis* a quaisquer crenças ou convicções. Desejava instaurar um espaço de compreensão, que não era a sua própria, num momento em que a *polis*, em crise desde a morte de Péricles, encontrava-se assolada por um individualismo exacerbado. Sócrates queria tornar amigos os cidadãos da *polis*.

E esse foi realmente um propósito muito compreensível em uma *polis* em que a vida consistia em uma intensa e ininterrupta competição de todos contra todos, de *aéi aristeúein*, para mostrar-se incessantemente como o melhor de todos. Esse espírito agonístico levava as cidades-estado gregas à ruína, pois o estabelecimento de alianças entre os cidadãos era difícil e a inveja e o ódio mútuo

---

6. J. Kohn, "Freedom: The Priority of the Political", em *The Cambridge Companion to Hannah Arendt*, New York, Cambridge University Press, 2002, p. 122.
7. Vasco de Magalhães-Vilhena se ocupa da polêmica que gira em torno da figura do Sócrates histórico, bem como dos incontáveis modelos criados pelos admiradores e detratores de Sócrates. A variedade de modelos encontra sua divisão mais elementar entre os socráticos e os antissocráticos, sendo a posição de Kierkgaard, segundo o autor, "uma das mais estranhas e desconcertantes que jamais foram tomadas: Sócrates é incognoscível; sem medida comum, a sua personalidade é inapreensível pelos historiadores". V. Magalhães-Vilhena, *O Problema de Sócrates: O Sócrates Histórico e o Sócrates de Platão*, Lisboa, Fundação Calouste Gulbenkian, 1984, p. 24. Outra concepção curiosa é a de H. Bergson, para quem "Sócrates ensina porque o oráculo de Delfos falou. Ele recebeu uma missão. É pobre e deve continuar pobre. É preciso que se misture ao povo, que se faça povo, que sua fala vá ao encontro da fala popular. Ele nada escreverá para que seu pensamento se comunique, vivo, a espíritos que o transmitirão a outros espíritos. [...] Em suma, sua missão é de ordem religiosa e mística, no sentido em que tomamos hoje essas palavras". H. Bergson, *As Duas Fontes da Moral e da Religião*, trad. Nathanael C. Caixeiro, Rio de Janeiro, Zahar, 1978, pp. 51-52.

envenenava a vida doméstica (a inveja era o vício nacional da Grécia antiga), o bem público era constantemente ameaçado[8].

A amizade (*philia*), que permite aos amigos compreenderem "como e em que articulação específica o mundo comum aparece para o outro"[9], cria, do ponto de vista político, um espaço de compreensão entre aqueles que aí convivem, ainda que cada um observe o mundo a partir de uma perspectiva diferenciada. Ao desejar tornar amigos os cidadãos da *polis*, Sócrates manifestava a convicção de que a humanidade de cada um é expressão do fato de que o mundo é o mesmo mundo para todos, ainda que se abra de um modo diferente para cada cidadão.

O que a amizade instaura é a comunidade: indivíduos diferentes tornam-se parceiros iguais. É a amizade em sentido político, que corresponde à *philia politike* aristotélica, que instaura um mundo comum *entre* os cidadãos – o mundo que aproxima e separa os cidadãos.

Se a missão de Sócrates era impossível, tendo sido esse, talvez, o motivo pelo qual foi condenado ou se a missão socrática tornou-se impossível por causa da condenação é um assunto a ser retomado oportunamente. Importa sublinhar, no momento, que utilizando a *maieutica* – o diálogo que questionava as convicções dos cidadãos – Sócrates acreditava que poderia recriar um espaço de convivência entre os cidadãos.

> Pois o comum do mundo político [nessa época de crise] era constituído apenas pelos muros da cidade e pelos limites de suas leis, não era visto ou vivido nas relações entre os cidadãos nem no mundo que existia *entre* eles[10].

Sócrates desejava instaurar um espaço em que as diferentes maneiras de compreender e de falar o mundo aflorassem e pudessem ser

---

8. H. Arendt, "Philosophy and Politics", *Social Research*, New York, vol. 71, n. 3, Fall 2004, p. 435.
9. *Idem*, p. 436.
10. *Idem*, p. 435.

consideradas pelos cidadãos. Para alcançar esse intento não se utilizava nem da persuasão nem do apelo a verdades absolutas. Quando afirmava "sei que nada sei", nota Arendt, Sócrates estava dizendo que sabia não possuir uma verdade comum para todos e esse era o motivo pelo qual questionava os cidadãos: ao estimular cada cidadão a expressar sua *doxa* (opinião) podia conhecer a verdade de cada um.

O que Sócrates desejava, efetivamente, era fortalecer a *doxa* – a opinião dos cidadãos –, que "era a formulação em fala daquilo que *dokei moi*, daquilo que aparece para mim"[11]. Através da dialética – do diálogo socrático – procurava desvendar as opiniões dos cidadãos para si próprios, de modo que por meio de um tal exercício cada qual pudesse aprimorar a compreensão das "realidades" inerentes às opiniões dos outros. Dessa maneira, Sócrates, que achava ser ofício do filósofo contribuir para o estabelecimento de um espaço político, acreditava, também, que uma vez fundada no princípio de isonomia a política não requereria quaisquer tipos de governo – a forma de organização política que não faz distinção entre governantes e governados.

A palavra "democracia", expressando, igualmente, então, o governo da maioria, o governo de muitos, foi cunhada originalmente por aqueles que se opunham à isonomia e que pretendiam dizer: o que vocês chamam de "não-governo" é de fato, apenas, uma outra espécie de governo; é a pior forma de governo, o governo pelo *demos*[12].

Seria precipitado, no momento, apreciar a sensatez das convicções de Sócrates a respeito do espaço público-político. Afinal, não se quer e não se deve julgar Sócrates, precipitadamente, mais uma vez. É importante ressaltar, contudo, que a morte de Sócrates é, para Arendt, o marco da separação entre filosofia e política.

Temerosos e desencantados, os discípulos de Sócrates deixaram a praça pública e optaram pelo modo de vida contemplativo. O te-

---

11. *Idem*, p. 433.
12. H. Arendt, *On Revolution*, New York, Penguin Books, 1990, p. 30.

mor adveio da condenação de Sócrates; o desencanto resultou daquilo que consideraram ser uma insuficiência do poder de persuasão da retórica: a incapacidade de Sócrates para convencer aqueles que o julgaram. Nas palavras de André Duarte, "desde o trauma originário da morte de Sócrates, o filósofo passou a desconfiar e a hostilizar a política"[13]. Foi dessa forma que, juntamente com os filósofos, o anseio socrático de instauração da compreensão entre os cidadãos atenienses abandonou a *polis*.

O nascimento da tradição de pensamento político que Arendt identificou a partir da filosofia política de Platão foi "magistralmente ilustrado", segundo A. Hubeny, pelo *mito da caverna* – um divisor entre as ideias de Sócrates e as ideias de Platão[14]. Arendt atribui os créditos da interpretação do mito da caverna a Heidegger, uma interpretação despojada, no entanto, da conotação política que ela mesma divisou nesse mito. De acordo com Eduardo J. de Moraes, H. Arendt identifica nesse mito a cisão da realidade em um plano das sombras, o mundo sensível, por um lado, e o plano da luz, ou das ideias, por outro, justamente quando o filósofo volta para a caverna. É nesse momento, afirma esse autor, que desaparece do mito a expressão *alétheia* – um conceito descoberto por Heidegger e que tem o sentido de verdade como revelação –, surgindo em seu lugar a expressão *ortótes* que diz respeito ao aprendizado de regras práticas[15]. Arendt teria percebido também que Heidegger não chegou a

---

13. A. Duarte, *O Pensamento à Sombra da Ruptura: Política e Filosofia em Hannah Arendt*, São Paulo, Paz e Terra, 2000, p. 164.
14. A. Hubeny, *L'action dans l'oeuvre de Hannah Arendt: Du politique à l'éthique*, Paris, Découvrir, 1993. O "mito da caverna" encontra-se no Livro VII de *A República*, de Platão. Rigorosamente, não há como separar o pensamento de Sócrates do pensamento de Platão, pois estes constituem, tal como afirmou Jaspers, "uma comunhão de pensamento", ainda mais quando se considera que a diferença de idade entre um e outro é de, aproximadamente, quarenta anos, isto é, quando se considera que Platão era muito jovem quando se tornou discípulo de Sócrates. A esse respeito ver A. E. Taylor, *El Pensamiento de Sócrates*, México, Fondo de Cultura Económica, 1993, p. 17. Para uma bela comparação entre Sócrates e Platão, ver K. Jaspers, *Los grandes filósofos/Los hombres decisivos: Sócrates, Buda, Confucio, Jesús*, op. cit., p. 34.
15. E. J. Moraes, "Hannah Arendt: Filosofia e Política", em *Hannah Arendt: Diálogos, Reflexões, Memórias*, Belo Horizonte, Ed. UFMG, 2001, p. 37.

explorar totalmente a riqueza do seu achado: esse seria o momento em que o filósofo diante dos "hostis habitantes da caverna" torna-se o rei-filósofo, dada "a urgência política de fundar a autoridade para organizar a vida no interior da caverna"[16].

Para Arendt, o temor diante dos perigos representados pela vida na *polis*, expresso no mito da caverna, teria levado Platão a empenhar-se na elaboração de uma teoria que, definindo padrões e regras para a conduta humana, fosse capaz de contribuir para a ordenação do âmbito político.

Este capítulo é constituído por três seções. A primeira trata da liberdade como espontaneidade, tal como Arendt a recuperou na experiência grega. A seção seguinte, ao estudar o conceito platônico de autoridade, coloca em evidência as diferenças entre conceitos políticos presentes na tradição de pensamento e as noções nascidas das experiências dos antigos. Na última seção, o amor à sabedoria como amor à verdade encontra expressão na oposição Sócrates/Platão. Trata-se de uma primeira aproximação à diferença existente entre as concepções arendtianas de filosofia e de política e aquelas registradas pela tradição de pensamento político.

A Persuasão Grega e a Autoridade Romana

A concepção arendtiana de política encontra-se assentada na experiência greco-romana que encontrou lugar na Antiguidade.

Se é assim, não estaria H. Arendt caminhando na contramão dos acontecimentos? Não estaria lutando contra os próprios fatos, tendo sido esse, inclusive, o motivo pelo qual o seu pensamento foi apontado por alguns como um exercício de nostalgia?[17] Para Arendt,

---

16. *Idem*, p. 38.
17. A. Crespigny e K. Minogue consideram o pensamento arendtiano nostálgico. A. Crespigny & K. Minogue, "Hannah Arendt: A Nostalgia Helênica e a Sociedade Industrial", em *Filosofia Política Contemporânea*, Brasília, Ed. Universidade de Brasília, 1979.

porém, as palavras, tal como aprendeu com Heidegger, guardam os segredos do passado, de modo que

usar a palavra "político" no sentido da *polis* grega não é arbitrário nem artificial. [...] De fato, é difícil e mesmo enganoso falar sobre política e seus princípios sem recorrer em alguma medida às experiências da Antiguidade grega e romana e isso, pela única razão de que os homens, antes ou depois, nunca tiveram em tão elevada consideração a atividade política e conferiram tanta dignidade ao seu âmbito[18].

Se Arendt vai ao passado para resgatar a noção de política, não é por valorizar um evento em função de sua antiguidade, mas para recuperar o sentido que essa noção tinha para os cidadãos gregos, pois a palavra *polis* guarda o segredo da política como um aprendizado espontâneo no espaço público-político; "a *polis* grega não se construiu sobre os fundamentos da autoridade que Platão lhe atribui"[19].

Nessa incessante conversa os gregos descobriram que o mundo que nós temos em comum é habitualmente considerado a partir de um número infinito de perspectivas diferentes, às quais correspondem os mais diversos pontos de vista. Em um fluxo de argumentos completamente inesgotável, tal como os sofistas apresentavam-nos ao cidadão de Atenas, o grego aprendeu a intercambiar o próprio ponto de vista, a própria "opinião" – o modo como o mundo aparecia e se abria para ele (*dokei moi*, "se aparece a mim", de onde vem *dóksa* ou "opinião") – com os seus concidadãos. Os gregos aprenderam a compreender – não a compreender um ao outro como pessoas individuais, mas olhar o mesmo mundo da perspectiva de outro, a ver o mesmo em aspectos muito diferentes e frequentemente opostos[20].

---

18. H. Arendt, "What is Freedom?", *op. cit.*, p. 154. Arendt recupera a ideia de ação na *polis*, mas isso não significa que tenha a intenção de transferir a experiência da *polis* para a Era Moderna, como será possível verificar no decorrer deste estudo.
19. P. Ricoeur, "Da Filosofia ao Político", em *Em Torno ao Político*, São Paulo, Loyola, 1995, p. 19.
20. H. Arendt, "The Concept of History: Ancient and Modern", em *Between Past and Future*, *op. cit.*, p. 51.

Arendt não tem a intenção de trazer a *polis* para os dias de hoje, mas, sim, a de resgatar a liberdade como razão de ser da política. Na atualidade, em condições históricas muito diferentes daquelas em que a *polis* se deu a conhecer, a política em toda a sua dignidade depende certamente da ação das mulheres, bem como da ação de outros grupos historicamente excluídos e discriminados. É por isso que a *polis* não é um ideal para Arendt, mas um importante referencial teórico-histórico[21].

A política, em sentido arendtiano, nada tem em comum com a política concebida e praticada como "uma forma pervertida de 'ação comum' – por influência e pressão e por manobras de pequenos grupos"[22]. Depende, ao contrário, da convivência humana, "do acordo incerto e apenas temporário de um grande número de vontades e de intenções"[23], da proximidade entre os seres humanos e tem lugar onde a

palavra e o ato não se divorciam, onde as palavras não são vazias e os atos não são brutais, onde as palavras não são usadas para ocultar intenções mas para revelar realidades e os atos não são usados para violar e destruir, mas para estabelecer relações e criar novas realidades[24].

---

21. Essa não é, por exemplo, a opinião de H. Brunkhorst, que acredita ser um elitismo de Arendt fundar uma teoria política a partir da cidadania masculina, tal como a existente na *polis* grega. Brunkhorst, "Equality and Elitism in Arendt", em *The Cambridge Companion to Hannah Arendt*, New York, Cambridge University Press, 2002. Por considerar que as condições humanas foram dadas aos seres humanos, independentemente de sexo e/ou gênero, Arendt pôde trazer a noção de liberdade vivida na *polis* para os dias atuais e não a experiência, o que, certamente, seria impossível. Sobre Arendt e as mulheres ou o feminino ver Seyla Benhabib, "La paria y su sombra. Sobre la invisibilidad de las mujeres en la filosofía política de Hannah Arendt", em *Hannah Arendt: El orgullo de pensar*, Barcelona, Gedisa, 2000; Andrea Nye, *The Thought of Rosa Luxemburg, Simone Weil and Hannah Arendt*, New York, Routledge, 1994; Julia Kristeva, *Le génie féminin: La vie, la folie, le mots*, t. 1, *Hannah Arendt*, Paris, Fayard, 1999; Dora E. G. González, *Del poder político al amor al mundo*, Cidade do México, Ed. Porrúa. 2005; Elizabeth Young-Bruehl, "Hannah Arendt among Feminists", *Hannah Arendt: Twenty Years Later*, Cambridge (Mass.), MIT Press, 1997; Eugênia S. Wagner, "A Consideração da Pluralidade Humana", em *As Mulheres e a Filosofia*, São Leopoldo, Unisinos, 2002.
22. H. Arendt, *The Human Condition*, Chicago, The University of Chicago Press, 1989, p. 203.
23. *Idem*, p. 201.
24. *Idem*, p. 200.

Resgatar a experiência política grega e romana exige desembaraçar a experiência histórica das noções de política presentes na tradição de pensamento. História e tradição de pensamento político não são a mesma coisa; a tradição de pensamento político, nascida em oposição à experiência política vivenciada pelos gregos, perpetuou conceitos políticos divorciados dos acontecimentos históricos.

Esse é o caso de Platão – para Arendt, o pai da filosofia política – cujas ideias sobreviveram ao esquecimento da experiência grega. Tais ideias ganharam resistência temporal quando, incorporadas ao pensamento político romano, foram usadas para auxiliar na compreensão dos acontecimentos que tiveram lugar com a crise do Império Romano. Atravessaram a Era Moderna e chegaram aos dias atuais. Essa durabilidade secular esconde a origem da tradição de pensamento político e empresta credibilidade a noções políticas totalmente apartadas das experiências vivenciadas pelos antigos.

É nesse sentido que H. Arendt examina a origem e o sentido dos conceitos políticos tradicionais, pois embora estes representem construções desconectadas da experiência política, acabaram por conquistar uma posição central no âmbito do pensamento político moderno. Mas Arendt preocupa-se em recuperar o sentido dos conceitos, também, porque nas Ciências políticas, históricas e sociais as distinções parecem ganhar sentido, muitas vezes, "apenas na medida em que cada um de nós tem o direito de 'definir seus [próprios] termos'"[25], de tal modo que corremos o risco de perder a possibilidade de viver, do ponto de vista verbal, em um mundo comum.

> Concedemos uns aos outros o direito de nos refugiarmos em nossos próprios mundos de significado, exigindo apenas que cada um permaneça coerente no interior de sua própria terminologia privada? Se, nessas circunstâncias, nos asseguramos de que ainda compreendemos uns aos outros, isto não quer dizer que compreendemos, conjuntamente, um mundo comum a todos nós e, sim, que compreendemos a coerência de discutir e argumentar de um ponto de vista puramente formal[26].

---

25. H. Arendt, "What is Authority?", *op. cit.*, p. 95.
26. *Idem, ibidem.*

Tendo confrontado a experiência grega registrada pela literatura não-filosófica – os escritos poéticos, dramáticos e históricos – com as concepções de política presentes na tradição de pensamento, Arendt chamou a atenção para o resultado das investigações que empreendeu: diferentemente daquele primeiro tipo de literatura, a "grande Filosofia" – "os Pré-socráticos até Plotino, o último filósofo da Antiguidade"[27] – nada registra a respeito da experiência vivida na *polis*. Os conceitos de ação e de política, todavia, estiveram desde o início presentes na tradição de pensamento.

Considerando-se a experiência vivida pelos cidadãos da *polis*, ação e liberdade são coincidentes. Incondicionada e vivenciada como espontaneidade, a ação não é movida nem pela necessidade nem por motivos utilitaristas. E se essa afirmação causa espécie nos dias atuais, isso ocorre "porque uma liberdade vivenciada no processo da ação e em nada mais – embora, é claro, a humanidade nunca tenha perdido completamente essa experiência – nunca foi articulada novamente com a mesma clareza clássica"[28].

Tal como a vivenciaram os gregos, a liberdade se dá no âmbito da convivência humana e enquanto razão de ser da política não é prerrogativa do indivíduo isolado[29]. Manifesta-se através da ação e da palavra no espaço público-político, o lugar da proximidade entre cidadãos. Nas palavras de Richard J. Bernstein, "sem a condição humana da pluralidade não haveria discurso e ação"[30].

---

27. H. Arendt, "What is Freedom?", *op. cit.*, p. 145. "Levar-nos-ia muito longe tentar destilar conceitos adequados do corpo da literatura não-filosófica, dos escritos poéticos, dramáticos, históricos e políticos, cuja articulação eleva as experiências a uma esfera de esplendor que não é a esfera do pensamento conceitual." H. Arendt, "What is Freedom?", *op. cit.*, p. 165.
28. *Idem, ibidem*.
29. O fundamento da liberdade política é a liberdade de movimento que o ser humano exerce quando se dirige para o espaço público. Toda atividade implica alguma liberdade, excetuando-se o labor, a atividade voltada para a satisfação das necessidades de sobrevivência e de manutenção da espécie humana, isto é, a atividade que corresponde à condição humana da vida.
30. R. J. Bernstein, "Provocation and Appropriation: Hannah Arendt's Response to Martin Heidegger", Constellations, 4 (2), Blackwell Publishers Ltd, 1997, p. 160.

Se os seres humanos são livres, afirma Arendt, o são apenas "enquanto agem, nem antes nem depois; pois ser livre e agir é o mesmo"[31]. Como lembra J. Kohn, para Arendt "o homem não nasceu livre como acreditava Rousseau, mas nasceu *para* a liberdade"[32].

Enquanto manifestação da liberdade, a atividade da ação é criação de algo novo. E esse era o sentido de ser livre na Antiguidade, pois ser livre era possuir a capacidade da novidade. Detinham essa competência na *polis* aqueles que, tendo conquistado o domínio sobre suas necessidades – os chefes de família – podiam realizar a travessia entre o obscuro espaço privado e o luminoso espaço público. É por isso que Arendt afirma que começar algo novo e ser livre é o mesmo[33].

A melhor ilustração da identidade entre ação e liberdade é, para Arendt, a noção de *virtù* presente no pensamento de Maquiavel: "a excelência com que o homem responde às oportunidades que o mundo abre diante dele, à guisa de fortuna". Os gregos, nota Arendt, usavam metáforas como "tocar flauta, dançar [...] e navegar para distinguir a política de outras atividades"; em tais atividades o virtuosismo encontra-se no próprio desempenho[34]. Como fato histórico, porém, a *virtù* encontrou-se associada entre os gregos à "excelência moralmente neutra" – *areté* – e entre os romanos à excelência de caráter moral[35]. Num e noutro caso, a excelência dos grandes

---

31. H. Arendt, "What is Freedom?", *op. cit.*, p. 153.
32. J. Kohn, "Freedom: The Priority of the Political", *op. cit.*, p. 115.
33. A ação como um novo começo histórico só ocorre com as revoluções da Era Moderna. Na *polis* a identidade entre ação e novidade está associada aos grandes feitos dos cidadãos e não à história, um conceito estranho aos antigos que compreendiam o tempo como um movimento circular e recorrente associado à natureza. É apenas com Agostinho que a noção de um "novo começo" aparece no âmbito das idéias, tal como se verá no capítulo subseqüente.
34. H. Arendt, "What is Freedom?", *op. cit.*, p. 153. A *virtù* para Maquiavel, nas palavras de Arendt, "é resposta dada pelo homem ao mundo ou, antes, para a constelação da fortuna em que o mundo se abre, se apresenta e se oferece a ele, à sua *virtù*. Não há *virtù* sem fortuna e não há fortuna sem *virtù*; a interação entre eles indica uma harmonia entre homem e mundo – agindo um com o outro e prosperando conjuntamente". *Idem*, p. 137.
35. *Idem, ibidem*. Arendt não está afirmando, tal como pareceu a N. Bignotto, que a *virtù* em Maquiavel tem o mesmo sentido que tinha a *virtù* para os gregos ou para os roma-

feitos emprestava dignidade àqueles que agiam, permitindo que uma vez registrados na memória da *polis* tais feitos se transformassem em sinais duradouros da existência daqueles mortais que os realizaram.

É nesse sentido que "o fundamento de um organismo político era dado pela necessidade de superação da mortalidade da vida humana e da futilidade dos feitos humanos"[36]. É nesse sentido também que a atividade da ação coincidia com a atividade de imortalização, pois não é a "futilidade da vida mortal", como nota Paul Ricoeur, "que requer o remédio da memória, mas a própria futilidade da ação"[37].

Como lugar da atividade de *imortalização*, a *polis* era "um espaço para aparecimentos, [...] uma espécie de anfiteatro, onde a liberdade podia manifestar-se"[38].

Os artistas executantes – os dançarinos, atores, músicos e assemelhados – precisam de audiência para mostrar seu virtuosismo, assim como os homens de ação precisam da presença de outros ante os quais eles possam aparecer; ambos necessitam de um espaço publicamente organizado para a sua "obra" e ambos dependem de outros para a execução em si[39].

A língua grega e a língua latina atestam a coincidência entre agir e iniciar. Arendt observa que existem dois verbos gregos e dois verbos latinos para tratar da atividade da ação nos seus dois momentos correlatos. Em grego, *árkhein* significa "começar, conduzir, e, finalmente, governar", que são as qualidades dos homens livres; *práttein*, por sua vez, refere-se a "levar a cabo alguma coisa"[40].

    nos. N. Bignotto, *Maquiavel Republicano*, São Paulo, Loyola, 1991, (Coleção Filosofia, vol. 19), p. 214 (nota de rodapé n. 2). A afirmação de Arendt de que a *virtù* em Maquiavel é a melhor descrição de liberdade levou Danna Villa a afirmar que Arendt adota a *virtù* maquiaveliana. Este estudo discorda de D. Villa, uma discordância que só poderá ser esclarecida no capítulo V deste estudo.

36. H. Arendt, "The Concept of History: Ancient and Modern", em *Between Past and Future*, *op. cit.*, p. 71.
37. P. Ricoeur, "Préface", em *Condition de l'homme moderne*, Paris, Calmann-Lévy, 1983, p. 28.
38. H. Arendt, "What is Freedom?", *op. cit.*, p. 154.
39. *Idem, ibidem*.
40. *Idem*, p. 165.

A primeira etapa da ação é aquela que inaugura um novo começo; a segunda consiste em dar andamento àquilo que foi iniciado. Aqueles que podiam iniciar e que podiam levar a cabo a atividade da ação eram os mesmos cidadãos: os governantes – governantes da família, da casa e de escravos –, de modo que entre aquele que iniciava e aqueles que aderiam ao que havia sido iniciado não havia diferenças hierárquicas; a ação se dava entre pares. O que distinguia uma e outra etapa era o fato de que, para uma dada ação, apenas um indivíduo era o iniciador: aquele que se tornava, naquele momento, o *árkhon*, o iniciador e o líder. A empreitada só poderia realizar-se, entretanto, com a participação de outros.

> Só poderiam começar algo novo aqueles que fossem governantes [...] e tivessem [...] se liberado [...] das necessidades da vida para empreendimentos em terras distantes ou cidadania na *polis*; [...] eram governantes entre governantes, movendo-se entre pares, cuja ajuda prestavam como líderes, para iniciar algo novo, para começar um novo empreendimento; pois apenas com a ajuda de outros pode o *árkhon* – governante e líder, realmente agir, *práttein*, levando a cabo tudo aquilo que tenha começado a fazer[41].

Em latim, o verbo *agere* tem o significado de "pôr alguma coisa em movimento" e *gerere*, "de difícil tradução" nota Arendt, significa continuação, com a ressalva de que, diferentemente do verbo grego *práttein*, refere-se à "continuação duradoura e sustentadora dos atos passados, cujos resultados são as *res gestae*, as ações e eventos que nós chamamos de históricos"[42].

A fundação romana tinha na autoridade – uma noção estranha entre os gregos – um de seus sustentáculos. O sentido da fundação encontrava-se associado à palavra *auctoritas*, que deriva do verbo *augere*, "aumentar". E o que a autoridade aumentava era a fundação, tornando-a permanente e durável no tempo.

---

41. *Idem*, p. 166.
42. *Idem*, p. 164.

Em latim, ser livre e começar estão também interconectados, embora de um modo diferente. A liberdade romana era um legado transmitido pelos fundadores de Roma ao povo romano; sua liberdade estava ligada ao início, que seus antepassados haviam estabelecido ao fundar a cidade, cujos negócios os descendentes tinham de administrar, cujas consequências eles deviam arcar e cujos fundamentos tinham de "aumentar". Tudo isso eram as *res gestae* da República Romana[43].

Para que a autoridade pudesse preservar o fundamento do mundo político romano, atualizando o passado, necessitava da tradição que transmitia para o presente, de geração a geração, a autoridade conquistada pelos pais fundadores. Os anciãos – o Senado ou *patres* – detinham a autoridade que, uma vez transmitida pelos antepassados, por meio da tradição, recebia da religião sua força coerciva. A autoridade que a fundação emanava era, portanto, de origem sagrada: a atividade religiosa e a atividade política estavam estreitamente associadas, eram quase coincidentes. Diferentemente dos deuses gregos que protegiam a *polis*, mas habitavam o Olimpo, Arendt observa que os deuses romanos habitavam a cidade.

Desse modo, autoridade, tradição e religião outorgavam "eternidade" à fundação de Roma. Ao participar politicamente o cidadão contribuía para preservar a fundação da cidade de Roma.

Arendt ressalta, porém – e isso é importante para explicar como liberdade e autoridade podiam coexistir na ação – que, embora a autoridade dos anciãos tivesse o sentido de obediência e de limitação à liberdade, esta não guiava diretamente as ações dos cidadãos, pois tinha a natureza de um mero conselho e não de uma ordem. O sentido da autoridade romana não coincide com aquele que tem a concepção de autoridade na atualidade. A autoridade não se encontrava associada nem à noção de poder nem à noção de violência.

Mesmo considerando as diferenças entre o mundo político grego e o romano, a liberdade era a razão de ser da política nos dois casos,

---

43. *Idem*, p. 166.

no sentido de que a liberdade era a razão de ser da própria cidade: as "comunidades políticas antigas foram fundadas com o propósito expresso de servir aos livres"[44]. Quando Arendt trata da liberdade como razão de ser da política não fala de uma abstração, mas da liberdade como realidade mundana,

tangível em palavras que podem ser ouvidas, em feitos que podem ser vistos e em eventos que são comentados, relembrados e transformados em histórias antes de serem finalmente incorporadas ao grande livro de contos da história humana[45].

A Autoridade em Platão

Para Arendt, o que chama a atenção dentro da "grande tradição de pensamento" é a perda da experiência política vivida pelos antigos. Ainda que a filosofia política de Platão tenha sua origem associada aos acontecimentos que encontraram lugar na *polis* – a condenação de Sócrates –, as ideias platônicas não retratam a vida política em Atenas e, sim, "a rebelião do filósofo" contra a *polis*. A teoria política de Platão é a construção de uma utopia que visa a ordenação do espaço público e a erradicação do sentimento de ameaça vivido pelo filósofo socrático.

Hannah Arendt não nega a experiência do filósofo: nem a desconfiança com que os cidadãos da *polis* o olhavam nem a preocupação do filósofo com as coisas eternas. Admite, porém, que os cidadãos estranhavam as maneiras dos filósofos, mas não expressavam quaisquer formas de hostilidade. A inocência do riso, nesse caso, diz ela, nada tem em comum com o deboche dirigido a um adversário. É que o sábio – o *sophos* – era visto como aquele que não sabia cuidar de si e que não sabia, assim, cuidar da cidade. Arendt lembra, a esse respeito, a camponesa trácia que se divertiu com a distração de Tales

---

44. *Idem*, p. 154.
45. *Idem, ibidem*.

quando este, preocupado com as coisas da alma, caiu dentro de um buraco.

Em *A Vida do Espírito*, Arendt mantém essa ideia e nota que as queixas de Platão diante de uma possível hostilidade dispensada pela multidão ao filósofo não encontra guarida nos eventos históricos: "não existem exemplos de relatos em que a multidão, por sua própria iniciativa, tenha declarado guerra aos filósofos"[46]. Observa, também, que não foram poucos os impropérios dirigidos por Platão à multidão:

> Foi o próprio filósofo que admitiu deixar a Cidade dos homens e contou, então, para aqueles que ele tinha deixado para trás, que, na melhor das hipóteses, eles haviam sido enganados pela confiança que depositaram em seus próprios sentidos, pela vontade em acreditar nos poetas e em deixar-se instruir pelo populacho. [...] Parece bastante óbvio que a multidão nunca pode assemelhar-se a um filósofo, mas isto não significa, como declarou Platão, que aqueles que fazem filosofia são "necessariamente amaldiçoados" e perseguidos pela multidão "como um homem caído entre bestas selvagens"[47].

Hannah Arendt reconhece, além disso, a disposição do filósofo para as coisas eternas e para experimentar o espanto (*thaumadzein*) diante *daquilo que é como é*. Mas convém notar que quanto ao primeiro tipo de experiência essa pensadora ressalta que, se os cidadãos atenienses consideravam os filósofos incapazes de cuidar de si e da cidade, Platão, por seu turno, considerava exatamente o oposto: os cidadãos atenienses não eram competentes para cuidar da *polis*. Platão concluiu, além disso, que a persuasão, o meio utilizado pelos cidadãos para conduzir os assuntos da *polis*, não era eficaz para garantir o bom andamento dos negócios humanos. O historiador Werner Jaeger afirmou em *Paideia*:

---

46. H. Arendt, "Thinking", em *The Life of the Mind*, New York, Harcourt, Inc., 1978, p. 81.
47. *Idem, ibidem*.

Ainda que o método de sua dialética derive o seu nome da palavra "diálogo", nada lhe [a Platão] repugna tanto como as "discussões" que a nada obrigam e que acabam sempre assim: "esse é o seu ponto de vista, o meu é outro"[48].

Esses foram os motivos que levaram Platão a sugerir que um rei-filósofo governasse a cidade; fez isso por amor à filosofia e à própria segurança e não por amor à *polis*. O próprio Aristóteles, muito tempo depois e temendo por sua vida, afirma Arendt, afastou-se de Atenas.

Aristóteles, quando se viu diante do perigo de enfrentar um julgamento semelhante [ao de Sócrates], deixou Atenas imediatamente e sem qualquer remorso. Ele teria dito que os atenienses não deveriam pecar duas vezes contra a filosofia. A única coisa que os filósofos queriam da política, dali em diante, era que esta os deixasse sós[49].

Mas Hannah Arendt salienta, também, e isso é de grande importância para o tema em estudo, que nem Platão nem Aristóteles alimentavam "alguma vontade irresponsável ou tirânica de poder"[50].

Dentre os filósofos socráticos, Platão foi o único que voltou à *polis*. Diferentemente dos demais filósofos, ele seria movido pelo patriotismo: queria alterar a vida pública colocando em prática aquilo que havia pensado. Arendt refere-se às investidas platônicas para converter Dionísio II à filosofia, de modo que este, na condição de rei-filósofo, pudesse instaurar a ordem e a felicidade na *polis*.

A filosofia política implica necessariamente a atitude do filósofo para com a política; sua tradição começou com o abandono da política pelo filósofo e posterior retorno deste para impor os seus padrões aos negócios humanos[51].

---

48. W. Jaeger, *Paideia: los ideales de la cultura griega*, México, Fondo de Cultura, 1993, p. 741.
49. H. Arendt, "Philosophy and Politics", *op. cit.*, p. 443.
50. H. Arendt, *The Human Condition*, *op. cit.*, p. 222.
51. H. Arendt, "Tradition and the Modern Age", em *Between Past and Future*, *op. cit.*, p. 17.

Para Arendt, porém, o mais importante nesse contexto é sublinhar que as ideias políticas de Platão não tiveram origem na realidade mundana da *polis* e, sim, na reflexão filosófica.

> Platão [...] buscou de várias maneiras opor-se à *polis* e a sua concepção de liberdade. Tentou-o a partir de uma teoria política em que os critérios não foram criados a partir da própria política, mas a partir da filosofia, por meio da elaboração detalhada de uma constituição, na qual as leis correspondem às ideias acessíveis, exclusivamente, aos filósofos e, finalmente, por meio da influência sobre um soberano, do qual esperava que aplicasse, efetivamente, uma tal legislação – tentativa que quase lhe custou a vida e a liberdade[52].

Ao buscar ordenar o mundo comum com o objetivo de eliminar a imprevisibilidade da ação humana, Platão separou, teoricamente, *archein* – o ato de começar – de *prattein* – o ato de realizar – que para os gregos eram correlatos, como se viu. Atribuiu o início ao governante e a realização aos governados, de modo que a "ação", em sua teoria, foi transformada na relação entre governante e governados.

Inspirado na figura do déspota, o conceito de autoridade presente na teoria política de Platão nada tem em comum com a autoridade vivenciada pelos cidadãos romanos e que foi estudada no item anterior. Governar como um déspota significava usar a coerção e era dessa forma que o chefe de família governava a sua casa. Apesar da incompatibilidade entre coerção e política, Platão e Aristóteles, por não contarem com experiências políticas alternativas, lançaram mão de exemplos que encontraram na esfera privada – na administração doméstica – ainda que cada um fizesse isso de um modo distinto.

Ao diferenciar "o que a autoridade foi historicamente" daquilo que a "autoridade nunca foi", Arendt deseja ressaltar "as fontes de sua força e significado"[53], pois ainda que a teoria de Platão não pas-

---

52. H. Arendt, *Qu'est-ce que la politique?*, op. cit., p. 70.
53. H. Arendt, "What is Authority?", op. cit., p. 92. "Nem a língua grega nem as diversas experiências políticas da história grega mostram qualquer conhecimento da autoridade e do tipo de governo que ela implica." *Idem*, p. 104.

se de uma utopia, quando o Império Romano encontrou-se em crise, os conceitos platônicos que eram de conhecimento dos romanos serviram, então, como referência teórica para compreender e tratar daquela realidade.

> Calígula foi o primeiro imperador romano que consentiu em ser chamado de *dominus*, isto é, receber um nome "que Augustus e Tiberius haviam rejeitado ainda, como se fosse uma maldição e um dano", precisamente porque implicava um despotismo, desconhecido na esfera política, embora muito familiar na esfera privada e doméstica[54].

Esquecidas as experiências políticas – grega e romana – que originaram as noções de liberdade e de autoridade, bem como aquelas que trouxeram à luz a teoria política de Platão – a rebelião do filósofo contra a *polis* –, a concepção de autoridade que chegou até os dias de hoje traz o sentido do despotismo platônico e não o do autoritarismo romano. Por exigir "obediência [...], [a autoridade] é comumente confundida com alguma forma de poder ou violência"[55], mas o uso de violência, lembra Arendt, é apenas uma evidência do fracasso da autoridade.

Platão usou a ideia de autoridade para substituir a experiência da persuasão que era, na *polis* grega, o fundamento do convencimento político. Ao negar a persuasão, negou o pré-requisito desta: a igualdade que se encontra na base da livre argumentação.

> Contra a ordem igualitária da persuasão ergue-se a ordem autoritária que é sempre hierárquica[56].

Platão assentou a noção de autoridade, além disso, na sabedoria do filósofo, de forma que o poder coercivo pudesse recair não "na pessoa ou na desigualdade como tais, mas nas ideias que são percebi-

---

54. *Idem*, p. 106.
55. *Idem*, p. 93.
56. *Idem, ibidem*.

das pelo filósofo"[57] – uma forma tirânica de governo de uma só pessoa –, como se fosse possível resolver os problemas da convivência humana por meio da cognição. Aristóteles defendeu mais tarde que a autoridade encontrava-se na sabedoria dos peritos – do legislador.

Usar a sabedoria como forma de coerção foi possível a Platão porque a clivagem teórica entre iniciar e realizar, além de separar aquele que dá ordens daquele que obedece, representa uma cisão entre *saber* e *fazer*. Foi Platão quem identificou, portanto, "conhecimento com comando e governo" e "ação com obediência e execução" e foram essas as noções que sobreviveram dentro da tradição de pensamento político[58].

Diferentemente da liberdade que como espontaneidade é a razão de ser da política, Platão assentou o seu próprio pensamento político na relação entre meios e fins. É por isso que Arendt afirma que a teoria platônica não encontra o fundamento na atividade da ação e, sim, na atividade da fabricação[59], afastando, nesse caso, Platão de Aristóteles, pois este, ciente da diferença entre agir e fabricar, jamais transpôs para o âmbito da ação exemplos tirados da fabricação, ainda que tenha mantido a cisão entre governantes e governados[60].

Discordando daqueles que veem um sentido político na *teoria das ideias* de Platão, Arendt afirma que este modificou essa teoria apenas posteriormente, para utilizá-la com fins políticos. Platão substituiu a ideia do *Belo* pela ideia do *Bem* a partir do mito da caverna. Essa substituição tornou-se necessária porque a utilidade da sabedoria do filósofo não poderia encontrar sustentação na ideia de *Belo* e, sim, na noção de *Bem* que para os gregos significava "bom

---

57. *Idem*, p. 109.
58. H. Arendt, *The Human Condition*, op. cit., p. 225.
59. Tratei disso em Eugênia S. Wagner, *Hannah Arendt & Karl Marx: O Mundo do Trabalho*, 2. ed., São Paulo, Ateliê Editorial, 2002.
60. "Aristóteles, até onde eu posso ver, foi o primeiro que, com a finalidade de estabelecer o governo no controle dos negócios humanos, apelou para a 'natureza', 'estabeleceu a diferença [...] entre os mais jovens e os mais velhos, destinando uns a serem governados e os outros a governarem'". H. Arendt, "What is Authority?", *op. cit.*, p. 116.

para" ou "apropriado"[61]. Segundo E. J. Moraes, essa interpretação também teria sido inspirada na análise heideggeriana do mito da caverna: na noção de verdade instrumental que aparece, então, na obra de Platão. Afirma esse autor que,

enquanto estava associada à beleza, a ideia correspondia ao fato de as coisas aparecerem em todo seu brilho, pois a beleza é aquilo que "brilha mais", como atesta O Banquete. A partir do momento em que, em A República, firmou-se a supremacia do Bem, a ideia passou a ser concebida como uma espécie de metro a que deve se adequar toda consideração sobre a realidade[62].

Nesse mesmo sentido A. Amiel lembra que a substituição do Belo pelo Bem em Platão é, para Arendt, uma tentativa de "transferência da experiência propriamente filosófica para a política", isto é, a interpretação da verdade na forma de normas e de medidas que é "correlativa (sob a figura exemplar do filósofo-rei) à concepção de um domínio sobre a política"[63].

É a partir de finalidades sintetizadas na noção de Bem, portanto, que a sabedoria do filósofo tornou-se o meio para estabelecer padrões para o comportamento humano.

Vimos que, na parábola da caverna, o filósofo deixa a caverna à procura da verdadeira essência de Ser, sem um segundo pensamento sobre a aplicabilidade prática do que ele vai encontrar. Só depois, quando ele se acha novamente limitado à escuridão e à incerteza dos negócios humanos e encontra a hostilidade dos seus semelhantes humanos começa a pensar sua "verdade" em termos de padrões aplicáveis ao comportamento de outras pessoas[64].

---

61. Idem, p. 113. "Mesmo nos primeiros livros de A República, o filósofo ainda é definido como o amante da beleza, não da bondade, e só no sexto livro é que a Ideia de bem é introduzida como a Ideia mais elevada. Porque a função original das ideias não era governar ou determinar, ao contrário, o caos dos negócios humanos, mas sim, com 'claro brilho', iluminar sua escuridão. As ideias, como tal, não têm nada em comum com a política, com a experiência política e com o problema da ação, mas pertencem exclusivamente à Filosofia, à experiência da contemplação e à indagação do 'ser verdadeiro das coisas'". Idem, p. 112.
62. E. J. Moraes, Hannah Arendt: Filosofia e Política, op. cit., p. 39.
63. A. Amiel, Hannah Arendt: Política e Acontecimento, Lisboa, Instituto Piaget, 1997, p. 84.
64. H. Arendt, "What is Authority?", op. cit., p. 112.

É importante sublinhar, contudo, que as teorias de Platão e de Aristóteles, diferentemente de teorias políticas posteriores, não incluem a utilização de instrumentos de violência como forma de coerção. Para esses filósofos, assim como para os cidadãos gregos e romanos da Antiguidade, a violência sempre foi vista como "a *ultima ratio* nas relações entre as nações e a mais desonrosa das ações domésticas, tendo sido considerada a característica marcante da tirania"[65]. Arendt ressalva, no entanto, que toda ideia de governo, uma vez assentada na atividade da fabricação, sempre deixa um espaço para a introdução de um elemento de violência, uma vez que essa atividade encontra-se assentada no encadeamento de meios e fins.

É da maior relevância, em nosso contexto, porém, que um elemento de violência seja inevitavelmente inerente a todas as atividades do fazer, do fabricar e do produzir, isto é, a todas as atividades através das quais os homens confrontam-se diretamente com a natureza, distintas de atividades como a ação e a fala. [...] Nos poucos exemplos em que Platão mostra uma preferência perigosa para a forma tirânica de governo ele é levado a esse extremo por suas próprias analogias[66].

Acreditando que a sabedoria do filósofo, a "coerção pela razão", só poderia convencer a minoria e preocupado com o convencimento dos demais – a maioria ignorante, em sua maneira de ver – Platão procurou formas adicionais de coerção.

A dificuldade com a coerção pela razão, porém, é que somente uns poucos se lhe submetem, de forma que surge o problema de como assegurar que os muitos, as pessoas que em sua multiplicidade compõem o corpo político, possam ser submetidos à mesma verdade. Aqui, seguramente, outros meios de coerção precisam ser encontrados e aqui, novamente, a coerção pela violência deve ser evitada, para que a vida política, como os gregos a entendiam, não fosse destruída[67].

---

65. H. Arendt, "Tradition and the Modern Age", em *Between Past and Future, op. cit.*, p. 22.
66. H. Arendt, "What is Authority?", *op. cit.*, p. 111.
67. *Idem*, p. 108.

O impasse que essa procura representou para a filosofia de Platão foi resolvido no final de *A República* com a introdução do "mito de recompensas e castigos futuros, um mito no qual o próprio Platão obviamente nem acreditou nem queria que os filósofos acreditassem"[68]. A introdução das leis como dispositivo foi uma sugestão posterior a essa (*Leis*).

Em seu empenho para eliminar a "desordem" na *polis*, Platão associou, portanto, a noção de governo à ideia de política e introduziu o conceito de autoridade com o sentido de comando da maioria pela minoria, uma evidência de que o espaço público-político só pode ser ordenado às custas da liberdade. Essa é uma questão decisiva para Arendt, que deseja mostrar que, dentro da tradição de pensamento político, as tentativas de eliminar os riscos próprios à atividade da ação realiza-se às custas da pluralidade humana e de sua forma política de manifestação: a liberdade.

> Para os homens de ação e não menos para os pensadores, sempre foi uma grande tentação encontrar um substituto para a ação, na esperança de libertar a esfera dos assuntos humanos da casualidade e da irresponsabilidade moral inerente à pluralidade dos agentes[69].

O problema todo é que os romanos outorgaram autoridade às ideias políticas de Platão e as utilizaram para nomear e para compreender a crise surgida no final do Império Romano. As ideias platônicas sobre "punições e recompensas numa vida futura" não fizeram por menos: ganharam permanência no pensamento cristão – na ideia de castigos infernais –, um tema a ser estudado no capítulo subsequente.

Em vista da enorme influência que esses contos exerceram sobre as imagens do inferno no pensamento religioso, é de alguma importância notar que eles foram projetados originalmente para propósitos puramente políticos. Em Platão, eles são simplesmente uma invenção engenhosa para impor obediência

---

68. Idem, ibidem.
69. H. Arendt, "Tradition and the Modern Age", *op. cit.*, p. 22.

àqueles que não se submetiam ao poder coercivo da razão, sem usar efetivamente de violência externa[70].

O Amor à Sabedoria como Amor à Verdade

Este estudo procurou mostrar, até aqui, por que Hannah Arendt afirmou que a liberdade, a "quintessência [...] da cidade-estado e da cidadania" e a ideia "central de política tal como os gregos a entendiam era uma ideia que, quase por definição, não podia ter acesso à estrutura da filosofia grega"[71].

As consequências advindas da condenação de Sócrates para a vida do próprio filósofo não foram, contudo, objeto de investigação. Afinal, os filósofos abriram mão da liberdade que, tal como Arendt sublinhou, não é um dom, mas uma possibilidade que só floresce no espaço político, o espaço da ação.

Ainda que o medo e o desencanto tenham sido os referenciais utilizados até o momento para compreender por que o filósofo deixou a *polis*, estes não constituem motivo suficiente para explicar a opção que fizeram pelo modo de vida contemplativo. Ao contrário de Sócrates – um cidadão que tinha a atividade política em alta conta e que, por amor à cidade, acreditou que seria melhor ser condenado do que se manter afastado do espaço público –, os filósofos socráticos, por amor à sabedoria, consideraram que a contemplação era superior às demais atividades humanas e deixaram a cidade.

Diferentemente de Platão, os demais filósofos da academia estiveram pouco preocupados com a cidade, o lugar das opiniões. Estas, por sua natureza diversa e relativa, decorrente da posição que cada cidadão ocupa no mundo, eram vistas pelos filósofos, então, como mentirosas e enganadoras. Esse preconceito em relação à política acabou por subverter o próprio sentido que havia levado Platão a fundar

---

70. H. Arendt, "What is Authority?", *op. cit.*, p. 111.
71. *Idem*, p. 157.

a academia: o de influenciar a política. A academia tornou-se o lugar onde os filósofos socráticos puderam ignorar o que ocorria na cidade, consumando-se, assim, a indiferença em relação à política presente na tradição de pensamento.

Para os filósofos que o sucederam [Platão], a única coisa marcante que subsistiu foi o fato de que a Academia garantiu, institucionalmente, um espaço de liberdade para uma minoria e que esta liberdade, desde o início, foi compreendida em oposição à liberdade política da praça pública[72].

Arendt ressalta que, nesse caso, a liberdade era considerada a liberdade do filósofo, assentada na falta de compromissos com os acontecimentos políticos.

Com Aristóteles começa o tempo em que os filósofos deixam de sentir-se responsáveis pela cidade não apenas no sentido de que a filosofia não tem uma tarefa especial no domínio da política, mas no sentido mais amplo de que o filósofo sente-se menos responsável pela cidade do que qualquer um dos demais concidadãos[73].

Assim, até mesmo Aristóteles, que reconheceu a pluralidade humana como a condição necessária para os assuntos políticos, julgou a vida contemplativa superior às atividades da *vita ativa*, reputadas, então, como inferiores por encontrarem-se às voltas com a ocupação e o desassossego – a *askholia* grega.

O primado da contemplação sobre a atividade assenta-se na convicção de que nenhum trabalho de mãos humanas pode igualar-se em beleza e verdade ao *kosmos* físico, que se revolve em si mesmo, em invariável eternidade, sem qualquer interferência ou ajuda externa, humana ou divina. Essa eternidade só se revela aos olhos mortais, quando todos os movimentos e atividades humanas encontram-se em perfeito repouso[74].

---

72. H. Arendt, *Qu'est-ce que la politique?*, op. cit., p. 72.
73. H. Arendt, "Philosophy and Politics", op. cit., p. 443.
74. H. Arendt, *The Human Condition*, op. cit., p. 15.

Vê-se, portanto, que o afastamento do filósofo do espaço público não se explica, apenas, como reação aos acontecimentos que marcaram a condenação de Sócrates. Seria muito duvidoso, afirma Arendt, que "a separação entre o homem de pensamento e o homem de ação [...] tivesse sido capaz de estabelecer nossa tradição de pensamento político que sobreviveu a dois mil e quinhentos anos"[75].

Em *Filosofia e Política* (1954), Arendt afirmava que o conflito entre o filósofo e a *polis* encontrava-se, em última instância, no interior do próprio filósofo. É interessante notar que essa ideia reaparecerá de forma mais elaborada e referida às atividades do espírito em *Lições sobre a Filosofia Política de Kant* e na segunda parte de *A Vida do Espírito* – em "O Querer", muitos anos depois. Nesta seção interessa destacar apenas as análises de Arendt a respeito da oposição entre o filósofo e a cidade e da distinção entre "solidão" e o "estar-só" para pensar[76].

Hannah Arendt não nega a necessidade, por parte daquele que pensa, do afastamento "necessário do cotidiano dos assuntos humanos" como condição mesma para pensar. *Estar só*, diz Arendt, é a principal condição para que a atividade do pensamento se realize. *Estar só* – que pode se dar longe das pessoas ou mesmo em meio a uma multidão – significa que aquele que pensa encontra-se na própria companhia e vive a dualidade do diálogo do "eu consigo mesmo" – o diálogo socrático do *dois-em-um*.

Estar só para pensar não significa, porém, um rompimento com o mundo; é apenas um intervalo no *estar junto* da existência.

Estritamente falando, todo o pensar se dá a sós e é um diálogo entre eu e eu mesmo; mas esse diálogo do *dois-em-um* não perde o contato com o mundo

---

75. H. Arendt, "Philosophy and Politics", *op. cit.*, p. 443.
76. Arendt ressalta que o modo de vida contemplativo, enquanto modo de vida do filósofo, encontrou o seu fim histórico com o advento da ciência moderna. "De fato, a mudança que aconteceu no século XVII foi mais radical do que uma simples inversão da ordem tradicional estabelecida entre contemplação e fazer. [...] A contemplação, no sentido original de contemplar a verdade, foi efetivamente eliminada." "A contemplação tornou-se completamente sem sentido." H. Arendt, *The Human Condition*, op. cit., pp. 291-292.

dos meus semelhantes porque eles estão representados no eu com o qual estabeleço o diálogo do pensamento[77].

A dualidade do pensar persiste enquanto dura o *estar-só* e se desfaz em meio à efetiva convivência com os outros; encontra o seu fim apenas quando a presença do(s) outro(s) exige a unidade do falar: o "falar como um", que corresponde, para o outro, à identidade daquele que fala. Por não depender nem de coisas nem de outras pessoas, o pensar é a atividade mais livremente exercida entre todas aquelas que o indivíduo realiza quando está só. Arendt observa, porém, que aqueles que vivem afastados da convivência humana podem tornar-se solitários e a solidão pode levar a falsos julgamentos: aquele que pensa encontra-se, nesse caso, abandonado em meio a uma duradoura dualidade que gera o equívoco e o preconceito. Quando o filósofo reclama de incompreensão, nota Arendt, geralmente é porque, além de *estar só*, encontra-se solitário.

Firmada em Kant, Arendt ressalta que a dualidade do *dois-em-um* é já uma forma de pluralidade, pois os seres humanos "não só existem no plural como todos os seres terrenos, mas trazem, também, em si mesmos uma indicação dessa pluralidade". Se ao pensar falo e vivo junto comigo mesmo, esse eu que me acompanha nunca toma uma forma definida; "mutável e um tanto equívoco", ele "representa para mim, enquanto estou só, todas as pessoas, toda a humanidade de todas as pessoas"[78].

O modo de vida contemplativo, de forma diversa, diz respeito à busca de unidade pelo filósofo não pela presença do outro, mas por meio da experiência do espanto – do *thaumadzein*.

Tendo considerado que o espanto mudo diante *daquilo que é como é* – *thaumadzein* – marca o início de toda a Filosofia, Platão buscou, por meio do modo de vida contemplativo, tornar esse momento mais do que um instante, como tentativa de assentar "sua in-

---

77. H. Arendt, *The Origins of Totalitarianism*, New York, Harcourt Brace, 2004, p. 613.
78. H. Arendt, "Philosophy and Politics", *op. cit.*, p. 440.

teira existência naquela singularidade que experimentou quando foi acometido pelo *pathos* de *thaumadzein*". O pensar, nesse caso, era apenas um meio para "preparar a alma e conduzir a mente para a contemplação da verdade" – situada além do pensamento e além da fala –, "uma verdade que é *arrheton*, incapaz de ser comunicada através das palavras, tal como afirmou Platão, ou situada além do discurso, segundo Aristóteles"[79]. Nesse estado de mutismo prolongado, próprio ao modo de vida contemplativo, o filósofo "destrói a pluralidade da condição humana dentro de si mesmo"[80]. Arendt está se referindo, nesse caso, apenas aos filósofos da antiguidade grega; a contemplação como modo de vida desapareceu às vésperas da Era Moderna.

Se a experiência do filósofo contemplativo é a da mudez, a experiência do cidadão é a da fala, de modo que o conflito que tem origem no interior do filósofo aparece como um conflito entre o filósofo e a *polis*. Tal conflito manifesta-se, para Arendt, de duas maneiras: de um lado, a persistência em tornar permanente a própria unidade pela contemplação não só afasta o filósofo da *polis* como gera a desconfiança dos cidadãos em relação ao filósofo; o espaço público não admite a mudez: a *polis* ocupa-se apenas daquilo que é de interesse comum. De outro lado, e o que "ainda é pior, em termos de consequências", instala-se uma desconfiança do filósofo em relação à *polis*, em função da pouca importância que o cidadão concede ao *pathos* do espanto e da perda do senso comum por parte do filósofo.

O *pathos* do espanto é uma experiência acessível a todos os seres humanos, mas da qual apenas os filósofos se ocupam efetivamente. O cidadão comum costuma expressar essa experiência em termos de opiniões que, nesse caso, nada mais são do que preconceitos, intoleráveis para os filósofos. É que a opinião, como afirmou A. Duarte, "é o correlato necessário da pluralidade humana irredutível e, portanto, da pluralidade de 'perspectivas' a partir das quais um mesmo assunto é considerado"[81].

---

79. H. Arendt, *The Human Condition*, *op. cit.*, p. 291.
80. H. Arendt, "Philosophy and Politics", *op. cit.*, p. 452.
81. A. Duarte, *op. cit.*, p. 170.

Além disso, o filósofo, por dedicar-se ao mutismo e à formulação de questões genéricas, ao emitir opiniões com base nas quais efetivamente se resolvem os assuntos mundanos, "não tem uma *doxa* distinta e claramente definida para competir com outras opiniões"[82].

Platão expressou a oposição entre verdade e *doxa* na teoria do corpo e da alma: a alma está voltada para o divino enquanto o corpo habita a cidade. Essa cisão está enraizada na teoria dos dois mundos – o mundo sensível e o mundo suprassensível –, que é mais antiga do que a própria tradição de pensamento político. É tão antiga pelo menos quanto Parmênides e permaneceu viva na metafísica e na teologia até o advento da Era Moderna. De acordo com essa teoria, tudo aquilo que é invisível aos sentidos é mais verdadeiro e real do que aquilo que aparece para os sentidos humanos[83]. Trata-se da distinção entre mundo verdadeiro e mundo das aparências, da qual Arendt se ocupará em *A Vida do Espírito*.

Para as finalidades deste capítulo interessa ressaltar que tanto Platão quanto Sócrates estiveram empenhados em tornar a filosofia útil para a cidade. Enquanto Platão acreditava que esse empreendimento poderia ser alcançado através do estabelecimento de normas e de padrões de conduta ou através do governo do rei-filósofo, Sócrates, ao contrário, jamais quis ordenar a vida da cidade ou guiar a conduta humana ou liquidar com a espontaneidade dos cidadãos atenienses. Acreditava que através do diálogo – da *maieutica* socrática –, seria possível fortalecer a virtude dos interlocutores quando esses estivessem empenhados em buscar a coerência lógica da argumentação. É na busca dessa coerência que reside, para Arendt, a ética socrática: "a dupla discordância entre a contradição lógica e a má consciência ética ainda eram para Sócrates um único e mesmo fenômeno"[84].

---

82. H. Arendt, "Philosophy and Politics", *op. cit.*, p. 451.
83. Antes de Parmênides, Demócrito teria percebido a falácia contida na ideia dos dois mundos – muito antes de Nietzsche, portanto –, quando criou o diálogo entre o espírito e os sentidos. Este último afirmou: "Espírito miserável! Tu nos derrotas enquanto de nós obténs a tua evidência [...]? Nossa derrota será a tua ruína". H. Arendt, "Thinking", *op. cit.*, p. 11.
84. H. Arendt, "Philosophy and Politics", *op. cit.*, p. 440.

Ao questionar o senso comum dos atenienses, as perguntas socráticas abalavam as antigas convicções e preconceitos que estes carregavam: deixava-os vazios e nada colocava no lugar dos preconceitos perdidos. Trata-se do vento do pensamento que os atenienses consideraram "um furacão que varre todos os signos estabelecidos através dos quais os homens se orientam no mundo, traz desordem para as cidades e confunde os cidadãos, especialmente os jovens"[85].

Por interferir na vida da cidade, Sócrates foi julgado e condenado, embora permanecesse convicto do bem que havia prestado. Numa época em que a vida política encontrava-se em crise, Sócrates buscava, por amor à *polis*, criar um espaço de amizade e de compreensão entre os cidadãos.

> Dos atenienses, creio, sou um dos poucos, para não dizer o único, a cultivar a verdadeira arte política; a praticá-la hoje em dia, o único[86].

Encontra-se aí o motivo pelo qual Arendt afirmou que a "oposição entre verdade e opinião foi, certamente, a mais antissocrática conclusão que Platão tirou do julgamento de Sócrates"[87]. Este último acreditava que a sabedoria não era coisa para os mortais. Se o oráculo de Delfos lhe havia imputado a condição de o "mais sábio entre os homens", Sócrates via nisso uma ironia e afirmava, ao contrário, que se o oráculo o havia tomado por sábio certamente era por considerar que sábio é aquele que sabe que os seres humanos não podem ser sábios.

Para Sócrates, a Filosofia, que do ponto de vista etimológico significa amizade à sabedoria, tinha o sentido de uma busca que ele chamava de Eros: "um tipo de amor que é essencialmente uma falta"[88]. Para Arendt, Sócrates buscava através da atividade de pensar o significado e não a verdade.

---

85. H. Arendt, "Thinking and Moral Considerations", *op. cit.*, p. 178.
86. Platão, *Górgias ou a Oratória*, Rio de Janeiro, Brasiliense, 1989, p. 193.
87. H. Arendt, "Philosophy and Politics", *op. cit.*, p. 428.
88. H. Arendt, "Thinking and Moral Considerations", *op. cit.*, p. 179.

Os homens amam a sabedoria e fazem filosofia (*philosophein*) porque eles não são sábios, da mesma maneira que amam a beleza e, por assim dizer, "fazem o belo" (*philokalein*, como dizia Péricles), porque eles não são belos. O amor, desejando o que está ausente, estabelece com este uma relação[89].

É por isso que Sócrates examinava "por amor ao exame, não pelo amor ao conhecimento. Se soubesse o que era a coragem, a justiça, a piedade etc., não mais desejaria [...] pensar sobre elas"[90]. Como a busca de significado correspondia ao amor, Sócrates acreditava que mereceria ser objeto da atividade de pensar apenas aquilo que fosse digno de amor: a beleza, a sabedoria e a justiça[91].

Sócrates é, para Arendt, aquele que compreendeu a natureza frágil dos assuntos humanos, uma vez assentados na pluralidade de vontades e de intenções, mas é também aquele que não empunhou a pretensão à sabedoria contra quem quer que fosse – Arendt faz cumprir o oráculo de Delfos.

Karl Jaspers, professor e amigo de Arendt, era da mesma opinião de Sócrates e expressou essa convicção de modo semelhante ao afirmar que a filosofia é um eterno estar-a-caminho, de modo que para os filósofos que amam o saber as interrogações são sempre mais importantes do que as respostas[92].

Hannah Arendt foi ainda mais contundente do que Sócrates e Jaspers ao considerar que o pensar representa um perigo se nasce "do desejo de encontrar resultados que tornem desnecessário qualquer

---

89. *Idem, ibidem.*
90. H. Arendt, *Lectures on Kant's Political Philosophy*, op. cit., p. 37.
91. H. Arendt, "Thinking", *op. cit.*, p. 134.
92. K. Jaspers, *Iniciação Filosófica*, op. cit., p. 18. A afirmação de Jaspers é expressão das influências que recebeu de Kierkgaard e de Nietzsche: ambos, diz Jaspers, expressam da mesma maneira o que é o saber: "Para eles [o saber] não é senão *interpretação*. Entendem o seu próprio pensar como interpretação". E a interpretação não tem fim, pois, para Nietzsche, "o homem é capaz de infinitas interpretações" e, para Kierkgaard, tudo "o que sucede e está feito permanece [...] sempre acessível a uma nova interpretação". K. Jaspers, *Razón y existencia: cinco lecciones*, Buenos Aires, Editorial Nova, s/d., p. 17 (grifos do autor).

pensamento posterior"[93]. E, quem sabe, talvez estivesse pensando em Sócrates quando, questionada por Günter Gaus a respeito do desejo de influenciar o grande público por meio de sua obra, respondeu:

> Eu quero compreender. E se outros compreendem – no mesmo sentido que eu compreendi – isso me dá um sentimento de satisfação, tal como o sentimento de estar em um terreno familiar[94].

---

93. H. Arendt, "Thinking and Moral Considerations", *op. cit.*, p. 177.
94. H. Arendt, "What Remains? The Language Remains: A Conversation with Günter Gaus", em *Essays in Understanding: 1930-1954*, New York, Harcourt Brace & Company, 1994, p. 3.

CAPÍTULO 2

O Amor ao Próximo

> *Os homens discutem grande problema: Pode o homem ser feliz e mortal? Alguns, considerando-lhe com humildade a condição, negam ao homem a possibilidade de ser feliz, enquanto viver para morrer. Outros, exaltando-se a si mesmos, atreveram-se a dizer que o sábio, embora mortal, pode alcançar a felicidade. Se é assim, por que não elevá-lo, antes, à categoria de mediador entre os mortais infelizes e os bem-aventurados imortais, se com estes partilham a felicidade e com aqueles a mortalidade? É fora de dúvida que, se felizes, não invejam ninguém, porque nada existe mais miserável do que a inveja. E, portanto, velam quanto podem pelos miseráveis mortais, para que consigam a felicidade e possam também, depois da morte, se tornar imortais em companhia dos anjos e bem-aventurados imortais.*
>
> Agostinho, *A Cidade de Deus*.

O julgamento e a condenação de Sócrates constituem para Hannah Arendt um acontecimento tão decisivo para a história do pensamento político como a condenação de Jesus o é para a história da religião[1].

Arendt aproxima Jesus de Sócrates quando afirma que "o ideal de bondade tem o mesmo papel que o ideal de sabedoria nas doutri-

---

1. H. Arendt, "Philosophy and Politics", *op. cit.*, p. 427.

nas de Sócrates"² e que, do mesmo modo que este não aceitava ser apontado como sábio, Jesus não consentia em ser chamado de bom. E embora seja possível afirmar que para Sócrates apenas os deuses eram conhecedores da verdade, assim como para Jesus somente Deus era bom, o que H. Arendt deseja sublinhar é a distância que separa Sócrates de Jesus quando aponta para a natureza diversa do espaço em que cada um se movimentava em seu próprio tempo e lugar.

Karl Jaspers já havia mencionado, no início da década de 1950, a impossibilidade de que a bondade se manifestasse como bondade mesma, remetendo a Paulo e a Agostinho a origem dessa convicção. Estes admitiam que uma vez consciente da própria bondade o ser humano bom não poderia se considerar verdadeiramente bom, pois a satisfação de si daí resultante corresponderia já à arrogância. Foi nesse sentido que K. Jaspers concluiu que "sem refletir sobre si mesmo não há bondade humana possível e refletindo sobre si mesmo já não há bondade inocente"³.

Quando Hannah Arendt refletiu sobre a bondade tinha preocupações diferentes das de seu professor. Em um dos fragmentos que ela escreveu provavelmente entre 1958 e 1959, compilado após a sua morte em O Que é Política?, afirmou que "é da essência da bondade precisar esconder-se e não poder aparecer como aquilo que ela é"⁴, caso contrário se revela como hipocrisia. Ela se refere, nesse caso, à impossibilidade de que sob as luzes público-políticas a bondade apareça como bondade mesma. Ela estava preocupada, então, com a avaliação pública a que estava submetido o praticante das boas obras e não com a avaliação que este pudesse fazer de si mesmo.

Arendt desejava ressaltar, então, que a bondade não pode medrar na esfera pública por não resistir à visibilidade. Assim, diferentemente de Sócrates que se movimentava em meio ao espaço público, Jesus atuava em meio à obscuridade, num espaço que não era nem

---

2. H. Arendt, Qu'est-ce que la politique?, op. cit., p. 76.
3. K. Jaspers, La fé filosófica, Buenos Aires, Editorial Losada, 2003, p. 56.
4. H. Arendt, Qu'est-ce que la politique?, op. cit., p. 76.

público nem privado: um âmbito intermediário "entre homem e homem", como se verá.

Uma comunidade de homens que acredita que pode, realmente, tratar de todos os negócios humanos em termos de bondade, e que consequentemente não se amedronta com a ideia de amar seus inimigos – a título de experiência – e de recompensar o mal com o bem, uma comunidade que, em outros termos, considera que o ideal de santidade é um critério – não somente para a salvação individual da alma pelo afastamento dos homens, mas para a direção dos assuntos humanos – não pode senão manter-se afastada da esfera pública e de sua luz. Ela deve obrar em segredo porque ser visto e ser ouvido produz, inevitavelmente, aquele brilho e aquela aparência, a partir das quais toda a santidade – de qualquer tipo que se apresente – se transforma, imediatamente, em pseudossantidade e hipocrisia[5].

Era o *apolitismo*, uma decorrência do modo de vida sugerido pela mensagem cristã, que acompanhava os passos dos primeiros cristãos. Nessa distinção residiria toda a distância que separa Sócrates de Jesus no pensamento arendtiano, não fosse uma outra diferença: se com a condenação de Sócrates abriu-se um abismo entre filosofia e *polis*, a doutrina cristã, muito tempo depois da condenação de Jesus – na Idade Média, – deixou o âmbito que lhe era originário e passou a ocupar o espaço público[6].

A busca de compreensão para esses acontecimentos levou Hannah Arendt a debruçar-se sobre o pensamento de Agostinho, o pensador que facilitou à Igreja assumir um papel político ao encobrir

---

5. *Idem, ibidem.*
6. Jerome Kohn considera que "não houve seguramente maior virtuoso da ação do que Jesus". J. Kohn, "Introduction", em Hannah Arendt, *Responsibility and Judgment*, New York, Schocken Books, 2003, p. xxiii. A partir dessa convicção, Kohn estabelece relações entre Jesus e Maquiavel. Para Arendt apenas os ensinamentos sobre o perdão poderiam aproximar Jesus do espaço público, pois o perdão é para ela uma forma de ação. No mais Arendt ressalta o *apolitismo* dos ensinamentos de Jesus e dos primeiros cristãos.

as contradições entre a nova função dessa instituição e os primeiros ensinamentos cristãos[7].

Como se tornou realidade, no curso da história, a transformação do caráter consciente e radicalmente antipolítico do cristianismo, de modo a se tornar possível um tipo de política cristã: isso foi obra – abstraindo-se a realidade histórica conformada pela queda do império romano – de um só homem, Agostinho[8].

Desse modo, Arendt, que havia refletido sobre as ideias de Agostinho nos tempos de Heidelberg, retoma as ideias agostinianas na década de 1950, mas com outras preocupações. Nos idos da década de 1920 os interesses dessa pensadora estavam voltados para a investigação do conceito de amor em Agostinho e, especialmente, para a questão judaica.

Cada uma das três seções da tese [de doutoramento] focalizava um conceito de amor: o amor como anseio (*appetitus*), o amor como uma relação entre o homem e Deus, o Criador, e o amor ao próximo. Mas o conceito de amor ao próximo é apresentado como o mais fundamental, aquele na direção do qual os dois primeiros são orientados[9].

As novas reflexões, dirigidas em última instância à compreensão do fenômeno totalitário que engloba aquela questão mas nela não se esgota, encontram-se voltadas principalmente para as ideias agostinianas que tratam da liberdade, bem como para a influência de tais ideias sobre as teorias políticas da era moderna. H. Arendt ocupou-se, além disso, da junção que Agostinho empreendeu entre a experiência romana – que ele articulou conceitualmente –, a doutrina cristã e a filosofia grega, um expediente que auxiliou a Igreja a atuar

---

7. F. Collin lembra que o pensamento de Arendt é fruto das seguintes influências: a tradição cultural judaica, o pensamento e cultura gregos, a tradição romano-cristã, e o pensamento moderno. F. Collin, "Nacer y tiempo. Agustín en el pensamiento arendtiano", em *Hannah Arendt: El orgullo de pensar*, Barcelona, Gedisa, 2000, p. 83.
8. H. Arendt, *Qu'est-ce que la politique?*, op. cit., p. 77.
9. E. Young-Bruehl, *Hannah Arendt: Por Amor ao Mundo*, op. cit., p. 82.

na esfera política, por ocultar as contradições entre essa atuação e a doutrina original[10].

Arendt vê em Agostinho um filósofo, "o primeiro filósofo da vontade" e, ainda, "o único filósofo que os romanos jamais tiveram", uma convicção que ela repetiu muitas vezes em diferentes textos e obras, mas para a qual deu uma justificativa apenas em *A Vida do Espírito*:

> Se, como Hegel acreditava, a tarefa do filósofo é capturar a mais fugidia de todas as manifestações, o espírito de uma era, na rede dos conceitos da razão, então Agostinho, o filósofo cristão do século V d.C., foi o único filósofo que os romanos jamais tiveram[11].

Agostinho é, além do mais, o primeiro filósofo cristão, aquele que tendo recebido uma educação cristã voltou-se para a filosofia, mantendo-se preso a ela por toda a sua vida. A obra agostiniana *Sobre a Trindade* é "o mais profundo e o mais articulado desenvolvimento de sua posição filosófica própria e muito original"[12].

Se por teólogo entende-se "o intérprete da palavra divina", então Agostinho não pode ser apontado como tal, afirma Arendt, a menos que se leve em conta o sentido platônico e original dessa palavra:

---

10. Arendt apenas constata, nesse caso, as ideias que influenciaram o pensamento agostiniano, sem entrar no mérito da decisão que levou esse pensador a lançar mão de tais expedientes. Em *O Conceito de Amor em Agostinho* afirmou: "nada das ideias filosóficas da antiguidade e da antiguidade tardia que Agostinho assimilou em diversos períodos de sua vida, de Hortensius, de Cícero, à tradução de Plotino de Victorinus [Rhetor], nunca foi verdadeira e radicalmente eliminada do seu pensamento. [...] Apesar de se ter tornado um cristão crente e convicto e de ter avançado muito na problemática do cristianismo através das leituras das epístolas de São Paulo, dos salmos, do Evangelho de São João e das epístolas deste, nunca perdeu completamente a propensão para o questionamento filosófico e nunca o excluiu radicalmente do seu pensamento". H. Arendt, *Love and Saint Augustine*, Chicago, The University of Chicago Press, 1996, p. 6.
11. H. Arendt, "Willing", em *The Life of the Mind*, *op. cit.*, p. 216.
12. H. Arendt, "Willing", *op. cit.*, p. 85. Em *A Vida do Espírito*, Arendt ressalta que, apesar de ser tentadora a ideia de que a noção aristotélica de *proairesis* é "precursora da Vontade", essa noção deixa um espaço muito limitado para a liberdade: os meios e os fins são dados e a escolha diz respeito à seleção racional destes. A *proairesis* é, nesse sentido, "o árbitro entre as diversas possibilidades". H. Arendt, "Willing", *op. cit.*, p. 62 (Arendt se refere nessa passagem à *Ética a Nicômaco* – 1139 a/b).

nada [...] é mais sugestivo nesse contexto do que ter sido Platão quem cunhou a palavra "teologia", porque a passagem em que a nova palavra é usada ocorre em uma discussão estritamente política, em *A República*, quando o diálogo trata da fundação de cidades. Esse novo deus teológico não é um Deus vivo, nem o deus dos filósofos, nem uma divindade pagã; é um recurso político, "a medida das medidas", isto é, o padrão de acordo com o qual as cidades podem ser fundadas e as regras de comportamento para a multidão podem ser decretadas. [...] Certamente Platão não tinha a mínima ideia de Teologia como a entendemos, como interpretação da palavra de Deus cujo texto sacrossanto é a Bíblia; Teologia, para ele, era uma parte integrante da "Ciência Política", especificamente aquela parte que ensinava aos poucos como governar os muitos[13].

O posicionamento de H. Arendt a respeito da condição de filósofo de Agostinho data do período em que foi aluna de Rudolf Bultmann, em Heidelberg. Deixou isso claro na tese de doutoramento, *O Conceito de Amor em Agostinho*, obra que, resenhada em publicações importantes da época, recebeu críticas generalizadas da parte de teólogos[14]. Eles não compreenderam, afirma E. Young-Bruehl, que embora se tratasse do pensamento de Agostinho, a tese de H. Arendt não pertencia ao âmbito da teologia e sim ao da filosofia existencial.

Ela [Arendt] havia pecado duas vezes, concordavam seus críticos: uma por ignorar Agostinho, o teólogo, e outra por ignorar os teólogos acadêmicos contemporâneos que reclamavam Agostinho para si próprios. A agitação em Heidelberg e nos círculos teológicos que receberam de uma judia de vinte e três anos essa tese sobre uma figura tão importante da igreja católica poderia ter sido, senão menor, pelo menos diferente se as filosofias de Jaspers e Heidegger fossem mais difundidas, pois o trabalho de Arendt era sobre filosofia existencial, e não uma contribuição à teologia. Mas Arendt iniciou sua carreira editorial da mesma forma como a terminou mais de quarenta anos mais tarde – como um carrapicho sob as selas eruditas[15].

---

13. H. Arendt, "What is Authority", *op. cit.*, p. 131.
14. E. Young-Bruehl, *Hannah Arendt: Por Amor ao Mundo*, *op. cit.*, p. 82.
15. *Idem, ibidem*.

Nesse sentido é oportuno esclarecer, desde logo, que as reflexões arendtianas sobre a doutrina e o pensamento cristãos são de cunho político-filosófico[16]. Arendt não questiona a fé cristã, pois a fé, diz ela, não está sujeita a dúvidas. Se Arendt estuda o papel político da Igreja e o pensamento cristão é porque deseja investigar como foi possível à Igreja Católica, considerando-se o modo de vida dos primeiros cristãos, manter-se no espaço público durante vários séculos, bem como elucidar o significado das noções de liberdade e de vontade que, nascidas no pensamento cristão, passaram a fazer parte da tradição de pensamento político.

Religião e fé, ou crença e fé, não são de maneira nenhuma o mesmo. Somente a crença, mas não a fé, possui uma inerente afinidade com a dúvida e a ela é constantemente exposta[17].

Se não é na forma de textos sagrados que Arendt aborda os Evangelhos ou as Epístolas paulinas isso não significa que ela não leve em conta as palavras de Jesus. Estas ganham um espaço considerável na obra arendtiana quando o que está em questão é a *bondade*, o *perdão*, a *ação* e o *amor ao próximo*, bem como as diferenças entre os "ensinamentos de Jesus" e os dogmas e crenças que apenas mais tarde vieram a constituir a doutrina da Igreja Católica.

Se Jesus não é, tal como Sócrates, um modelo de cidadão para Arendt, talvez possa ser considerado um "homem decisivo" nos termos definidos por K. Jaspers, uma vez que essa pensadora alertou para a necessidade de levar em conta mais seriamente as implicações filosóficas da palavra de Jesus. A esse respeito Jaspers afirmou:

> Pode-se hesitar em chamá-los filósofos [Sócrates, Buda, Confúcio e Jesus]. Mas tiveram também para toda a filosofia uma significação transcendental. Não

---

16. Segundo Manuel Garrido, Jaspers ressaltou que "para a filosofia não existem textos sagrados nem exclusivos". M. Garrido, "Contra la filosofía de minucias", em K. Jaspers, *Los hombres decisivos: Sócrates, Buda, Confúcio, Jesús*, Madrid, Editorial Tecnos, 1993, p. 11, (Los grandes filósofos).
17. H. Arendt, "What is Authority?", *op. cit.*, p. 131.

escreveram nada (exceto Confúcio), mas chegaram a ser, respectivamente, o ponto de partida de notáveis movimentos filosóficos. Chamamo-los os quatro homens decisivos[18].

Se o capítulo anterior dedicou-se ao estudo da manifestação histórica da liberdade e da autoridade entre os antigos, como parte do trajeto que busca elucidar as relações entre liberdade, ética e política no pensamento de H. Arendt, este capítulo, dando continuidade ao mesmo percurso, investiga como, na visão arendtiana, a Igreja exerceu historicamente a autoridade no espaço público na Idade Média. Se aquele capítulo ocupou-se do aparecimento da noção de autoridade dentro da tradição de pensamento político, este investiga o surgimento da noção de liberdade no âmbito do pensamento cristão. Diferentemente do primeiro capítulo que investiga o afastamento do filósofo da cidade, este investiga o isolamento do cristão[19], dedicando-se ao estudo das relações entre bondade e amor ao próximo e o espaço público.

A Autoridade da Igreja

Em que pese o caráter utópico das ideias políticas de Platão, Arendt ressalta que foram a elas que os romanos recorreram quando buscaram categorias capazes de nomear e de permitir interpretar os fenômenos que tiveram lugar com a crise do Império Romano. Embora associadas aos acontecimentos que encontraram lugar na *polis* grega e na *civitas* romana, as noções de *poder*, de *política* e de *autoridade* acabaram ganhando novos significados.

Esses significados emprestados da filosofia de Platão prevaleceram durante a Era Moderna e até a atualidade; o sentido original se

---

18. K. Jaspers, *Los hombres decisivos: Sócrates, Buda, Confucio, Jesús, op. cit.*, p. 46.
19. As referências ao(s) "cristão(s)", neste capítulo, dizem respeito ao(s) cristão(s) que viviam sob a autoridade da Igreja, na Idade Média, até o período que antecede a secularização política, no limiar da Era Moderna.

perdeu, dificultando a compreensão das experiências políticas dos antigos, bem como aquelas que lhe foram posteriores. Para Arendt,

> os conceitos gregos, uma vez santificados pelos romanos, por meio da tradição e da autoridade, simplesmente eliminaram da consciência histórica todas as experiências políticas que não podiam ajustar-se aos seus padrões[20].

Autoridade, tradição e religião compunham, como se viu, a tríade que havia garantido a durabilidade secular da fundação romana. Por transmitir a sagrada autoridade dos pais fundadores para os anciãos – o Senado ou *patres* –, a tradição atualizava e consagrava o passado, emprestando persistência à fundação de Roma. Essa continuidade da autoridade garantida pela tradição era imprescindível porque "agir sem autoridade e tradição, sem padrões e modelos aceitos, consagrados pelo tempo, sem o auxílio da sabedoria dos pais fundadores era inconcebível"[21] para os romanos.

Foi essa associação entre religião, autoridade e tradição que perdurou não apenas quando a República transformou-se em Império, mas, também, quando a Igreja assumiu o seu novo papel.

> A força e resistência extraordinárias do espírito romano – ou a extraordinária confiança no princípio fundador para a criação de organismos políticos – foram submetidas a um teste decisivo e reafirmaram-se depois do declínio do Império romano, quando a herança político-espiritual de Roma passou para a Igreja Cristã[22].

Com a queda e a pilhagem de Roma, nota Arendt, a tríade romana que havia garantido a durabilidade das instituições políticas teve o seu conteúdo desacreditado: não era mais possível crer que algo produzido por mãos humanas perdurasse eternamente. De ou-

---

20. H. Arendt, "What is Authority?", *op. cit.*, p. 136.
21. *Idem*, p. 124.
22. *Idem*, p. 125.

tra parte, o poder não mais constituía o espaço público, pois este, tal como Arendt o resgatou na Antiguidade, só se manifesta no espaço efetivamente político quando é um atributo da cidadania e tem como precondição a proximidade entre os indivíduos[23]. Nas palavras de Celso Lafer, o poder é "formação de uma vontade comum", diferentemente portanto do poder "como recurso para uma ação estratégica bem-sucedida"[24]. Para Arendt,

> o que mantém as pessoas unidas depois que passa o momento fugaz da ação (o que chamamos hoje de "organização") e que, ao mesmo tempo, elas mantêm vivo ao permanecerem unidas é o poder[25].

Do poder apossou-se o Império, a autoridade foi mantida no âmbito do Senado. E quando "o Deus mais poderoso" dos cristãos, nas palavras de Arendt, foi chamado por Constantino, o Grande, para dar continuidade à tradição espiritual romana, a divisão entre poder e autoridade persistiu: à Igreja coube a autoridade e aos príncipes o poder.

Ao término do século V, o Papa Gelásio I pôde escrever para o Imperador Anastásio I: "duas são as coisas através das quais este mundo é principalmente governado: a autoridade sagrada dos Papas e o poder real"[26].

Como foi possível à Igreja tornar-se herdeira do legado político e espiritual romano, entretanto, é a questão que Arendt se colocou ao considerar o *apolitismo* original da doutrina cristã e a hostilidade que vigorara, até então, entre Império Romano e doutrina cristã.

---

23. Arendt creditou essa interpretação a Cícero que afirmou: "enquanto o poder reside no povo, a autoridade repousa no Senado – *Cum potestas in populo auctoritas in senatu sit*". Cícero, *De Legibus*, 3, 12, 38, idem, p. 122.
24. C. Lafer, *Hannah Arendt: Pensamento, Persuasão e Poder*, op. cit., p. 34. Celso Lafer lembra que Habermas reconheceu que "graças a Hannah Arendt" é possível distinguir entre geração de poder do poder como recurso". *Idem, ibidem*.
25. H. Arendt, *The Human Condition*, op. cit., p. 201.
26. H. Arendt, "What is Authority?", op. cit., p. 126.

Foi necessário "politizar" a doutrina cristã para que a Igreja não entrasse em contradição com o exercício de seu novo papel. Essa "politização" se deu às custas de alterações efetuadas na própria doutrina cristã, contando a Igreja para tanto com os préstimos de Agostinho. Este, conforme ressaltou Arendt, articulou conceitualmente a experiência romana e promoveu a união desta com a doutrina cristã e a filosofia grega.

Nesse sentido, a queda de Roma que havia levado à descrença na eternidade da cidade e das coisas construídas pelos seres humanos não foi um problema para a Igreja. Esse acontecimento serviu como "mera reafirmação" da crença cristã que pregava a imortalidade apenas para os indivíduos: "nada mais que fosse deste mundo, nem o gênero humano como um todo nem a própria terra e muito menos o artifício humano" eram imortais[27].

Mas se a destruição da cidade não representou um problema para a Igreja, era necessário outorgar, a esta, autoridade para que pudesse exercer sua função política. A existência de um princípio autoritário, fundador dos organismos políticos, era essencial para a persistência do espírito romano, pois a eficácia da tríade romana repousava "na força de um começo autoritário ao qual os laços 'religiosos' reatam os homens por meio da tradição"[28].

O sucesso obtido pela Igreja na promoção da continuidade do espírito romano foi uma decorrência do novo conteúdo dado à tríade, em que pesem as alterações a que foram submetidos os próprios alicerces do cristianismo. Se a doutrina dos primeiros cristãos encontrava-se firmada na obediência à autoridade de Deus, que é de origem hebraica, e na fé na ressurreição de Cristo, um novo fundamento foi necessário para o exercício das novas funções: o nascimento, vida, morte e ressurreição de Jesus que, de objeto de fé para os antigos cristãos, ganhou o estatuto de acontecimento quando passou a assinalar um novo começo no calendário ocidental.

---

27. H. Arendt, "The Concept of History: Ancient and Modern", *op. cit.*, p. 72.
28. H. Arendt, "What is Authority?", *op. cit.*, p. 125.

Os apóstolos, por sua vez, tornaram-se os pais fundadores da nova fé, de modo que além de um novo começo aquele marco transformou-se em início sagrado, imprescindível à continuidade do espírito romano. Repetiu-se, assim, "o milagre da permanência", nota Arendt: "dentro do quadro de nossa história a durabilidade e continuidade da Igreja como uma instituição pública pode ser comparada, apenas, ao milênio da história romana na Antiguidade"[29].

Só então a doutrina cristã transformou-se efetivamente em religião, no antigo sentido dessa palavra e que era o da atualização (*religare*) do passado, bem como no sentido pós-cristão, pois "apenas então [...] pôde um mundo inteiro – distintamente de meros grupos de crentes, não importa quão grandes pudessem ter sido – tornar-se cristão". E foi só nessa ocasião, também, que os antigos inimigos do Império Romano, "aqueles que haviam atirado como que uma maldição sobre toda a esfera dos negócios público-mundanos e jurado viver ocultos" passaram por cima do *apolitismo* e do anti-institucionalismo próprios à fé cristã[30].

Para tanto, diz Arendt, Agostinho deu mais uma vez sua contribuição ao justificar a inserção da Igreja no espaço público sem submeter o Evangelho a "uma completa perversão". Ao criar a *Civitas Dei*, Agostinho inaugurou um espaço transcendental para a realização de atividades imortalizadoras, justificando, dessa maneira, a atuação da Igreja no âmbito secular – a "*Civitas Dei* na terra".

> O que foi decisivo a esse respeito foi que ele [Agostinho], ainda firmemente arraigado à tradição romana, pôde aditar à noção cristã de vida eterna a ideia de uma *civitas* futura, uma *Civitas Dei* onde os homens, mesmo depois da morte, pudessem continuar a viver em uma comunidade. Sem essa reformulação agostiniana do pensamento cristão, a política cristã poderia ter permanecido o que ela havia sido nas primeiras centúrias, uma contradição em termos[31].

---

29. *Idem*, p. 127.
30. *Idem*, p. 126. Arendt observa que "a derivação de *religio* a partir de *religare* ocorre em Cícero". *Idem*, p. 292 (nota 27).
31. H. Arendt, "The Concept of History: Ancient and Modern", *op. cit.*, p. 73.

Assim, a própria Igreja tornou-se romana e a partilha entre poder temporal e autoridade transcendental foi útil tanto para os príncipes como para a Igreja, pois, enquanto esta emprestava legitimidade ao poder temporal, este, por sua vez, protegia a "liberdade" da Igreja que, longe de significar a razão de ser da política, tinha o sentido de tornar os fiéis livres da política. A Igreja mantinha-se, dessa maneira, fiel às suas origens: os cristãos permaneciam isentos das preocupações com a esfera pública.

A igreja precisava da política, tanto [...] da política mundana dos poderes seculares como da política religiosa no interior do domínio eclesiástico, para poder manter-se e afirmar-se na terra e no mundo terrestre como Igreja visível, diferentemente da Igreja invisível cuja existência não foi jamais contestada pela política. A política, por sua vez, precisava da Igreja; não somente da religião, mas da existência tangível desta no espaço das instituições religiosas para demonstrar justificação superior, tendo em vista sua legitimidade[32].

Não foi apenas a legitimação emprestada pela Igreja ao poder temporal que contribuiu para que a política passasse a ser compreendida, então, como o governo da maioria pela minoria. A Igreja emprestou elevação ao poder secular ao permitir que este justificasse a sua atuação apelando para *o amor ao próximo*.

O motivo para carregar o fardo da coisa política terrena não é o medo, mas o amor ao próximo[33].

Essa nova interpretação dos desígnios da política tornou-se relevante tanto para a tradição de pensamento político como para aqueles que governam em nome da maioria; "o amor ao próximo" foi considerado a finalidade da política.

A Igreja, de outro lado, ocupava um espaço historicamente inusitado. Os primeiros cristãos haviam ocupado uma esfera que não era

---

32. H. Arendt, *Qu'est-ce que la politique?*, op. cit., p. 79.
33. *Idem*, p. 78.

nem pública nem privada: um espaço "intermédio entre homem e homem". Não se tratava, nesse caso, do abandono dos assuntos humanos tal como havia acontecido com os filósofos gregos, sublinha Arendt, mas da tentativa de tratar de tais assuntos longe das luzes públicas.

Assim, diversamente do que havia ocorrido na Antiguidade grega e romana, quando a cidadania tinha como precondição a transposição do abismo que se interpunha entre a obscuridade da esfera privada e as luzes público-políticas, a cidadania na Idade Média era conquistada através da passagem das "trevas diárias" para o plano do "esplendor sagrado". O espaço garantido pela Igreja aos fiéis era um espaço público determinado pela religião – o espaço público-eclesiástico. Embora não fosse político porque não-mundano e estivesse voltado para a vida extraterrena, este espaço proporcionou aos indivíduos alguma possibilidade de aparição tornando-se um substituto para a antiga cidadania até o limiar da era moderna[34].

Era, portanto, um espaço ambíguo, pois, enquanto espaço "reunidor de homens", deveria garantir-lhes, ao mesmo tempo, a obscuridade. Uma tarefa difícil para a Igreja uma vez que o espaço onde muitos se reúnem se transforma em espaço da aparência, um espaço propício para a atividade da ação. Esse é o motivo de se confundir muitas vezes um tal âmbito com o espaço político.

O caráter público deste espaço de crentes – o único no qual, durante toda a Idade Média, as necessidades políticas específicas dos seres humanos puderam ser consideradas – sempre foi ambíguo: era em primeiro lugar um espaço de reunião, o que não significa um prédio no qual os homens simplesmente se juntam, mas um espaço construído intencionalmente para a reunião dos homens[35].

A manutenção dos fiéis na obscuridade tornou-se possível graças a Agostinho, que incorporou o Mito do Inferno platônico às crenças

---

34. O início da Era Moderna pode ser apontado a partir dos séculos XVI e XVII. Alguns historiadores aceitam como marco a tomada de Constantinopla pelos turcos, em 1453, outros a descoberta da América, em 1492, ou, ainda, o surgimento das ciências naturais no século XVII.
35. H. Arendt, *Qu'est-ce que la politique?*, op. cit., p. 78.

dogmáticas cristãs[36]. É como se apenas então, nota Arendt, "os invisíveis padrões de medida espirituais de Platão" tivessem alcançado os desígnios políticos para os quais haviam sido criados. Ao jungir as ideias platônicas e a doutrina cristã, Agostinho conectou a esta os padrões gerais e as medidas transcendentes capazes de subsumir o particular e o imanente: as "regras morais para todo o comportamento inter-humano e medidas racionais para a orientação de todo juízo individual"[37].

Embora as preocupações com o inferno, castigos e recompensas em vidas futuras fossem populares antes do século V, tais ideias preencheram finalidades políticas, apenas quando a Igreja assumiu sua função secular. Foi apenas com a emergência do papado que a ideia de inferno foi incorporada como "elemento poderoso na religião tradicional, cuja utilidade para sustentar a autoridade [da Igreja] é autoevidente"[38].

Uma vez incorporadas pela Igreja e associadas à ideia de imortalidade, contudo, as ideias platônicas a respeito de punições infernais tiveram sua origem política toldada pelo componente religioso. Arendt observa a esse respeito que, se a doutrina do inferno costuma ser entendida de um ponto de vista religioso, a evidência do caráter político da mesma revela-se na própria obra de Platão. É que a ideia de castigo após a morte é conflitante com a ideia, também platônica, de mortalidade do corpo e imortalidade da alma, uma contradição a respeito da qual Arendt está convicta de que Platão tinha pleno conhecimento. Outra evidência do caráter político da doutrina do inferno é o termo teologia, que, como se viu, foi cunhado por Platão com o sentido de nomear a parte integrante da "Ciência Política" que ensinava aos poucos como governar os muitos.

---

36. O Mito do Inferno platônico encontra-se no último livro de *A República* e nas conclusões do *Fédon* e *Górgias*.
37. H. Arendt, "What is Authority?", *op. cit.*, pp. 127 e 128.
38. H. Arendt, "Religion and Politics", em *Essays in Understanding, op. cit.*, p. 380.

Como Platão disse explicitamente, [...] "para cada mal que os homens tivessem feito a quem quer que fosse, sofreriam o décuplo"[39].

Se não foi Platão o primeiro a tratar de punições em vidas futuras, tendo este se inspirado, provavelmente, em crenças populares e tradições órficas e pitagóricas, o importante, considera Arendt, é que ele foi o primeiro a perceber o potencial político de tais crenças para ordenar o âmbito público. Agostinho incorporou essas ideias porque teria compreendido "em que medida essas doutrinas poderiam ser usadas como ameaças no mundo, independentemente de seu valor especulativo acerca de uma vida futura"[40].

Firmada na doutrina platônica do inferno, a Igreja transformou em dogma um sistema contendo um extenso rol de recompensas e castigos[41]. E Arendt lembra que um tal sistema de punições tornou-se muito pior para o crente do que a própria morte eterna, pois face ao sofrimento eterno a morte surge como salvação. De outra perspectiva, Jaspers chamou a atenção para as implicações morais de um tal sistema de recompensas e de castigos eternos: uma negação da antiga convicção filosófica de que "a recompensa de uma boa ação é a ação mesma"[42].

É nesse sentido que Arendt discorda das afirmações de Marx de que a religião é o ópio do povo. É desprovida de sentido, diz ela, a associação entre um calmante e a doutrina católica, quando se considera que esta colocava "sua inflexível ênfase no indivíduo e em seu próprio papel para a salvação de sua alma e sua insistência no caráter pecaminoso do homem", referido a "um catálogo de pecados maior do que [o existente] em qualquer outra religião"[43].

---

39. H. Arendt, "What is Authority?", *op. cit.*, p. 131.
40. *Idem, ibidem*.
41. "O ponto em questão é sempre o mesmo: a verdade, por sua própria natureza, é autoevidente e, portanto, não pode ser discutida e demonstrada de modo satisfatório. Consequentemente, a crença é necessária para aqueles que carecem de olhos para aquilo que é, a um só tempo, autoevidente, invisível e está além da argumentação". H. Arendt, "What is Authority?", *op. cit.*, p. 131.
42. K. Jaspers, *Plato and Augustine*, New York, Harcourt Brace & World, 1962, p. 99.
43. H. Arendt, "Religion and Politics", *op. cit.*, p. 380.

A incorporação da ideia platônica de inferno e de punições às crenças dogmáticas cristãs possibilitou à Igreja guiar a conduta da maioria através do *medo* e Arendt ressaltou que Agostinho foi o primeiro a falar das massas "no sentido de 'massa damnata', a multidão de condenados pela malignidade e pelo pecado"[44]. O sucesso obtido pela Igreja nesse empreendimento pode ser avaliado pelo fortalecimento da autoridade religiosa da Igreja diante do poder secular. Mas o problema, nota Arendt, é que, ao introduzir a violência na base de sua autoridade, a Igreja acabou por solapar a antiga autoridade romana que no limiar da Era Moderna encontrava-se já em estado terminal com o desaparecimento dos outros dois elementos do tripé romano: tradição e religião[45]. O fim da autoridade de tipo romano no espaço público foi apenas o golpe final desfechado contra aquela tríade que nunca mais pôde ser historicamente restabelecida, um assunto a ser tratado no capítulo subsequente.

A Liberdade em Agostinho

A liberdade, ignorada pela Grande Filosofia Antiga, só apareceu na tradição de pensamento político justamente na época em que se deu a supressão de um âmbito público politicamente assegurado, ao final da Antiguidade. Isso não foi mera coincidência.

As experiências interiores identificadas como de liberdade, nota Arendt, são derivativas: "sempre pressupõem uma retirada do mundo, onde a liberdade foi negada, para uma interioridade à qual

---

44. Salvador Giner, "Hannah Arendt, uma Recordação Pessoal", em *Hannah Arendt: El orgullo de pensar, op. cit.*, p. 18.
45. "O preço pago por essa força adicional [o medo do inferno] foi que o conceito romano de autoridade foi diluído e um elemento de violência insinuou-se tanto na estrutura do pensamento religioso ocidental quanto na hierarquia da Igreja. Quão alto foi realmente esse preço é possível mostrar o fato embaraçador de que homens de estatura inquestionável – entre eles Tertuliano e mesmo Tomás de Aquino – puderam ser convencidos de que uma das alegrias no céu seria o privilégio de assistir o espetáculo de indizíveis sofrimentos no inferno." H. Arendt, "What is Authority?", *op. cit.*, p. 133.

ninguém tem acesso". Impedida de manifestar-se como fenômeno político, a liberdade foi transposta para "o espaço interior, no qual os homens podem escapar da coerção externa e se sentirem livres" mesmo assim[46].

Arendt sublinha, também, que a identificação de uma liberdade interior tornou-se possível porque o reconhecimento de uma liberdade localizada na interioridade humana é decorrente da evidência da experiência humana da liberdade vivida em um mundo comum.

> Parece seguro afirmar que o homem nada saberia da liberdade interior se ele não tivesse experimentado primeiro a condição de ser livre em uma realidade mundanamente tangível[47].

Não é por acaso, observa Arendt, que uma das primeiras ideias que tratam da liberdade interior tenha tido origem no pensamento de Epicteto, o escravo alforriado que viveu no fim da Antiguidade, "possivelmente, o espírito mais perspicaz entre os estoicos tardios"[48]. O impedimento à cidadania foi a condição mais importante para que Epicteto identificasse a liberdade na interioridade humana, pois, aí, até mesmo um escravo poderia sentir-se "senhor absoluto".

É por isso que, para Epicteto, um ser humano é livre na medida em que reduz o seu domínio àquilo que está em seu próprio poder, ignorando o âmbito em que sua atuação é proibida. A reflexão sobre a liberdade surge, nesse caso, da tentativa de escapar de um mundo insuportável.

> A "ciência do viver" consiste em saber como distinguir entre o estranho mundo em que o homem não tem poder e o eu do qual ele pode dispor como achar melhor[49].

---

46. *Idem*, p. 146.
47. H. Arendt, "What is Freedom?", *op. cit.*, p.148.
48. H. Arendt, "Thinking", *op. cit.*, p. 154.
49. H. Arendt, "What is Freedom?", *op. cit.*, p. 147.

Uma vida livre passa a ser, assim, aquela que permite ao indivíduo viver como melhor lhe aprouver através do uso da imaginação, um poder que pertence à própria pessoa. E é por isso que, fazendo uso de "um vocabulário grego enganosamente familiar", Epicteto referia-se à ação como uma atividade que não se dá "em harmonia com nenhuma pessoa e da qual supõe-se que não mude nada, além do próprio eu"[50].

Ainda que Arendt coloque em relevo as ideias de Epicteto, por ter sido este um dos primeiros a tratar de uma liberdade situada na interioridade humana e a divorciar as ideias de política e de liberdade, é ao pensamento de Agostinho que ela concede um espaço significativo em sua obra. E isso vale para as duas noções de liberdade que Arendt identificou no pensamento agostiniano e que são preciosas para ela, ainda que por motivos diversos: a noção de liberdade interior pela influência que exerceu sobre o pensamento político moderno e a ideia de liberdade como um novo começo por constituir-se esta o primeiro registro, dentro da tradição de pensamento, da experiência política da Antiguidade. Para Arendt, Agostinho foi o último dentre os pensadores da tradição a revelar conhecimento sobre o que era a cidadania na Antiguidade.

Fundadas na ideia cristã de liberdade interior, as teorias políticas da era moderna passaram a sustentar que a liberdade começa quando os seres humanos se afastam da esfera política e passam a viver individualmente a experiência da liberdade como uma relação com o próprio eu.

Historicamente, o problema da liberdade foi a última das grandes questões metafísicas tradicionais – tal como o ser, o nada, a alma, a natureza, o tempo, a eternidade etc. – a tornar-se um tópico da investigação filosófica. Não há preocupação com a liberdade em toda história da grande filosofia, desde os pré-socráticos até Plotino, o último filósofo da Antiguidade. E quando a liberdade fez o seu aparecimento em nossa tradição filosófica sua origem esteve

---

50. H. Arendt, "Thinking", *op. cit.*, p. 154.

associada à experiência de conversão religiosa – primeiro a de Paulo e depois a de Agostinho[51].

Assim, não foram as ideias de Epicteto que vieram a influenciar a tradição de pensamento e isso, por dois motivos: as ideias de Epicteto estiveram restritas à "filosofia popular", à experiência dos "sectários populares e popularizantes da antiguidade tardia"[52]. De outra parte, a noção de liberdade em Epicteto, embora já despolitizada, estava referida a circunstâncias externas.

> Ele [Epicteto] não impede seu filósofo de ir aos jogos como todo o mundo; mas, ao contrário da multidão "vulgar" de outros espectadores, ele está "interessado" apenas em si mesmo e em sua própria felicidade; por isso, ele força-se a "desejar que aconteça apenas o que acontece, e que apenas ganhe aquele que ganha. [...] É como se esses espectadores, olhando com olhos encobertos, fossem meras aparições fantasmagóricas no mundo das aparências"[53].

A ideia de liberdade interior só se tornou uma questão para a tradição filosófica quando passou a ser compreendida como uma relação entre eu e eu mesmo, longe do mundo comum. E é por isso que o pensamento de Agostinho é, na opinião de H. Arendt, aquele que exerceu influência efetiva sobre a tradição de pensamento político ao abrir "para os séculos vindouros o império da interioridade"[54].

Concordando com Max Planck quando este afirma que este caminho – o da interioridade – foi aquele que conduziu "ao obscuro bosque em que a filosofia se perdeu"[55], H. Arendt alerta aqueles que trabalham com teoria política para o fato de que

> o fenômeno da liberdade não apareceu, absolutamente, no âmbito do pensamento, que nem a liberdade nem o seu oposto são vivenciados no diálogo entre

---

51. H. Arendt, "What is Freedom?", *op. cit.*, p. 145.
52. *Idem*, p. 147.
53. H. Arendt, "Willing", *op. cit.*, p. 75.
54. H. Arendt, "Augustine and Protestantism", em *Essays in Understanding*, *op. cit.*, p. 25.
55. H. Arendt, "What is Freedom?", *op. cit.*, p. 145. Arendt cita Max Planck, "Causation and Free Will", em *The New Science*, New York, 1959.

eu e eu mesmo, no transcurso do qual surgem as grandes questões filosóficas e metafísicas e que a tradição filosófica [...] distorceu, ao invés de clarificar, a própria ideia de liberdade, tal como ela é dada na experiência humana ao transpô-la de seu campo original, a esfera política e dos acontecimentos humanos em geral, para um domínio interno, o da vontade, onde ela seria aberta à autoinspeção[56].

A noção de liberdade agostiniana não tem quaisquer similaridades com a ideia de liberdade em Epicteto. Agostinho atacou o estoicismo, afirmando que o estoico havia descoberto "o truque de como fingir ser feliz: 'desde que um homem não pode ter o que ele deseja, ele deseja o que ele pode ter'"[57]. Além disso, a ideia de vida depois da morte, que esteve na origem da ideia da liberdade como livre-arbítrio, não esteve presente em Epicteto. Este admitia a existência de Deus, mas acreditava que a infelicidade advinha do medo de morrer, de modo que uma vez dissipado esse medo a felicidade poderia ser alcançada.

Agostinho acreditava que sem a crença na vida depois da morte seria impossível ser feliz.

Os estoicos assumem que "todo homem por natureza deseja ser feliz", mas eles não acreditam em imortalidade, pelo menos não em ressurreição do corpo, isto é, não em uma vida futura eterna e isto é uma contradição em termos. Porque "se todos os homens realmente querem ser felizes eles precisam necessariamente também querer ser imortais... Para viver feliz é preciso primeiro estar vivo" (*Cum ergo beati esse omnes homines volint, si vere volunt, profecto et esses immortales volunt... Ut enim homo beate vivat, oportet ut vivat*). Em outras palavras, homens mortais não podem ser felizes e a insistência dos estoicos num medo da morte como a principal fonte de infelicidade atesta isso; o máximo que eles podem alcançar é tornarem-se "apáticos", tornando-se impassíveis diante da vida ou da morte[58].

---

56. H. Arendt, "What is Freedom?", *op. cit.*, p. 145.
57. H. Arendt, "Willing", *op. cit.*, p. 80 (a citação que Arendt faz está em *De Trinitate*, Livro XIII, vii, 10).
58. *Idem, ibidem*.

Essa diferenciação é importante porque a noção de liberdade interior nascida no pensamento cristão tem origem não apenas na impossibilidade de manifestação pública da liberdade, tal como em Epicteto, mas também em adversidades internas: aos obstáculos externos juntaram-se obstáculos internos oriundos da luta pelo merecimento de uma vida depois da morte.

Arendt observa que a ideia de uma vida depois da morte era, de fato, uma preocupação generalizada durante a decadência do Império Romano, uma preocupação que surgiu nos novos cultos orientais. Esse interesse tinha origem não nos ensinamentos de Jesus e, sim, em "noções populares e literárias" difundidas na época sobre a existência de uma vida futura associada a prêmios e punições. Foi Paulo e não Jesus quem introduziu essa ideia na doutrina cristã ao enfatizar a crucificação de Jesus e a ressurreição dos mortos, numa época em que o mundo público-político encontrava-se em declínio.

> Por trás das inúmeras crenças novas está claramente a experiência comum de um mundo em declínio, talvez moribundo; e a "boa nova" do cristianismo em seus aspectos escatológicos disse bastante claramente: a você que acreditou que os homens morrem mas que o mundo é perene, basta converter-se à fé de que o mundo chega a um fim e que você mesmo terá vida duradoura[59].

Quando o questionamento sobre a vida depois da morte que se encontra registrada nos Evangelhos como preocupação dos seguidores de Jesus aparecia por meio de perguntas do tipo: "'O que eu devo fazer para herdar a vida eterna?'", a resposta de Jesus era: "'vem e segue-me' – então 'o reino de Deus está entre vós' (Lucas 17:21) ou 'é chegado até vós' (Mateus 12:28)"[60]. Jesus não se refere, nesse caso, na maneira de ver de Arendt, à imortalidade individual e, sim, ao cumprimento da Lei, pois quando insistiam nessa indagação, diz ela, o ensinamento mais importante que recebiam de Jesus era:

---

59. Idem, p. 66.
60. Idem, ibidem.

Cumpre a lei como sabes *e* "vende tudo quanto tens, reparte-o entre os pobres" (Lucas 18:22)[61].

Para Arendt, é nesse "e" – presente na citação anterior – que está localizado o "único cumprimento verdadeiro da lei", nova ou antiga, e que, uma vez descoberto por Paulo, foi provavelmente o que o levou a afirmar o "eu-quero-mas-não-posso" que manifesta o poder sobre-humano implícito no cumprimento da lei, "embora Jesus, ele mesmo, parece nunca ter dito para seus seguidores que eles não poderiam fazer aquilo que quisessem"[62].

É possível que Arendt veja na radicalização da lei a maneira encontrada por Jesus para reafirmar que "apenas Deus é bom", uma alusão, portanto, à hipocrisia farisaica que buscava tornar pública a própria "bondade", mas não realizava aquele "*e*" da lei. A partir dessa interpretação é possível compreender as afirmações de Arendt de que Jesus levou a lei até às últimas consequências, mas, ao mesmo tempo, não exigiu obediência daqueles que o seguiam.

A noção de liberdade agostiniana encontra-se assentada na experiência de conversão de Paulo, bem como na sua própria, experiências que estão associadas ao merecimento de uma vida após a morte. Desse modo, a experiência de liberdade agostiniana nada tem em comum com a liberdade vivida entre os antigos. De lá para cá a mudança de ênfase foi crucial, passou

> do fazer para o crer, do homem exterior que vive em um mundo das aparências [...] para uma interioridade que, por definição, nunca se manifesta inequivocamente e só pode ser examinada por um Deus que nunca aparece, também, inequivocamente[63].

As adversidades interiores foram compreendidas por Agostinho como um conflito que ocorre no interior da própria vontade, dife-

---

61. *Idem, ibidem.*
62. *Idem*, p. 67.
63. *Idem, ibidem.*

rentemente, portanto, das interpretações de Epicteto e de Paulo, para quem a vontade se manifestava por meio de incitações que se resolvem na forma de onipotência ou de impotência, respectivamente. Em Epicteto a vontade é onipotente pois, nesse caso, o pressuposto é de "que a realidade, *para mim*, obtém seu grau de realismo a partir do meu consentimento"[64].

Paulo, de modo diverso, relata a experiência de conversão em termos de submissão à Lei: o cristão deve obedecer à Lei, mas deve fazê-lo voluntariamente. Trata-se de uma *submissão voluntária*; a lei é um *tu-deves* que espera um *eu-quero*: ordena e espera concordância voluntária.

> O próprio mandamento, o tu-deves, coloca-me diante de uma escolha entre um eu-quero e um eu-não-quero, isto é, teologicamente falando, entre obediência e desobediência[65].

Foi essa experiência interior, vivida como um "imperativo que exigia submissão voluntária", a responsável pela descoberta da faculdade da vontade e do livre-arbítrio; a primeira, a faculdade que determina aquilo que deve ser feito, e o segundo, a capacidade que, livre de coações externas, posiciona-se diante daquilo que é determinado: concorda ou discorda.

É nesse sentido, afirma Arendt, que o conflito da vontade é vivido por Paulo como impotência: o querer é seu próprio obstáculo.

> Historicamente, os homens descobriram a vontade, pela primeira vez, quando experimentaram sua impotência e não o seu poder, quando disseram com Paulo: "porque o querer está presente em mim; mas como cumprir aquilo que é bom eu não descubro"[66].

Em que pese ter sido Paulo o descobridor da faculdade da vontade e do livre-arbítrio, Agostinho é, para Arendt, o "filósofo da

---

64. *Idem*, p. 82.
65. *Idem*, p. 68.
66. H. Arendt, "What is Freedom?", *op. cit.*, p. 161.

vontade": o primeiro a elaborar uma filosofia sobre essa faculdade do espírito – dispersa no conjunto da obra agostiniana. Para as finalidades desta seção interessa tratar, apenas, das análises arendtianas sobre o livre-arbítrio, bem como do sentido que tal noção ganhou dentro do pensamento político moderno. As relações entre vontade e ação serão estudadas nos capítulos IV e V[67].

Diferentemente de Paulo, Agostinho não identificou o conflito vivido na interioridade humana como uma luta entre corpo e alma – a "agressiva hostilidade ao corpo [...] sem contar os preconceitos contra a carne"[68] –, uma experiência que, convém ressaltar, nada tinha em comum com as suspeitas que os filósofos dirigiram ao corpo. Jerome Kohn lembra a esse respeito que em Agostinho o corpo não desobedecia à vontade, mas era a vontade que desobedecia a si própria[69]. Agostinho acreditava na unidade entre espírito e corpo, embora tivesse a convicção de que o primeiro era superior ao segundo.

Pois "mais facilmente meu corpo obedecia ao mais fraco querer de minha alma, movendo seus membros ao seu aceno, do que minha alma obedecia a si mesma para efetuar esse grande querer que pode ser realizado apenas na vontade". Por isso, o problema não estava na natureza dual do homem, metade carne e metade espírito, achava-se na própria faculdade da Vontade[70].

A liberdade da vontade agostiniana foi vivenciada como um conflito entre um *querer* e um *não-querer* sem tréguas, "entre *velle* e *nolle*", cabendo distinguir aqui que, em se tratando do pensamento agostiniano, "vontade" e "simples desejo ou apetites" não são o

---

67. Arendt observa que a filosofia da vontade agostiniana encontra-se distribuída em toda a obra desse pensador: inicia-se em o *Livre-arbítrio da Vontade* – o primeiro tratado de Agostinho –, é retomada, posteriormente, – aproximadamente dez anos depois –, nas *Confissões* e nas duas últimas seções de *O Livre-arbítrio* – obras contemporâneas. A busca de solução para o conflito da vontade tem sequência, ainda, nas reflexões que constituem a obra *Sobre a Trindade* e *A Cidade de Deus* e, também, nas *Retratações*.
68. H. Arendt, "Willing", *op. cit.*, p. 71.
69. J. Kohn, "Introduction", em Hannah Arendt, *Responsibility and Judgment*, *op. cit.*, pp. xxv.
70. H. Arendt, "Willing", *op. cit.*, p. 93.

mesmo. Estes se referem ao processo vital e às coisas que estão ao alcance do indivíduo e que passam, portanto, ao largo do conflito da vontade que diz respeito, efetivamente, à realização de um projeto.

O livre-arbítrio agostiniano, além disso – uma afirmação e uma negação interior –, não se refere, necessariamente, à escolha entre um *bem* e um *mal*, tal como entre os maniqueístas, nem à existência de uma vontade boa e de uma vontade má, "pois nós encontramos o mesmo conflito de vontades onde nenhuma escolha entre o bem e o mal está em jogo"[71]. Não se trata, também, de uma luta entre um espírito bom e um espírito mau, tal como alertou o próprio Agostinho.

Em Agostinho a liberdade da vontade surge como um conflito interior que o levou a concluir que *querer* não coincide com *poder*, uma conclusão que Arendt considerou surpreendente pela conexão estabelecida por Agostinho entre *querer* e *poder realizar*. Essa maneira de compreender a liberdade a partir das relações entre *querer* e *ser capaz de realizar* é, de fato, surpreendente, quando se tem como referência a liberdade vivida no espaço público-político – a liberdade que, como se viu, é ela mesma espontaneidade. Mas é surpreendente, também, porque a compreensão agostiniana a respeito de sua própria experiência sugere, tal como sublinha Arendt, a perda da liberdade: "é como se o eu-quero imediatamente paralisasse o eu-posso, como se no momento em que os homens quisessem a liberdade eles perdessem a capacidade de serem livres"[72]. Existe em Agostinho um conflito entre duas vontades: uma que é poderosa e livre e outra que é impotente e não-livre.

> Descobriu-se a vontade de poder cristã como um órgão de autoliberação e, imediatamente, sua precariedade[73].

O poder e a impotência que caracterizam a vontade em Agostinho devem sua existência a uma vontade e a uma contravontade e

---

71. *Idem*, p. 94.
72. H. Arendt, "What is Freedom?", *op. cit.*, p. 162.
73. *Idem, ibidem*.

"desde que está na natureza da vontade mandar e exigir obediência, está também na natureza da vontade resistir"[74]. Essa situação gera o efeito paralisante da vontade, pois querer e não querer correspondem, respectivamente, a mandar e a não obedecer.

É por isso que parece uma "monstruosidade" o homem poder mandar a si mesmo e não ser obedecido, uma monstruosidade que pode ser explicada, apenas, pela simultânea presença de um eu-quero e de um eu-não-quero[75].

Mas essa, diz Arendt, é a interpretação do próprio Agostinho. A experiência agostiniana decorre, efetivamente, de um eu-quero-e-não-posso, que o próprio Agostinho chegou a mencionar, como se viu. E Arendt já sublinhava, em sua tese de doutoramento, a separação vivida por Agostinho entre querer e poder, ao afirmar que "a incapacidade do homem face à lei não consiste numa falta de querer mas numa falta de poder", de modo que "experimentar a insuficiência é experimentar a separação entre 'querer' e 'ser capaz'"[76].

No caso de Deus, querer e poder coincidem. A separação entre "querer" e "ser capaz" marca a criatura que não tem poder sobre seu próprio ser. Sua falta de poder faz a criatura depender, cada vez mais, e mais decisivamente, do Criador[77].

Arendt já havia identificado, então, a impotência na experiência agostiniana, embora não estivesse preocupada, nessa ocasião, com as relações entre as ideias de Agostinho e a noção de liberdade que encontrou lugar nas teorias políticas da Era Moderna. Assim, afirmava ela, uma vez que a lei "de Deus está também em nós, como exigência imanente à nossa existência", tal lei "revela a insuficiência do homem e redireciona-o ao Criador"[78].

---

74. H. Arendt, "Willing", *op. cit.*, p. 96.
75. H. Arendt, "What is Freedom?", *op. cit.*, p. 159.
76. H. Arendt, *Love and Saint Augustine*, *op. cit.*, p. 87.
77. *Idem, ibidem*.
78. *Idem*, p. 88.

H. Arendt levou em conta a cisão entre querer e poder de um ponto de vista político apenas na década de 1950, quando considerou que é por não poder realizar-se como um *eu-posso* que a vontade é experimentada como impotência e o motivo pelo qual o ideal da vontade torna-se a soberania. E, de fato, nota Arendt, a vontade só consegue atingir esse ideal quando se impõe como um *eu-posso* soberano, individual e solitário que além de ser independente da convivência com os outros almeja a prevalência sobre estes.

Para Agostinho era evidente que "querer" e "mandar" são o mesmo[79].

É por isso, afirma Arendt, que até os dias de hoje identifica-se poder com opressão, isto é, com a tentativa de governar o outro. Não apenas a liberdade foi transposta para a interioridade humana, mas também o *poder*.

Por causa da impotência da vontade, de sua incapacidade para gerar um poder genuíno, de sua constante derrota na luta com o eu, na qual o poder do eu-posso se esvazia, a vontade-de-poder transformou-se imediatamente em uma vontade-de-opressão[80].

É nesse sentido que a liberdade apareceu na tradição de pensamento político como um sinônimo de soberania e teve o seu exercício associado à vontade, compreendida como força de vontade e vontade de poder[81].

---

79. H. Arendt, "What is Freedom?", *op. cit.*, p. 295 (nota de rodapé 15).
80. H. Arendt, "What is Freedom?", *op. cit.*, p. 162.
81. Arendt não menciona Nietzsche quando trata da vontade de poder nesse contexto. Considera que esse pensador, que não conhecia o pensamento agostiniano, chegou a conclusões semelhantes às de Agostinho a respeito da cisão da vontade. Diferentemente deste último, que encontrou a resolução da cisão da vontade na graça divina, Arendt afirma que Nietzsche usou um truque para resolver a cisão espiritual resultante do conflito entre os *dois em um* da vontade: atribuiu o poder a um Eu – capaz de uma vontade de poder ilimitada – e a obediência ao outro Eu. Arendt aceita como última palavra de Nietzsche, todavia, a recusa da vontade, sendo este o motivo pelo qual as ideias de Nietzsche a respeito da vontade não ganham um espaço central no pensamento arendtiano. Essa é a razão pela qual este estu-

Assim,

toda tentativa de derivar o conceito de liberdade de experiências da esfera política soa estranha e surpreendente porque todas as nossas teorias nessa matéria são dominadas pela noção de que a liberdade é um atributo da vontade e do pensamento muito mais do que da ação[82].

Hannah Arendt não nega as experiências cristãs que deram origem à ideia de liberdade interior; o que é relevante, para ela, nesse caso, é que a noção de liberdade surgida das experiências religiosas acabou transferida para o âmbito da teoria política[83]. A liberdade, como fenômeno político, é oposta à ideia de "liberdade interior" pois esta, na medida em que não se dá a conhecer no mundo das aparências é irrelevante do ponto de vista político[84].

---

do não guarda um espaço especial para tratar da importância das ideias de Nietzsche no pensamento arendtiano, embora tais ideias sejam uma referência permanente para Arendt. A esse respeito ver, por exemplo, A. Duarte, "Arendt e a Modernidade: Esquecimento e Redescoberta da Política", *Transpondo o Abismo: Hannah Arendt entre a Filosofia e a Política*, Rio de Janeiro, Forense Universitária, 2002; D. Villa, "Arendt, Nietzsche, and the Aesthetization of Political Action", *Political Theory* (16/1), 1988.

82. H. Arendt, "What is Freedom?", *op. cit.*, p. 155.
83. A esse respeito Jaspers esclarece que o significado de tal experiência não é em "nada comparável ao despertar do jovem retórico [de Agostinho] nos tempos ciceronianos nem da feliz orientação espiritual em favor de Plotino; ele se encontra diante de um acontecimento único, de natureza diferente segundo o sentido e o efeito; consciente de ser alcançado diretamente por Deus, o homem se transforma até em sua carne, em seus instintos e em seu destino". A "terra firme" em que se move Agostinho é dada pela Igreja e pela Bíblia, uma segurança que não é proveniente nem da evidência intelectual nem da boa vontade, mas do próprio Deus. K. Jaspers, *Plato and Augustine*, *op. cit.*, pp. 68-69.
84. Para Mariana P. S. da Cunha, Agostinho fez distinção, ao contrário do que Arendt afirma, entre liberdade e livre-arbítrio. Nos dois casos, porém, os conceitos estão referidos a Deus, segundo essa autora, de modo que a mencionada distinção não atinge o âmago da questão que Arendt coloca, pois, uma vez definida como relação entre o ser humano e Deus, a liberdade agostiniana continua sendo um conceito estranho à liberdade política. Arendt não poderia concordar com uma liberdade "teológica", pois não existe, para ela, liberdade interior. Para as reflexões arendtianas sobre a liberdade importa a ideia agostiniana de que o homem foi criado para começar. M. P. Sérvulo da Cunha, *O Movimento da Alma: A Invenção por Agostinho do Conceito de Vontade*, Porto Alegre, Edipucrs, 2001, p. 53.

Nem o conceito filosófico de liberdade, tal como surgiu pela primeira vez na Antiguidade tardia [...] nem a noção cristã e moderna de livre arbítrio têm qualquer base na experiência política[85].

Arendt reconhece que a liberdade pode "morar nos corações dos homens como desejo ou vontade ou esperança ou anseio", mas o coração humano, diz ela, "é um lugar muito sombrio e tudo o que vai para a sua obscuridade dificilmente pode ser chamado de um fato demonstrável", ao contrário, portanto, da liberdade que, como um fenômeno político, tem o mundo como lugar e o testemunho de muitos como evidência[86].

Uma incoerência na obra de Agostinho permitiu que Arendt encontrasse um segundo conceito de liberdade. E quando referiu-se a essa incoerência benfazeja possivelmente expressou um ensinamento que aprendeu de K. Jaspers que afirmou: "as contradições no pensamento de Agostinho eram essenciais à sua fecundidade" e "nós tomamos [tais contradições] como um aspecto de sua grandeza. Nenhuma filosofia está livre da contradição"[87].

Assim, nota Arendt, se não fosse a incoerência agostiniana não seria possível encontrar na tradição de pensamento quaisquer referências à liberdade relacionada à política. Em *De Civitate Dei* – o "único tratado político" de Agostinho –, a liberdade aparece pela primeira vez na história das ideias, "não como uma disposição interior humana mas como um caráter da existência humana no mundo"[88].

Arendt refere-se ao equacionamento tão precioso para ela entre a "aparição [do homem] no mundo" e o "surgimento da liberdade no universo". Em Agostinho "o homem é livre porque é um começo e assim foi criado, depois que o universo já tinha vindo à existência: *[Initium] ut esset, creatus est homo, ante quem nemo fuit*". Justamente por ser um começo "o homem pode começar: ser humano e

---

85. H. Arendt, "What is Freedom?", *op. cit.*, p. 157.
86. *Idem*, p. 149.
87. K. Jaspers, *Plato and Augustine*, *op. cit.*, p. 82.
88. H. Arendt, "What is Freedom?", *op. cit.*, p. 167.

ser livre são uma e mesma coisa. Deus criou o homem para introduzir no mundo a faculdade de começar: a liberdade"[89].

À ideia de começo agostiniana Arendt se referiu muitas vezes, uma expressão da importância que concedeu ao *nascimento* como variável política, distanciando-se, dessa forma, da metafísica que, tal como essa pensadora sublinhou em *A Vida do Espírito*, tem a morte como o referencial mais importante, um tema a ser estudado no capítulo IV. Por enquanto e em função dos objetivos deste capítulo, importa sublinhar tão somente que H. Arendt atribuiu a Agostinho a primazia na formulação da liberdade experienciada na Antiguidade, uma decorrência de ter sido esse pensador um cidadão romano.

Mas é importante destacar, também, que na sequência desta afirmação Arendt acrescentou: "estou convencida, contudo, de que essa impressão poderia mudar consideravelmente, se os dizeres de Jesus de Nazaré fossem levados mais a sério em suas implicações filosóficas". É que a capacidade humana de começar algo novo, que é um "poder inerente à liberdade humana", aparece nos Evangelhos como a capacidade de "remover montanhas". Para ela, a ação e a liberdade, pela capacidade que têm de originar novos começos, correspondem à capacidade humana de fazer milagres – um dom que foi dado ao ser humano[90].

---

89. *Idem, ibidem*. A passagem a que Arendt se refere encontra-se no Livro XII, capítulo XX, de *A Cidade de Deus – parte II*: "Se, porém, tal novidade não entra na ordem das coisas, regidas pela divina Providência, mas se deve à pura casualidade, pergunto: Onde se acham tais circuitos determinados e medidos que excluem toda novidade, porque sempre repetem coisas que já existiram? E se essa novidade não está fora da ordem da Providência, quer a alma haja sido enviada, quer haja caído por si mesma, podem suceder coisas novas que nem antes existiram nem são estranhas à ordem do universo. [...] Por qual vã temeridade humana ousaremos negar possa Deus fazer coisas novas, não para si, mas para o mundo, coisas que nem antes fizera, nem jamais deixou de prever? [...] Que há mais conforme a piedade que acreditar não ser impossível a Deus fazer coisas novas, nunca antes feitas [...] É indubitável, ademais, não poder crescer nem chegar ao termo de sua quantidade sem ter um princípio. E tal princípio, como ele, antes jamais existiu. Para que existisse, foi criado o homem, antes de quem não existiu nenhum" (pp. 87-88).
90. H. Arendt, "What is Freedom?", *op. cit.*, pp. 167-168.

Nesse sentido, o poder de fazer milagres, presente nos Evangelhos, expressa a distância que separa os ensinamentos de Jesus da doutrina cristã que ganhou corpo a partir das conversões de Paulo e de Agostinho. Esse afastamento Arendt colocou em evidência quando apontou Jesus como aquele que, embora houvesse levado a Lei até às últimas consequências, jamais exigiu obediência daqueles que o seguiam.

Para Arendt, o que Jesus propunha era um "adorável descuidar-se"[91], que se, por um lado, significava, como ressaltou Jerome Kohn, "uma falta de interesse por estabilizar instituições"[92] – o *apolitismo* dos primeiros cristãos, para o qual essa pensadora chamou a atenção, significava, outrossim, a despreocupação de Jesus com a obediência que tanto ocupou a Igreja e os crentes na Idade Média. Referindo-se a esse tempo, Arendt afirmou que

> esse adorável descuidar-se dificilmente poderia ser mantido quando fazer o bem e ser bom transformou-se no requisito para superar a morte e garantir a vida eterna[93].

Foram necessários muitos séculos desde as pregações de Jesus para que a desobediência se tornasse "o pecado mortal *par excellence*" e a obediência a base da ética cristã. A coação representada pela ideia de punições e de prêmios após a morte não apenas esteve ausente dos ensinamentos de Jesus, como não se coaduna com "as 'boas novas'" presentes no Evangelho: a redenção dos pecados.

> *Descensus ad inferos*, [era] a missão de Cristo nas profundezas do mundo, onde passou três dias entre sua morte e sua ressurreição, para liquidar o inferno, derrotar satanás e liberar as almas dos pecadores mortos, tal como ele havia liberado as almas dos vivos da morte e do castigo[94].

---

91. H. Arendt, "Willing", *op. cit.*, p. 67.
92. J. Kohn, "Introduction", em Hannah Arendt, *Responsibility and Judgment*, *op. cit.*, p. xxiii.
93. H. Arendt, "Willing", *op. cit.*, p. 67.
94. H. Arendt, "What is Authority?", *op. cit.*, p. 129.

Arendt ressalta, também, que a noção de inferno como lugar de castigos após a morte não pode ser atribuída nem às "pregações de Jesus nem à herança judaica"[95].

Cabe ressaltar, nesse mesmo sentido, a importância do perdão nos ensinamentos de Jesus, o descobridor do papel do perdão no âmbito dos assuntos humanos: a maneira de desfazer aquilo que já foi feito. Em *A Condição Humana*, Arendt afirma que o fato de ter sido uma descoberta que ocorreu no âmbito religioso não significa que não possa ser tomada a sério, também, no âmbito secular.

Para finalizar esta seção destaca-se que H. Arendt chamou a atenção para o descaso devotado pela tradição de pensamento político ao tipo de conhecimento constante em fontes como o Evangelho:

> [...] está na natureza de nossa tradição de pensamento político (e por razões que nós não podemos explorar aqui) ser altamente seletiva e excluir da conceituação articulada uma grande variedade de experiências políticas autênticas, entre as quais não precisamos nos surpreender ao encontrar algumas de natureza até mesmo elementar. Certos aspectos do ensinamento de Jesus de Nazaré, que não estão essencialmente conectados à mensagem religiosa cristã, mas decorrem de experiências da pequena e coesa comunidade dos seus seguidores, inclinados a desafiar as autoridades públicas de Israel, certamente se incluem entre elas, embora tenham sido negligenciadas em função de sua suposta natureza exclusivamente religiosa[96].

O Amor ao Próximo como Amor a Deus

Se o conflito entre o filósofo e a *polis* era, em última instância, um conflito que tinha origem no interior do próprio filósofo, a luta que ocorria no espírito daquele que vivia a experiência de conversão era decorrente de um estranhamento entre homem e mundo. Assim, enquanto o filósofo, na Antiguidade, afastou-se da cidade e fez

---

95. H. Arendt, "Religion and Politics", *op. cit.*, p. 381.
96. H. Arendt, *The Human Condition*, *op. cit.*, p. 238.

opção pelo modo de vida contemplativo, o cristão, para merecer a vida eterna, passou a viver no isolamento sem retirar-se, contudo, do mundo – o lugar onde deveria realizar as "boas obras".

Um outro aspecto evidencia a natureza distinta dos dois conflitos. Durante a atividade do pensar o *eu* não é uma presa do diálogo do *dois-em-um*, diferentemente, portanto, da experiência vivenciada pelo cristão como experiência do "próprio eu": "'tornei-me uma questão para mim mesmo'", afirmou Agostinho[97].

A solidão na interioridade humana – a *acesa contenda* agostiniana –, observa Arendt, era "absolutamente desconhecida" da Antiguidade clássica. Diferentemente do *dois-em-um* do pensamento que se dá, segundo Sócrates, como um diálogo entre amigos e coloca em movimento o pensamento, a faculdade da vontade, tal como a vivenciou Agostinho, é um *dois-em-um* que ocorre entre opositores e paralisa a vontade.

Mesmo solitário, o filósofo está consigo mesmo e "embora [o pensamento] possa ser a mais solitária de todas as atividades, jamais se realiza inteiramente sem um parceiro e sem companhia"[98]. Arendt se refere, naturalmente, aos *dois* do *dois-em-um*. O cristão, porém, carece de sua própria companhia.

A faculdade da vontade, além disso, encontra-se voltada para o futuro e está vinculada à elaboração de projetos. Assim, diz Arendt, é natural que surjam inquietações interiores associadas à realização de um projeto, pois a faculdade da vontade diz respeito àquilo que, ainda que o indivíduo possa realizar, não tem a concretização garantida. A tensão decorrente desse impasse só se desfaz com a realização, de modo que quando o "querer" não coincide com o "ser capaz de realizar", tal como em Agostinho, as inquietações podem tornar-se insuportáveis.

Desse modo, se a vida depois da morte como projeto individual só é possível para aquele que persiste em fazer o *bem* e em *ser bom* – para aquele que busca cumprir a Lei –, então o indivíduo encontra-

---

97. H. Arendt, "Willing", *op. cit.*, p. 65.
98. H. Arendt, *The Human Condition*, *op. cit.*, p. 76.

-se não apenas sem a própria companhia e assolado por inquietações, mas atormentado e absolutamente só. Atormentado diante da exigência sobre-humana do cumprimento da Lei, e absolutamente só, pois fazer o *bem* e *ser bom* é uma atividade que deve ser realizada no mundo e fora do mundo ao mesmo tempo.

H. Arendt debruçou-se sobre os fenômenos do isolamento e da solidão em diversas obras, buscando compreendê-los de diferentes pontos de vista. Além do afastamento do filósofo de um mundo comum, como se viu, a preocupação com o fenômeno da solidão aparece em O *Conceito de Amor em Agostinho* e, também, em *Rahel de Varnhagen*, estudos voltados para duas experiências particulares: a de conversão de Agostinho e a de pária de Rahel. Em *Origens do Totalitarismo* o isolamento foi estudado em sua dimensão histórico-política e ganhou continuidade em *A Condição Humana*. Nesta última, H. Arendt enfatizou especialmente o isolamento dos indivíduos que vivem em sociedade, um fenômeno típico da era moderna. Nos estudos posteriores ao julgamento de Eichmann, como se verá, associou o isolamento à irreflexão daqueles que são totalmente absorvidos pelas coisas do mundo e nunca param para pensar.

Em *O Conceito de Amor em Agostinho*, Hannah Arendt já se referia ao isolamento do cristão que se coloca face à Lei e a Deus, ressaltando que, nesse caso, "o mundo e seu julgamento sucumbem diante desse testemunho interno"[99]. Arendt ressaltava, então, que quando o projeto pessoal está localizado fora do mundo e do tempo mundano, o mundo terreno deixa de ser uma preocupação para o indivíduo. Nessa obra, porém, Arendt não estava preocupada com as implicações políticas desse afastamento. Foi em *A Condição Humana* que Arendt apontou para o fato de que as "boas obras" não podem romper o isolamento do cristão, pois uma vez impedidas de ganharem visibilidade não podem ser incorporadas ao mundo: "vêm e vão sem deixar rastro. Verdadeiramente não são deste mundo"[100].

---

99. H. Arendt, *Love and Saint Augustine*, op. cit., p. 84.
100. H. Arendt, *The Human Condition*, op. cit., p. 76.

A situação do cristão é, nesse sentido, paradoxal: se as "boas obras" são um impedimento para que ele se retire efetivamente do mundo, elas não permitem, de outra parte, que o amante da bondade rompa com o isolamento a que se encontra submetido – um isolamento que se dá, portanto, "com os outros e para outros". Isso se deve à natureza mesma da bondade que é, como ressalta Arendt, "ativamente negativa": "fugindo do mundo e escondendo de seus habitantes, nega o espaço que o mundo oferece aos homens e, mais do que tudo, aquela parcela pública do mundo onde tudo e todos são vistos e ouvidos por outros"[101].

Em *A Condição Humana*, na seção dedicada ao estudo sobre a "localização das atividades humanas", Arendt ressaltou que tomou a bondade como um exemplo de que cada atividade humana "converge para o lugar que lhe é próprio no mundo"[102] e fez essa escolha em função do papel que a bondade veio a exercer na teoria política moderna. Refere-se, aqui, à importância que a bondade e o amor ao próximo conquistaram no âmbito das justificativas destinadas a engrandecer e a elevar o "exercício da política".

O que Arendt deseja tornar manifesto é que a bondade não pertence nem à esfera pública nem à esfera privada, pois interioridade humana e esfera privada não são o mesmo. A esfera privada, tal como se deu a conhecer na Antiguidade e na Idade Média, era o espaço em que os seres humanos se relacionavam uns com os outros movidos pelas necessidades impostas pela sobrevivência. A bondade é, para Arendt, uma qualidade sobre-humana, decorrente do "caráter extramundano, inerente às boas obras, que faz do amante da bondade uma figura essencialmente religiosa"[103].

Quando se trata de lançar luz sobre a bondade, a preocupação de Arendt é desmitificar, principalmente, o papel que esta desempenha nas teorias políticas, alertando para o contrassenso de querer fa-

---

101. *Idem*, p. 77.
102. *Idem*, p. 73.
103. *Idem*, p. 76.

zer da bondade e das boas obras o fundamento da política, seja esta entendida como o governo da maioria pela minoria ou como o exercício da liberdade em um mundo comum. O próprio Agostinho, que acreditava em uma vida política fundada na santidade, defendia essa possibilidade apenas para a *Civitas Dei*. E Jesus, ainda que houvesse intentado instaurar a proximidade entre os seres humanos longe da esfera pública, em função de "sua suspeita das aparências" e de sua aversão à "hipocrisia como o pecado dos fariseus", sabia que

> tudo aquilo que se faz de bom, justamente pelo fato de que aparece para os outros ou para si próprio, torna-se sujeito ao autoquestionamento. Jesus sabia disso: "Não saiba a tua mão esquerda o que faz a tua direita". [...] "Ninguém é bom senão Deus"[104].

Mas não são apenas as boas obras que não podem constituir um mundo politicamente organizado. O mesmo vale para o *amor ao próximo* que no âmbito da doutrina cristã encontra-se enlaçado à bondade e às boas obras. Tomado em suas últimas consequências, o "amai ao próximo" da Lei tinha para Jesus o sentido do "amai aos vossos inimigos"[105]. Arendt ressalta que Jesus ensinou não

> o "Não faças aos outros aquilo que não queres que façam contigo", mas, sim, o "O que quereis que vos façam os homens, faça-o também a eles" (Lucas 6:27-31) – certamente a versão mais radical possível do "ama o próximo como a ti mesmo"[106].

Investigar as possibilidades que tem o *amor ao próximo* de fundar um mundo comum é importante para este estudo. Equivale a investigar as possibilidades que tem o *amor ao próximo* de instaurar a proximidade entre os seres humanos, condição para o exercício da liberdade como razão de ser da política.

---

104. H. Arendt, "Willing", *op. cit.*, p. 67.
105. *Idem*, p. 66.
106. *Idem, ibidem*.

Em *O Conceito de Amor em Agostinho*, embora Arendt enfatizasse a relação entre criatura e criador – as relações do crente com um Deus onipotente –, um tipo de abordagem que não mais retomaria nos escritos posteriores sobre o tema, referiu-se, então, à impossibilidade de instauração da proximidade entre os seres humanos através do *amor ao próximo*: "é no isolamento do indivíduo face a Deus que ele [o outro] se torna nosso próximo", de modo que "o outro" encontra-se, assim, apartado das relações "em que todas as pessoas vivem entre si"[107].

Arendt sublinhou nessa mesma obra que o *amor ao próximo* agostiniano não leva em conta a singularidade humana. Assim, diz ela, o próximo não é amado efetivamente, mas apenas em função da graça divina. Dessa maneira,

neste amor que renuncia a si e aos seus próprios laços, todos os homens se reencontram e são todos igualmente importantes – ou melhor, negligenciáveis – para o próprio ser. O amor ao próximo deixa o amado em absoluto isolamento[108].

O conceito agostiniano de amor ao próximo como amor de Deus não pode, portanto, na interpretação de H. Arendt, nem fundar a proximidade entre os indivíduos nem ser considerado amor porque o amor leva em conta a singularidade daquele que é amado.

Nesse sentido é interessante mencionar, embora Arendt não o faça e com o sentido único de colocar em relevo a distância entre os ensinamentos de Jesus e o pensamento de Agostinho, a passagem do Evangelho em que Jesus se refere ao amor ao próximo. Ao ser questionado por um "doutor da lei" sobre quem é o próximo, Jesus respondeu através da seguinte parábola:

E eis que se levantou um doutor da Lei para o tentar e disse: Mestre, que farei para alcançar a vida eterna? Disse-lhe Ele: Que está escrito na Lei? Como

---

107. H. Arendt, *Love and Saint Augustine*, op. cit., p. 112.
108. *Idem*, p. 94.

lês? Ele respondeu, dizendo: Amarás o Senhor teu Deus de todo o coração, com toda a tua alma, com todas as tuas forças e com toda a tua mente e ao próximo como a ti mesmo. E Ele lhe disse: Respondeste bem. Faze isto e viverás. Querendo justificar-se, ele perguntou a Jesus: E quem é o meu próximo? Tomando Jesus a palavra, disse: Descia um homem de Jerusalém a Jericó e caiu em poder de ladrões que depois de o despojarem e o ferirem se foram, deixando-o semimorto. Por casualidade, desceu um sacerdote pelo mesmo caminho e [...] passou ao largo. Igualmente um levita, [...] também o viu e passou adiante. Mas um samaritano, que ia de viagem, [...] moveu-se de compaixão, aproximou-se, atou-lhe as feridas [...] e tomou cuidado dele. [...] Quem destes três te parece ter sido próximo daquele que caiu em poder dos ladrões? Ele respondeu: O que fez com ele misericórdia. Respondeu-lhe Jesus: Vai-te e faze tu o mesmo[109].

Este estudo não pretende, naturalmente, enfrentar a árdua e extravagante tarefa, considerando os objetivos aqui propostos, de polemizar com as diversas interpretações e exegeses existentes a respeito das palavras de Jesus. O que interessa destacar através dessa passagem é a diferença entre o "próximo" de Jesus e o "próximo" agostiniano. Além do fato de ser este último uma impossibilidade – uma construção associada aos conflitos vividos por Agostinho e desconhecidos dos seguidores de Jesus –, o "próximo" de Jesus se afirma como próximo não pelo amor ou pela bondade mas pelo sentimento de compaixão.

Arendt tratou da compaixão em um contexto diferente. Em *Da Revolução* destacou o caráter apolítico da compaixão ao afirmar que

---

109. Lucas 10, 25-37 – *Novo Testamento*, Petrópolis, Editora Vozes, 1962, p. 195. Em *A Doutrina Cristã*, no Livro I, capítulo 30, 32, item intitulado "Todo homem é nosso próximo", Agostinho afirma: "É o que ensina o apóstolo Paulo ao dizer: 'Não cometerás adultério, não matarás, não furtarás, não cobiçarás, e todos os outros preceitos se resumem nesta sentença: Amarás o teu próximo como a ti mesmo. A caridade não pratica o mal contra o próximo' [...] Se isso é loucura, é evidente que é a todo homem que se há de considerar como próximo, visto que não se há de fazer mal a ninguém". Agostinho, Santo, Bispo de Hipona, (354-480), *A Doutrina Cristã – Manual de Exegese e Formação Cristã*, São Paulo, Edições Paulinas, 1991. É importante considerar que quando Jesus mencionou o próximo não se referiu ao cometimento do mal e sim à compaixão.

esta se manifesta menos por palavras e mais por gestos e expressões faciais, de modo que do ponto de vista da eliminação das distâncias entre as pessoas e da consideração da singularidade de cada uma delas, a compaixão é politicamente irrelevante. Arendt menciona que Dostoiévski reconheceu a divindade de Cristo pela "capacidade de sentir compaixão por todos os homens considerando a singularidade [de cada um], isto é, sem reuni-los em alguma entidade geral como, por exemplo, a humanidade sofredora"[110].

Em *A Condição Humana*, ao tratar do amor independentemente de seu caráter cristão, Arendt afirmou que o amor pelo outro tem "sua esfera própria e estritamente circunscrita"[111] e não pode, por isso mesmo, aparecer na esfera pública: é uma "relação direta e pessoal [...] [em que a] pessoa é abordada diretamente, independente de sua relação com o mundo"[112]. É nesse sentido que o amor é por natureza extramundano: "não apenas apolítico, mas antipolítico; talvez a mais poderosa de todas as forças humanas antipolíticas". O amor pelo outro se opõe à própria esfera público-política porque "em razão de sua paixão destrói a mediação que nos relaciona e nos separa dos outros"[113].

Na esfera público-política floresce o respeito, uma "espécie de 'amizade'" do tipo da *philia politike* aristotélica que considera ao mesmo tempo aqueles que estão próximos e o mundo que se interpõe entre cada um e entre todos. No âmbito da política o respeito não faz distinção entre "qualidades que nós possamos admirar ou realizações que nós possamos apreciar"[114].

---

110. H. Arendt, "On Revolution", *op. cit.*, p. 86.
111. H. Arendt, *The Human Condition*, *op. cit.*, p. 243.
112. H. Arendt, "What Remains? The Language Remains: A Conversation with Günter Gaus", *op. cit.*, p. 17.
113. H. Arendt, *The Human Condition*, *op. cit.*, p. 242.
114. *Idem*, p. 243.

É por isso que Hannah Arendt afirmou:

[...] em toda a minha vida, eu nunca amei qualquer povo ou coletividade, quer se tratasse de alemães, franceses ou americanos ou mesmo a classe operária ou seja lá o que for. De fato, só amo os meus amigos[115].

---

115. H. Arendt, "What Remains? The Language Remains: A Conversation with Günter Gaus", *op. cit.*, p. 16. Francisco Ortega, em *Para uma Política da Amizade: Arendt, Derrida, Foucault* procura integrar a noção arendtiana de espaço público-político com a noção ético-estética foucaultiana contida nas relações de amizade. "Minha tese a respeito é que, no fundo, todos esses autores visam a uma alternativa política partidária e que propõe a recuperação do espaço público: a política compreendida como atividade de criação e de experimentação. Neste sentido, a amizade representa, como veremos, um 'exercício do político', um apelo a experimentar formas de sociabilidade e comunidade, a procurar alternativas às formas tradicionais de relacionamento" (F. Ortega, *Para uma Política da Amizade: Arendt, Derrida, Foucault*, Rio de Janeiro, Relume Dumará, 2000, p. 23). A inclusão do amigo na análise foucaultiana encontra-se referida à invenção de novos modos de vida que permitiriam aos indivíduos firmarem-se como força criativa na sociedade, mas, também, à necessidade de um testemunho para o exercício de si, já que o amigo é o espelho a partir do qual as transformações ético-estéticas podem ser refletidas para o outro. "O cuidado de si implica também a relação com o outro, na medida em que para bem cuidar de si, ele procura escutar as lições de um mestre. Necessita-se de um guia, de um conselheiro, de um amigo, de alguém que lhe diga a verdade" (M. Foucault, "L'éthique du souci de soi comme pratique de la liberte", em *Dits et écrits*, vol. IV, 1954-1988, Paris, Gallimard, 1994, p. 716). O sentido de amizade política para Arendt é, como se viu, o de Aristóteles: no espaço público arendtiano não há lugar para o privado e individual; entre os indivíduos encontra-se o mundo.

CAPÍTULO 3

O Amor à Liberdade

> *Tivesse medo? O medo da confusão das coisas, no mover desses futuros, que tudo é desordem. E, enquanto houver no mundo um vivente medroso, um menino tremor, todos perigam – o contagioso. Mas ninguém tem a licença de fazer medo nos outros, ninguém tenha. O maior direito que é meu – o que quero e sobrequero –: é que ninguém tem o direito de fazer medo em mim!*
>
> João Guimarães Rosa,
> *Grande Sertão: Veredas.*

Se a importância de Agostinho é considerável no âmbito das reflexões de H. Arendt, o mesmo não se pode dizer a respeito de Maquiavel. Essa constatação causa espécie quando se leva em conta o fato de que Maquiavel é considerado um importante referencial para a teoria política, enquanto Agostinho o é para o pensamento cristão.

Para Arendt a ideia de liberdade em Maquiavel exerceu influência diminuta na Era Moderna, tendo prevalecido no período e até a atualidade a noção agostiniana de liberdade interior que na forma de livre-arbítrio é "a liberdade de escolha entre coisas dadas"[1]. Mas é a

---

1. H. Arendt, *Qu'est-ce la politique?, op. cit.*, p. 53.

noção de liberdade como novo começo que distancia Agostinho de Maquiavel no pensamento arendtiano.

A ideia agostiniana de que os homens nasceram para dar origem a novos começos encontra-se no centro do pensamento arendtiano. É a partir da noção de natalidade agostiniana que essa pensadora desvincula a ideia de fundação da formulação de projetos para o futuro. E é essa a diferença mais importante entre o pensamento de Arendt e o de Maquiavel, que só poderá ser totalmente elucidada no último capítulo deste estudo.

A ideia de um projeto para a instauração de uma Itália unificada, que era o projeto de Maquiavel, não poderia dar origem a um novo começo porque, enquanto projeto mesmo, exterior à atividade da ação, é uma elaboração assentada em experiências contidas na memória. Em última instância Maquiavel pretendia reinstaurar a fundação de Roma. Foi nesse sentido também que Arendt afirmou que a utopia de Marx era um retorno ao passado, um retorno à *polis* tal como havia sido descrita por Platão[2]. A ação só pode ser um novo começo quando o novo tem origem na pluralidade de opiniões: quando é uma construção comum.

Isso não significa que Arendt não tivesse Maquiavel em alta conta. Maquiavel foi o "o primeiro a visualizar a ascensão de uma esfera puramente secular em que as leis e os princípios de ação eram independentes dos ensinamentos da Igreja, em particular, e dos padrões morais"[3]. Maquiavel, e essa é uma ideia cara para Arendt, acreditava que o mundo e não a bondade estava em questão no âmbito político, uma preocupação desse pensador com a interferência da Igreja nas questões políticas.

Essa percepção o teria levado a acreditar que o resgate da autoridade romana poderia tornar duradoura uma possível unificação da Itália. Um empreendimento irrealizável, nota Arendt, uma vez que a secularidade implicava o desaparecimento da autoridade do âmbito público.

---

2. H. Arendt, "Willing", *op. cit.*, p. 216.
3. H. Arendt, *On Revolution*, *op. cit.*, p. 36.

Ele viu que toda a história e mentalidade romanas dependiam da experiência da fundação e acreditou que seria possível repetir a experiência romana através da fundação de uma Itália unificada, que deveria tornar-se o fundamento sagrado para um "eterno" organismo político da nação italiana, como a fundação da Cidade Eterna havia sido para o povo latino[4].

Tendo identificado a origem da corrupção das instituições políticas de seu tempo, na associação entre religião e política, Maquiavel não teria percebido que a doutrina católica tornara-se um amálgama não apenas da doutrina cristã e da filosofia grega, mas, também, da interpretação agostiniana da experiência romana. Esse foi o motivo que o teria levado a combater tradição e religião e, ao mesmo tempo, a acreditar que seria possível resgatar a autoridade romana. Mas quando um dos pilares do tripé – religião ou tradição ou autoridade – é atingido, os outros dois ficam irreversivelmente comprometidos.

Dificilmente qualquer coisa viria se afirmar com maior autoridade e consequências que o próprio amálgama. Desde então se tornou manifesto [...] que sempre que um dos elementos da trindade romana, religião ou autoridade ou tradição fosse colocado em dúvida ou eliminado, os dois remanescentes não mais estariam seguros[5].

As desconfianças e as dúvidas que recaíram sobre tradição, religião e autoridade da Igreja acabaram por solapar a resistência da tríade. O último alicerce a ceder, como foi possível estudar no capítulo anterior, foi a autoridade, que já não tinha, então, o mesmo sentido do autoritarismo romano, uma vez fundada no medo das punições eternas.

A separação entre Igreja e Estado [...] significou que a política tinha agora, pela primeira vez desde os romanos, perdido sua autoridade e, com ela, aquele elemento que, pelo menos na história do Ocidente, tinha dotado as estruturas políticas de durabilidade, continuidade e permanência[6].

4. H. Arendt, "What is Authority?", *op. cit.*, p. 138.
5. *Idem*, p. 177.
6. *Idem*, p. 127.

Olhar o futuro e estar preso à Antiguidade parece ser uma característica daqueles que viveram o Renascimento. É nesse sentido que Arendt não considera Maquiavel um revolucionário, embora o considere o "pai espiritual das revoluções", o primeiro a associar as ideias de fundação e de violência, em que pese o desconhecimento por parte desse pensador do sentido político da palavra "revolução", conotação que encontrou lugar apenas com o advento da Revolução Francesa[7]. Maquiavel "teria se sentido em casa, na antiguidade"[8], como nenhum revolucionário sequer teria sonhado por maior que fosse sua admiração pelo passado romano. Para exemplificar tal asserção Arendt cita o seguinte trecho maquiaveliano:

Quando chega a noite, retorno a minha casa e entro em meu estúdio; à porta, dispo as vestes do dia, cobertas com lama e pó, e visto trajes reais e elegantes; e vestido apropriadamente, entro nas antigas cortes dos homens antigos, onde, recebido por eles com afeto, me nutro com o alimento que é só meu e para o qual eu nasci[9].

---

7. Sobre a concepção de revolução anterior à era moderna e associada à astronomia, ver H. Arendt, *On Revolution, op. cit.*, p. 42.
8. H. Arendt, *On Revolution, op. cit.*, p. 38.
9. *Idem, ibidem*. A periodização histórica é certamente polêmica, considerando-se as diferentes regiões e o fato de que as mudanças na Europa não se processam nem abruptamente nem em todas as áreas ao mesmo tempo (cultural, tecnológica, social, econômica, entre outras). Para tomar apenas um exemplo de reflexão recente que leva em conta os últimos resultados de estudos paleontológicos, Jacques Le Goff, medievalista, afirma que "todos os historiadores concordam em que não há um Renascimento, mas Renascimentos e que a própria lógica do 'renascimento' é indissociável da história medieval. Não se compreenderá a Idade Média se não a integrarmos à ideia de renascimentos sucessivos e de reformas sucessivas – são necessidades constantes, pelo menos desde o tempo de Carlos Magno! A Reforma de Lutero se inscreve numa longa sequência de reformas" (p. 67). Em prol da análise arendtiana, Le Goff afirma que uma das características da Idade Média e, portanto, dos renascimentos, em que pese o dinamismo e a criatividade existentes no período, é a não-celebração do novo e a hostilidade diante do novo, principalmente por parte da Igreja. No que diz respeito a Maquiavel, Le Goff afirma: "O Florentino é medieval, sob muitos pontos de vista; talvez mais do que os italianos de seu tempo. Sob outros pontos de vista, vai adiante de sua época, e já trata da questão política do 'príncipe' e do absolutismo como ela viria a ocorrer no século XVII" (p. 79). Não se quer negar aqui a validade de posições contrárias a respeito do Renascimento ou de Maquiavel. As citações acima têm a intenção de mostrar que a análise arendtiana não é solitária e sem

Maquiavel tem o próprio nome associado às revoluções, portanto, por "ter redescoberto a experiência da fundação, reinterpretando-a nos termos de justificação de meios (violentos) para alcançar um fim supremo"¹⁰. E esse foi o motivo que teria levado Marx a afirmar que a Revolução Francesa apareceu no palco da história em trajes romanos.

Maquiavel considerou que o ato de fundar justificaria, por si mesmo, o emprego de meios violentos. Nos *Discorsi* admitiu que a ação de Rômulo ao matar Remo poderia ser justificada, em primeiro lugar, porque o objetivo era o de reter a autoridade para servir aos interesses públicos e não aos interesses pessoais; em segundo lugar, porque essa "ação extraordinária" tinha a finalidade de "instituir um reino ou uma república"¹¹.

Arendt observa que Maquiavel não assentou suas ideias na história da fundação romana, mas na lenda: a lenda do fratricídio cometido por Rômulo. Dessa perspectiva lendária, Arendt chama a atenção para o fato de que os próprios romanos "decidiram derivar sua descendência não de Rômulo, que havia assassinado Remo, mas de Enéas – *Romanae stirpis origo* ('origem da raça romana')". É que a guerra lendária que marcou a fundação de Roma era, segundo Virgílio, uma guerra necessária para a neutralização de Troia e para o ressurgimento dessa cidade em terras italianas. A fundação de Roma para os próprios romanos não era, portanto, "um começo inteiramente novo", mas, sim, o ressurgimento e o restabelecimento, respectivamente, de Troia e de uma cidade-Estado preexistente; um aval, portanto, para as conquistas e a imposição das leis romanas já que Roma havia sido fundada por dois povos hostis que conseguiram estabelecer um tratado comum.

---

fundamento, devendo-se ressaltar, nesse caso, como algo digno de admiração o fato de que as afirmações de H. Arendt, que datam da década de 1950, assemelham-se às de J. Le Goff (2003), resultantes de pesquisas recentes (J. Le Goff, *Em Busca da Idade Média*, Rio de Janeiro, Civilização Brasileira, 2005).

10. H. Arendt, "What is Authority?", *op. cit.*, p. 139.
11. N. Maquiavel, *Discorsi – Comentários sobre a Primeira Década de Tito Lívio*, 2. ed., Brasília, UNB, 1982, p. 49.

Independentemente da lenda que melhor possa explicar os anseios romanos de conquista, o espaço público-político entre os antigos, segundo H. Arendt, encontra a sua fundação na convivência humana; é a proximidade entre os seres humanos que conforma esse espaço. A violência não é a origem do espaço público-político. Para os gregos e para os romanos "forçar por meio da violência, comandar ao invés de persuadir era um modo pré-político de se relacionar com as pessoas, característico da vida fora da *polis*, da casa e da vida familiar, onde o chefe da casa reinava com poderes incontestes e despóticos"[12]. Mas a violência não era condenada apenas pela experiência greco-romana antiga; a tradição de pensamento político, como já foi mencionado, via na violência "a *ultima ratio* nas relações entre as nações e a mais vergonhosa das ações domésticas, tendo sido sempre considerada a característica saliente da tirania"[13].

Maquiavel concebeu o ato de fundar como "fazer", como fabricação, e é por isso que Arendt ressalta que a ação, nesse caso, tem sua origem na tradição filosófica e, mais precisamente, em Platão. Tal como a atividade do artífice, a fundação em Maquiavel encontra-se associada ao encadeamento de meios e de fins que traz em seu bojo a possibilidade de violência[14]. Para Arendt, a violência em Maquiavel, bem como posteriormente em Robespierre, "era guiada, e recebeu sua inerente plausibilidade, pelo subjacente argumento: não se pode fazer uma mesa sem destruir árvores, não se pode fazer uma omelete sem quebrar ovos, não se pode fazer uma república sem matar pessoas"[15].

A violência é sempre instrumental e destituída de dignidade e de grandeza, não podendo, por isso mesmo, fundar a liberdade. Porque

---

12. H. Arendt, *The Human Condition*, op. cit., p. 27.
13. H. Arendt, "Tradition and the Modern Age", em *Between Past and Future*, op. cit., p. 22.
14. Este estudo discorda que Arendt seja, tal como afirma N. Bignotto, herdeira de Maquiavel e das repúblicas renascentistas. Afinal, ela mesma afirmou que "politicamente, os incríveis tumultos nas cidades-Estados, nos séculos XV e XVI, foram um fim e não um início; o fim das cidades-municípios medievais, com seu autogoverno e sua liberdade de vida politica". H. Arendt, *On Revolution*, op. cit., p. 38. Ver N. Bignotto, *Maquiavel Republicano*, op. cit., p. 214.
15. H. Arendt, "What is Authority?", op. cit., p. 139.

gera apenas mais violência, é incapaz de promover quaisquer causas, podendo produzir algum efeito apenas quando num espaço reduzido de tempo é usada para chamar a atenção pública para determinadas queixas. Como afirmou Françoise Collin, se a violência é tomada como princípio, ela fica "inscrita no centro do novo mundo que pretende inaugurar"[16].

Embora Arendt reconheça que a ideia de *virtù* em Maquiavel seja uma das melhores traduções para o sentido de liberdade como espontaneidade – diferente, todavia, da *virtù* entre os gregos e entre os romanos –, a ideia de violência a afasta de Maquiavel, não apenas porque Arendt dissocia violência de fundação da liberdade, mas porque não incorpora à sua obra o encorajamento à ideia de violência.

Arendt observa que o espírito revolucionário pode ser definido a partir de dois elementos: inovação e estabilidade/durabilidade, termos que, embora tenham se tornado, posteriormente, distintivos ideológicos do liberalismo e do conservadorismo, não expressavam então quaisquer oposições. Diante do "aparecimento e do desaparecimento de impérios", o que o espírito revolucionário visava era a durabilidade de algo novo.

> Esse espírito da idade moderna, interessante e significativo, estava preocupado com o começo, com a estabilidade e durabilidade puramente secular da esfera mundana – o que significava, entre outras coisas, que essa expressão política estava em flagrante contradição com as manifestações científicas e filosóficas e até mesmo artísticas da época, as quais estavam muito mais preocupadas com a novidade do que com qualquer outra coisa. Em outras palavras, o espírito político da modernidade nasceu quando homens não mais se satisfaziam com impérios que surgiam e desapareciam em eterna mudança; era como se os homens quisessem estabelecer um mundo que pudesse durar para sempre, precisamente porque eles sabiam como a sua época estava tentando fazer novas todas as coisas[17].

---

16. F. Collin, *Nacer y tiempo. Agustín en el pensamiento arendtiano*, op. cit., p. 92.
17. H. Arendt, *On Revolution*, op. cit., p. 224.

Não é a violência – que pode estar presente tanto nas revoluções como nos golpes de estado e nas guerras civis – que define o que é uma revolução, uma referência que Arendt faz não apenas a Maquiavel, mas à ideia de Marx de que a violência é "a parteira da história". Para Arendt é a fundação de um novo começo e o desejo de instauração da liberdade que definem o espírito revolucionário: "apenas onde [...] [o] *pathos* da novidade está presente e onde a novidade está conectada com a ideia de liberdade é que nós podemos falar em revolução"[18].

É nesse sentido que Arendt afirma que as revoluções pertencem à Era Moderna e que o espírito revolucionário, nascido em meio aos acontecimentos da época, pode ser traduzido como "a ânsia de libertar e de construir uma nova morada, onde a liberdade possa habitar"[19].

O fim da autoridade no espaço público e o ressurgimento do "encantamento público" com as revoluções da Era Moderna são os temas da primeira seção deste capítulo. A segunda seção trata da crítica de Arendt às filosofias da história que, surgidas durante os séculos XVIII e XIX, submeteram a liberdade à necessidade. Analogamente ao primeiro capítulo, que colocou em foco o pensamento político-filosófico, e ao segundo, que se ocupou do pensamento religioso-cristão, este capítulo movimenta-se no âmbito da ideologia.

O Fim da Autoridade no Espaço Público

A Revolução Francesa tinha o objetivo inicial de instaurar a liberdade a partir de um novo começo histórico. Se esse intento não foi alcançado, afirma Arendt, isso foi uma decorrência da invasão do espaço público revolucionário pela necessidade. Ela se refere aos *sans-culottes* que surgiram em meio à Revolução Francesa, determinando, dessa maneira, os novos rumos da revolução. As necessidades

---

18. *Idem*, p. 34.
19. *Idem*, p. 35.

vitais dos *sans-culottes* passaram a coincidir com as metas revolucionárias, de modo que Robespierre abandonou o intento de fundar a liberdade. Este teria reconhecido isso quando afirmou:

> Pereceremos porque, na história do gênero humano, nós perdemos o momento de fundar liberdade[20].

O anseio pela liberdade foi substituído pela busca de libertação e, uma vez que nas revoluções modernas tanto liberdade quanto libertação estiveram em jogo, a tendência dos revolucionários foi confundir uma com a outra. Libertação e liberdade não são, todavia, coincidentes. A primeira diz respeito à eliminação da miséria absoluta e à liquidação da opressão e, ainda que esta seja a precondição para a liberdade, o desejo de libertar não corresponde à experiência da liberdade.

Se nas revoluções modernas liberdade e libertação se viram confundidas, essa foi uma decorrência do fato de que a libertação é mais fácil de ser percebida do que a liberdade, devendo-se considerar que para uma tal indistinção em muito contribuiu a tradição de pensamento político e religioso. É por isso que Arendt considera que a falta de discernimento entre liberdade e libertação era justificável entre os revolucionários do século XVIII, pois era da "própria natureza de seu empreendimento que eles descobrissem sua própria capacidade e desejo pelos 'encantos da liberdade', [...] apenas no próprio ato de libertação"[21]. Arendt refere-se, nesse caso, ao fato de que a atividade de libertar, embora não crie espaços para a liberdade, envolve em alguma medida também o exercício da espontaneidade.

---

20. *Idem*, p. 60. Para A. Duarte, H. Arendt não deu solução satisfatória para o fato de que "nenhuma política e nenhuma revolução jamais foram capazes de lidar de maneira positiva com a questão social", o que faz de Arendt uma devedora, pois ficou "devendo a seus leitores uma reflexão mais apurada sobre como lidar com o problema crucial da necessidade sem que a própria exclusão do elemento político não venha a trazer de volta, justamente, a tecnocracia econômica e administrativa que suas análises vieram a recusar". A. Duarte, *Pensamento à Sombra da Ruptura: Política e Filosofia em H. Arendt*, op. cit., p. 286.
21. H. Arendt, *On Revolution*, op. cit., p. 33.

Enquanto a Revolução Francesa fracassou em seus objetivos, a Revolução Americana foi vitoriosa ao inaugurar um novo começo histórico. Para essa vitória mostraram-se decisivos os acontecimentos que antecederam a instauração da Constituição Americana: os eventos que, associados às guerras de independência, propiciaram, antes mesmo do advento da revolução, a eliminação da miséria absoluta e, assim, a convivência humana fundada na igualdade política.

É nesse sentido que, para Arendt, uma Constituição não tem por si mesma o poder de instaurar nem a liberdade nem a igualdade – estas não são atributos da lei. A liberdade, que Arendt vislumbrou na história, era um "atributo da *polis* e não dos homens, que se tornavam iguais em virtude da cidadania"[22]. Trata-se da isonomia que garantia a

> igualdade, não porque todos os homens tivessem nascido ou fossem criados iguais, mas, ao contrário, porque os homens eram, por natureza, desiguais[23].

Se a revolução foi o marco de um novo começo na história americana, a liberdade que havia sido condição para esse início perdeu-se em meio ao sistema de representatividade americana. A maioria da população acabou alijada das decisões políticas.

> Jefferson [...] teve pelo menos um pressentimento de quão perigoso poderia ser permitir que o povo compartilhasse do poder público sem proporcionar a ele, ao mesmo tempo, um espaço público mais amplo que a urna eleitoral e maiores oportunidades para que suas vozes se fizessem ouvir em público, além do dia de eleição. O que ele percebeu, como o perigo mortal para a república, foi que a Constituição havia dado todo o poder aos cidadãos, sem lhes dar a oportunidade de *serem* republicanos e de *agirem* como cidadãos[24].

Os espaços público-políticos imprescindíveis para que o povo em geral seguisse usufruindo os "encantos da liberdade" desapare-

---

22. *Idem*, p. 31.
23. *Idem*, p. 30.
24. *Idem*, p. 253.

ceram. Arendt refere-se, nesse caso, ao sistema distrital de representatividade almejado por Jefferson na forma de pequenas repúblicas e que nunca chegou a ser implantado.

Se a finalidade da revolução era a liberdade e a constituição de um espaço público onde a liberdade pudesse aparecer, a *constitutio libertatis*, então as repúblicas elementares dos distritos, o único lugar tangível onde todos podiam ser livres, realmente era a finalidade da grande república, que tinha como principal objetivo, no âmbito doméstico, criar e proteger os espaços para o exercício da liberdade. A suposição básica do sistema de distritos, conhecesse Jefferson isso ou não, era a de que ninguém podia ser chamado livre sem viver a experiência da liberdade pública e que ninguém poderia ser chamado feliz ou livre sem participar e sem ter uma parte no poder público[25].

Alijada das decisões políticas e sem espaços para o exercício da liberdade, a população tornou-se desinteressada da coisa pública, o cidadão tornou-se um mero eleitor. Passou a exercer a "liberdade", como liberdade de escolha: o direito de voto. Mas a ação e as opiniões, lembra Arendt, não podem ser objeto de representação ou de delegação tal como são os interesses. O exercício da política, que durante o período revolucionário havia sido nomeado de "felicidade pública", acabou associado à garantia das liberdades civis e ao bem-estar individual de cada cidadão.

É por isso que, ao referir-se à política em sentido moderno, Arendt afirma que a "liberdade política ou significa 'participar do governo' ou não significa nada"[26].

A Carta de Direitos da Constituição Americana representa a última e a mais exaustiva defesa legal da esfera privada contra o poder público[27].

Os fatos que precederam as revoluções na Europa foram diferentes daqueles que precederam a Revolução Americana. A miséria

25. *Idem*, p. 255.
26. *Idem*, p. 218.
27. *Idem*, p. 252.

surgida em meio à Revolução Francesa esteve associada às expropriações iniciadas às vésperas da Era Moderna. A transformação em riqueza dos bens imóveis condicionou a perda do sentido de *lugar no mundo* que tinha a propriedade privada em épocas anteriores, bem como fez aparecer, no âmbito público, o "homem de mãos vazias", um fenômeno típico da Era Moderna. Trata-se da separação do indivíduo dos meios de sobrevivência e de trabalho, tal como Marx já havia identificado, o que tornou possível a Revolução Industrial, ao reunir sob o mesmo teto capital e trabalho.

> Antes da idade moderna, que começou com a expropriação do pobre [...], todas as civilizações assentaram-se sobre o caráter sagrado da propriedade privada. [...] Originalmente, propriedade significava nem mais nem menos que uma pessoa possuía um lugar em uma parte particular do mundo[28].

Para os objetivos deste estudo, que persegue as relações estabelecidas por Arendt entre liberdade, ética e política, interessa considerar que a invasão do espaço público pela necessidade corresponde ao movimento de destruição das fronteiras entre esfera pública e esfera privada, que teve início com as expropriações que ocorreram no limiar da Era Moderna e que continuam até os dias de hoje[29].

Trata-se, para Arendt, do aparecimento da esfera social – que não é nem pública nem privada –, o espaço público do labor: da atividade que, destinada à sobrevivência e à manutenção da espécie, havia se realizado até então no âmbito da esfera privada. Essa esfera, por seu turno, vem cedendo lugar desde então à esfera da intimidade, considerada o novo espaço da "liberdade" – a liberdade de cada um.

A esfera social, assim como as esferas política e privada, tem sido objeto de polêmica entre os estudiosos da obra de Arendt. Parte dos equívocos presentes nessa discussão encontra-se associada à desconsideração da experiência histórica como ponto de partida efetivo

---

28. *Idem*, p. 61.
29. Tratei desse tema no livro E. Wagner, *H. Arendt & Karl Marx: O Mundo do Trabalho*, *op. cit.*, p. 160.

da teoria política arendtiana. A questão central dessa celeuma é que Arendt teria separado o espaço público do espaço privado ou, ainda, teria tornado a esfera política autônoma, de modo que haveria uma contradição entre política e necessidade ou, de outra forma, entre política e sociedade.

Em *A Condição Humana*, Hannah Arendt identificou as esferas privada e pública a partir das atividades que os gregos realizavam na Antiguidade: enquanto no primeiro tipo de esfera estavam localizadas as atividades exercidas para a manutenção e sobrevivência da espécie (*labor*) e as atividades artesanais, era na última que tinha lugar a convivência humana fundada na ação e no discurso. Eram espaços distintos, também, porque apenas os cidadãos – homens chefes de família – podiam atravessar o abismo que separava as trevas privadas do esplendor público.

Eram os próprios gregos que faziam essa distinção por oposição: viam o âmbito privado como o espaço daquilo que deve ser mantido em "segredo" – as atividades associadas à sobrevivência e manutenção da espécie – e a esfera pública como o espaço daquilo que deve "aparecer". Para Arendt, as duas esferas não são dicotômicas e têm, ao contrário, uma importância única para a existência humana: "a privatividade era como o outro lado escuro e oculto da esfera pública; enquanto ser político significava atingir a mais alta possibilidade da existência humana, não ter um lugar privado próprio (como um escravo) significava deixar de ser humano"[30].

Quando se referiu à Idade Média, Arendt apontou para o crescimento da esfera privada. Esta abarcou atividades que na Antiguidade eram realizadas na esfera pública: as relações humanas e a justiça – que passou a ser administrada pelo senhor feudal – foram ajustadas aos moldes familiares. O espaço público, por sua vez e como se viu, tornou-se um espaço determinado pela religião: o espaço público-eclesiástico.

A sociedade, por sua vez, é um fenômeno da Era Moderna: é o espaço público do labor; uma esfera que não corresponde a nenhuma

---

30. H. Arendt, *The Human Condition*, op. cit., p. 64.

daquelas formas históricas de esfera privada ou pública. Na esfera social o labor ganhou as luzes públicas e o espaço público tornou-se, pela primeira vez, o espaço público do *animal laborans* – o lugar em que as atividades voltadas para a sobrevivência são exercidas publicamente. Esse espaço é, por esse motivo, apenas formalmente público. Não é o espaço da ação e do discurso nem da proximidade entre cidadãos; ao contrário, é o lugar do isolamento: o espaço que os indivíduos ocupam, mas não compartilham entre si.

A sociedade é o âmbito da necessidade, a esfera em que a política ganhou um novo significado: passou a ser compreendida como a administração pública de interesses econômico-privados, de modo que as manifestações políticas, que costumam ter como móvel o interesse privado, não podem ser compreendidas como ação, ainda que em alguma medida possam abrir espaço para o exercício da espontaneidade.

Onde a vida está em jogo, toda ação se encontra, por definição, à mercê da necessidade e a esfera para cuidar das necessidades vitais é a gigantesca e sempre crescente esfera social e econômica, cuja administração tem obscurecido o âmbito político desde o início da era moderna. Apenas os negócios estrangeiros, visto os relacionamentos entre as nações abrigarem hostilidades e simpatias impossíveis de serem reduzidas a fatores econômicos, parecem pertencer puramente ao domínio político. E mesmo aqui a tendência prevalecente é considerar, em última instância, os problemas e rivalidades do poder internacional como resultantes de fatores e interesses econômicos[31].

A participação nas decisões públicas sempre implica alguma liberdade se ocorre no espaço público-político e não através do voto. Arendt referia-se a esses espaços quando exortou a importância da participação dos cidadãos nas decisões do governo. Para essa pensadora, vale a pena repetir, a "liberdade política [no âmbito da sociedade] ou significa 'participar do governo' ou não significa nada"[32].

---

31. H. Arendt, "What is Freedom?", *op. cit.*, p. 155.
32. H. Arendt, *On Revolution*, *op. cit.*, p. 218. Richard Wollin afirma que para Arendt o

Tem sido objeto de polêmica a natureza dos assuntos que poderiam figurar como temas da ação nas sociedades modernas, uma vez que associados às necessidades humanas não caberiam na definição arendtiana de ação. Como será possível estudar no capítulo V, a liberdade como razão de ser da política ocorre, em nossas sociedades, apenas em momentos de crise[33].

O interesse de Arendt desde *Origens do Totalitarismo* até *A Vida do Espírito* está voltado para a ação que é um novo começo. É por isso que essa pensadora dedicou-se ao estudo da experiência histórica da liberdade na Antiguidade, da ausência de espaços público-políticos na Idade Média e da Revolução Americana e Francesa

problema não era o "fato de os muitos serem governados por alguns", mas a "inexistência de espaços públicos 'dos quais pudesse ser selecionada uma elite'". A citação que Wollin faz de *On Revolution*, uma vez fora de contexto, pode passar uma ideia equívoca das convicções de Arendt. Aquela citação é antecedida da afirmação: "Minha discordância com o termo *elite* é que ele implica uma forma oligárquica de governo em que a maioria fica subordinada ao domínio da minoria. Disso só se pode concluir – como o fez, de fato, toda a nossa tradição de pensamento político – que a essência do governo é o exercício do poder de coerção, e que a paixão política dominante é a paixão de dirigir ou de governar. A minha posição é que isso é profundamente falso. O fato de as "elites" terem sempre determinado e, na maioria dos casos, dominado os destinos políticos da maioria, demonstra, por outro lado, a amarga necessidade de a minoria se proteger contra a maioria, ou melhor, de proteger a ilha de liberdade, onde passou a habitar contra o mar de carências que a circunda" (H. Arendt, *On Revolution*, op. cit., p. 275/ *Da Revolução*, p. 221). As considerações de Arendt a respeito de uma "elite" – que ela coloca entre aspas ou em itálico – proveniente do povo seria uma forma de ampliar a participação autêntica, caso houvesse espaços públicos que permitissem aos grupos populares conhecerem a atuação e selecionar espontaneamente os próprios representantes – seria dos males o menor, diz ela. A partir daquele equívoco Wollin afirmou "o caráter confessadamente elitista da visão de Arendt sobre a democracia". R. Wollin, *Labirintos: Em Torno a Benjamin, Habermas, Schmitt, Arendt, Derrida, Marx, Heidegger e Outros*, Lisboa, Instituto Piaget, 1998, p. 268.

33. Isso não significa, como afirma Agnes Heller, que Arendt tenha separado o social do político. Arendt afirma que na sociedade o político transformou-se em administração do social, isto é, na administração de interesses privados. Nas palavras de Agnes Heller, Arendt elimina "a 'questão social' da agenda permanente da modernidade", possivelmente porque Arendt não se dedica a fornecer "soluções" para esses problemas. A. Heller & F. Fehér, *A Condição Política Pós-Moderna*, Rio de Janeiro, Civilização Brasileira, 1998, p. 231. Arendt crê que as soluções devam partir dos interessados e em função dos problemas existentes nas comunidades políticas a que pertencem.

na Era Moderna. Salvador Giner, que foi aluno de Arendt na época em que esta se debruçava sobre a obra *Da Revolução* (escrita entre 1959 e 1963), conta que ela afirmava que "a maior força política de nosso tempo era mudar [por meio do fenômeno revolucionário] um mundo por outro".[34]

Para o contexto deste capítulo é relevante considerar, no momento, a importância que Arendt dedicou ao advento da esfera social como espaço de indivíduos isolados e das massas politicamente desenraizadas e desconectadas dos antigos interesses de classe ou partidários que apareceram a partir da Revolução Industrial, na Europa – as massas supérfluas que, segundo as análises de *Origens do Totalitarismo*, se mostrariam vulneráveis às manipulações ideológicas na primeira metade do século XX. Ela refere-se, nesse caso, ao colapso do sistema de classes que ocorreu nos países europeus, em diferentes épocas; por exemplo, na Alemanha antes da Segunda Guerra; na França após a Segunda Guerra e na antiga União Soviética apenas após Stálin, o promotor efetivo da derrocada da sociedade de classes.

O conceito de "massa" encontra-se em *Origens do Totalitarismo*: aquelas pessoas que, independentemente dos países em que vivem e em função de seu "número ou indiferença ou a combinação de ambos, não podem ser integradas em nenhuma organização fundada no interesse comum, em partidos políticos ou governos municipais ou organizações profissionais ou sindicatos".[35] Neutras e indiferentes, as massas surgiram das entranhas da própria sociedade de classes, que permitia apenas para uns poucos a ascensão e participação nos partidos e nas organizações políticas.

A ruína do sistema partidário, segundo a interpretação de Arendt, se deu quando a diferença entre as antigas classes sociais desapareceu com o surgimento das massas. Os partidos não puderam mais repre-

---

34. Salvador Giner, "Hannah Arendt, Uma Recordação Pessoal", em *Hannah Arendt: El orgullo de pensar, op. cit.*, p. 21.
35. H. Arendt, *The Origins of Totalitarianism*, New York, Harcourt Brace, 2004, p. 414.

sentar os interesses de classe e tornaram-se "mais e mais psicológicos e ideológicos em sua propaganda, mais e mais apologéticos e nostálgicos em sua abordagem política"[36], o que ficou evidente quando não puderam recrutar novos militantes nas gerações mais novas.

Os antigos meios para guiar a conduta humana na sociedade tornaram-se improfícuos – "o medo do inferno não está entre os motivos que impediriam ou estimulariam as ações da maioria"[37]. De outra parte, já não era necessário manietar ou fazer calar a massa destituída de referenciais políticos ou de classe, uma vez ocupada com o consumo e a sobrevivência.

Foi nesse sentido que Arendt afirmou que a Revolução Americana pode ser considerada vitoriosa em relação às revoluções europeias, mesmo considerando a perda do espírito revolucionário americano e dos espaços de liberdade para a participação política dos cidadãos. Arendt considerou que

é perfeitamente correto e realmente um fato triste que a maioria das assim denominadas revoluções, longe de alcançarem a *constitutio libertatis*, não foram nem mesmo capazes de produzir garantias constitucionais de direitos civis e de liberdades civis, os benefícios de um "governo limitado", e não há dúvida de que em nossos contatos com outras nações e seus governos nós devemos lembrar que a distância entre tirania e governo constitucional limitado é tão grande, ou talvez maior, que a distância entre governo limitado e liberdade[38].

O espírito revolucionário foi banido tanto da história americana quanto da francesa: nem a tradição da Revolução Francesa o preservou nem as "tendências liberais democráticas e, no mais das vezes, declaradamente antirrevolucionárias do pensamento político da América"[39]. No que diz respeito à Revolução Francesa, foram esmagados, juntamente com o espírito revolucionário, os conselhos

---

36. H. Arendt, *The Origins of Totalitarianism, op. cit.*, p. 418.
37. H. Arendt, "What is Authority?", *op. cit.*, p. 135.
38. H. Arendt, *On Revolution, op. cit.*, p. 218.
39. *Idem*, p. 221.

populares que originados do movimento de libertação representavam uma esperança para a instauração de uma nova ordem política. Tais conselhos foram liquidados quando Robespierre chegou ao poder, alegando que a liberdade do povo estava na vida particular de cada cidadão e que, por isso, não deveria ser perturbada.

Esse foi igualmente o fim, nota Arendt, de todos os conselhos – *comunas, sovietes* e *Räte* que surgiram com as revoluções dos séculos XIX e XX: "o conflito entre o povo e um aparato de poder impiedosamente centralizado que, sob o pretexto de representar a soberania da nação, privava na realidade o povo de seu poder e perseguia, por isso, todos aqueles fracos e espontâneos órgãos de poder que a revolução tinha trazido à existência"[40]. Para Arendt, esses conselhos eram verdadeiros "espaços de liberdade".

O tratamento indiferenciado que Arendt dá a esses conselhos, sem considerar o caráter comunista de alguns deles, tem sido considerado um equívoco[41]. O objetivo desses conselhos, diz ela, era o de "'lançar as bases de uma república que se afirmasse em todas as suas consequências, o único governo que encerraria para sempre a era de invasões e guerras civis'; não um paraíso na terra, não uma sociedade sem classes, não um sonho de uma fraternidade socialista ou comunista"[42]. Ao intentarem estabelecer uma nova ordem entraram em conflito com os revolucionários profissionais, que viam esses conselhos como "um sonho romântico" e desejavam, por isso, transformá-los em órgãos executores.

Em pleno curso da revolução, eram os programas partidários, mais do que qualquer outra coisa, que separavam os conselhos dos partidos; pois esses programas, por mais revolucionários que fossem, eram sempre "receitas adrede preparadas", que demandavam não ação mas execução – "para serem colocadas

---

40. Para mais detalhes sobre os Conselhos ver H. Arendt, *On Revolution, op. cit.*, p. 244.
41. A esse respeito ver R. Wollin, *Labirintos: Em Torno a Benjamin, Habermas, Schmitt, Arendt, Derrida, Marx, Heidegger e Outros, op. cit.*, p. 267.
42. H. Arendt, *On Revolution, op. cit.*, p. 264 (Arendt cita Jellinek, *The Paris Commune of 1871*).

rigorosamente em prática", como salientou Rosa Luxemburg, demonstrando uma clarividência espantosa acerca das questões em pauta. Hoje nós sabemos como a rapidez da formulação teórica desaparece na execução prática, mas [...] os conselhos acabariam por se rebelar contra tal política, uma vez que a própria clivagem entre os especialistas do partido, que "sabiam", e a massa popular de quem se esperava que aplicasse esse conhecimento, deixava de levar em conta a capacidade do cidadão comum de atuar e de formar sua própria opinião. Os conselhos, em outras palavras, estavam fadados a se tornarem supérfluos, caso prevalecesse o espírito do partido revolucionário. Onde quer que haja separação entre conhecimento e ação, o espaço da liberdade está perdido[43].

Eric Hobsbawm, em *Revolucionários*, ocupou-se dessa questão ao afirmar que

o historiador ou o sociólogo, por exemplo, ficarão irritados, diferentemente do que ocorre com a autora [H. Arendt], por uma certa ausência de interesse pelos simples fatos. Isto não pode ser atribuído à ignorância ou ao descuido, pois que a autora é suficientemente culta e ilustrada para dar-se conta de tais inadequações, quando opta pela metafísica ou prefere o sentimento poético à realidade[44].

Vê-se que Hobsbawm esteve perto dos motivos alegados por Arendt, que a respeito de um tal tema afirmou:

[...] a revolução húngara ensinou-me uma lição. Se levarmos em consideração o surpreendente ressurgimento do sistema de conselhos durante a revolução húngara, então é como se estivéssemos diante de duas novas formas de governo, em nosso próprio tempo, as quais só podem ser compreendidas no contraponto da falência do corpo político do Estado nacional. O governo da dominação total é o que certamente corresponde da melhor forma às tendências inerentes de uma sociedade de massas em relação a qualquer outra coisa que conhecíamos. Mas o sistema de conselhos tem sido claramente, já desde um longo tempo, o resultado dos desejos do povo e não o das massas, e é quase possível que ele contenha os

---

43. Idem, ibidem.
44. E. Hobsbawm, *Revolucionários*, 2. ed., Rio de Janeiro, Paz e Terra, 1985, p. 205.

próprios remédios contra a sociedade de massas e contra a formação do homem de massa, que vimos procurando em vão em outro lugar. [...] Não estou de modo algum segura ou certa em minha esperança, mas estou convencida de que tão importante quanto confrontar impiedosamente todos os desesperos intrínsecos do presente é apresentar todas as esperanças inerentes a ele[45].

O que Arendt desejava em *Origens do Totalitarismo* era contrapor o surgimento espontâneo dos conselhos ao aparecimento dos "revolucionários profissionais", aqueles que não estavam entre os protagonistas das revoluções, mas buscavam no momento seguinte alcançar o poder e destruir os conselhos, afirmando que as revoluções do século XX obedeciam a um modelo científico de planejamento e de execução.

É verdade que onde quer que a revolução não tenha sido derrotada, nem acompanhada de algum tipo de restauração, a ditadura do partido único, isto é, o modelo do revolucionário profissional, eventualmente prevaleceu, mas prevaleceu apenas após uma violenta luta contra os órgãos e instituições da própria revolução[46].

O Fim da Liberdade nas Filosofias da História

Kant é o pensador que reconheceu o Iluminismo como um novo modo de pensar e como um período histórico. Compreendia a Ilustração como um tempo em que a filosofia se tornou crítica e o ser humano conquistou a maioridade. Era "um evento de purificação", de "liberação de preconceitos e de autoridades", o marco de uma forma de pensar que expressa para Arendt um rompimento com a tradição de pensamento político.

45. Essa importante passagem foi ressaltada por André Duarte, "Hannah Arendt e a Modernidade: Esquecimento e Redescoberta da Política", em *Transpondo o Abismo: Hannah Arendt entre a Filosofia e a Política, op. cit.*, p. 78. É um trecho de artigo que Arendt publicou na época em que lançou a segunda edição de *Origens do Totalitarismo*, em 1958.
46. H. Arendt, *On Revolution*, p. 262.

A Ilustração como mentalidade e como período histórico, no entanto, durou pouco tempo e Hannah Arendt investigou por que as duas boas novas que inauguraram a Era Moderna – uma, na esfera dos assuntos humanos e a outra, no âmbito do pensamento político – não vingaram. Nem a crítica kantiana aos sistemas filosóficos impediu o surgimento das teorias da história, que desviaram o interesse do presente para o futuro, do evento para os processos históricos e da política para a história, nem a secularidade transformou-se em secularidade política, cabendo ressaltar, aqui, que esta é, para Arendt, mais do que a separação entre Igreja e Estado: trata-se do "ascenso [da esfera pública] à dignidade do período clássico"[47], que nem mesmo as revoluções modernas puderam instaurar.

A compreensão do malogro das esperanças que se insinuaram no limiar da Era Moderna – do fracasso das tentativas de instauração de espaços público-políticos e da vitória do moderno conceito de história –, Hannah Arendt buscou em dois eventos paradigmáticos, como se viu: a Revolução Americana e a Revolução Francesa, eventos preciosos para Arendt, pelo poder explicativo que advém de sua contraposição. Enquanto a primeira, vitoriosa, foi ignorada como acontecimento revolucionário, a segunda, derrotada, tornou-se fonte de inspiração para as filosofias da história.

A Revolução Francesa, especialmente, foi um acontecimento que "ateou fogo no mundo". Pela primeira vez cidadãos intentaram fundar o novo e, também, pela primeira vez, os filósofos voltaram sua atenção para o mundo dos assuntos humanos. A esse respeito Arendt afirma que,

sem a Revolução Francesa pode-se duvidar de que a filosofia tivesse tentado se ocupar alguma vez da esfera dos assuntos humanos, isto é, de descobrir a verdade absoluta em um domínio que é governado pelas relações dos homens e relacionamento de uns com os outros, que é, por isso, relativo por definição[48].

---

47. H. Arendt, "What is Authority?", *op. cit.*, p. 127.
48. H. Arendt, *On Revolution*, *op. cit.*, p. 53.

Com o advento da Revolução Francesa, Kant tornou-se um espectador entusiasta daquilo que ocorria no mundo dos assuntos humanos, mostrando-se ávido por notícias que tratassem daqueles acontecimentos. Para Arendt, foi a Revolução Francesa que levou Kant a conscientizar-se da diferença entre política e sociabilidade. Segundo ela, Kant possui uma filosofia política não-escrita e essa convicção foi por ela transformada em tema de aulas que acabaram por constituir o material para a organização da obra póstuma *Lições sobre a Filosofia Política de Kant*.

Outros filósofos, certamente, fizeram o que Kant não fez: escreveram filosofias políticas; mas isso não significa que, por essa razão, eles tivessem uma opinião mais elevada sobre política ou que as inquietações políticas eram mais centrais em suas filosofias[49].

Graças às Revoluções Francesa e Americana, Kant despertou de "seu sono político" enquanto Hegel assistiu àquilo que considerou ser o mais importante ponto de mutação da História: "um esplêndido nascer do sol"[50]. Marx vislumbraria, mais tarde, nesses mesmos eventos, a eliminação da necessidade no horizonte da História. De que forma essas esperanças de revolucionários e de pensadores acabaram em noções preconceituosas de liberdade e de política são questões com as quais este capítulo se verá às voltas.

O moderno conceito de História tem muitas origens, afirma Arendt. Uma delas é o desconhecimento da experiência da liberdade. Como se viu, a liberdade que encontrou lugar entre os antigos não havia sido registrada pela tradição de pensamento político e a concepção de ação presente nessa tradição era a mesma desde a Antiguidade, aquela concebida por Platão como sinônimo de fazer – de "fabricação".

O conceito de processo que passou a integrar as Ciências Naturais no limiar da Era Moderna também influenciou as nascentes filo-

---

49. H. Arendt, *Lectures on Kant's Political Philosophy*, op. cit., p. 21.
50. *Idem*, p. 56 (Arendt cita Hegel).

sofias da história. Firmada na confiança de que o ser humano pode conhecer apenas aquilo que ele mesmo fez – uma convicção nascida antes mesmo da Era Moderna, com a invenção do telescópio por Galileu e a descoberta de que é a Terra que gira em torno do Sol –, a ideia de processo tomou conta das experiências científicas.

Esta mudança de ênfase é quase óbvia quando se assume que um homem pode conhecer apenas aquilo que ele mesmo fez e na medida em que essa suposição implica, por sua vez, que eu "conheço" uma coisa sempre que eu compreendo como ela veio a existir[51].

Essa convicção levou a ciência moderna a deslocar suas investigações de "'o que' ou 'por que' alguma coisa existe para a nova questão de 'como' ela veio a existir"[52], de maneira que as ciências modernas abandonaram o antigo interesse que tinham pelas coisas e pelos movimentos, voltando-se para a reprodução e imitação dos processos naturais.

Desde o século XVII, a investigação científica encontrava-se às voltas com o domínio de processos. Vico foi "o precursor dos historiadores modernos" ao considerar que "para penetrar nos mistérios da Criação seria necessário entender o processo criativo"[53]. Em função da convicção de que o processo histórico obedecia à concepção antiga de movimento de tempo e era, portanto, um processo histórico circular, Vico não se encontra entre os criadores do moderno conceito de história, uma vez que este pressupõe um processo histórico retilíneo.

[Os] filósofos foram convertidos para uma fé no progresso, não apenas do conhecimento, mas, também, dos assuntos humanos em geral[54].

A origem do moderno conceito de história pode ser datada porque está associada "não à especulação teórica, mas à experiência polí-

---

51. H. Arendt, "The Concept of History: Ancient and Modern", *op. cit.*, p. 51.
52. H. Arendt, *The Human Condition*, *op. cit.*, p. 295.
53. H. Arendt, "The Concept of History: Ancient and Modern", *op. cit.*, p. 51.
54. H. Arendt, "Willing", *op. cit.*, p. 154.

tica e ao curso dos acontecimentos reais"[55]: as Revoluções Americana e Francesa. Essas revoluções mostravam com clareza a contingência dos assuntos humanos. Arendt lembra que Kant, que acompanhava pelos jornais os desdobramentos da Revolução Francesa, referiu-se à "melancólica contingência" desses acontecimentos, enquanto Hegel afirmou que deveria haver "algo além daquilo que os homens pretendiam alcançar [...], algo mais do que eles sabem ou querem"[56], que fosse capaz de emprestar compreensão a tais eventos.

> Eles [os homens] cumprem seu interesse; mas cumpre-se algo diverso do que estava nele implicado, algo que não estava na consciência ou nas intenções dos atores[57].

A busca de compreensão para aqueles acontecimentos inusitados ocupou o espírito de Hegel e de Kant. Arendt observa que nos anos que se seguiram à Revolução Francesa os eventos eram descritos como se a revolução não tivesse sido levada a cabo por seres humanos. Era comum o uso de metáforas como "fluxo e torrente e correnteza, [...] cunhadas pelos próprios atores que, por mais embriagados que estivessem com o vinho da liberdade [...], não mais acreditavam que eles eram agentes livres"[58]. Se os próprios atores ao tratarem das ocorrências, das quais haviam sido protagonistas, tinham essa sensação é de esperar que os espectadores, com mais convicção ainda, acreditassem no curso incontrolável dos acontecimentos que se afastava dos objetivos inicialmente propostos pelos revolucionários e vergava-se "à força anônima da revolução".

O conhecido choque de desilusão sofrido pela geração que viveu na Europa os eventos fatais de 1789 até a restauração dos Bourbons transformou-se quase imediatamente em um sentimento de terror e de admiração pelo poder

---

55. H. Arendt, *On Revolution*, op. cit., p. 55.
56. "Lectures on Kant's Political Philosophy", *op. cit.*, p. 57 (Arendt cita Hegel).
57. *Idem, ibidem*.
58. H. Arendt, *On Revolution*, op. cit., p. 49.

da própria História. Onde antes, isto é, nos felizes dias do Iluminismo, apenas o poder despótico do monarca parecia estar entre o homem e sua liberdade de agir, uma força muito mais poderosa surgiu de repente e compelia os homens à vontade e não havia liberação, rebelião nem escapatória; a força da História e da necessidade histórica[59].

Antes mesmo de Hegel ter atribuído o advento dos eventos revolucionários à "astúcia da razão", Kant conferiu a responsabilidade de tais ocorrências a um "ardil da natureza".

Kant também observou o que os outros tinham visto antes dele, uma vez que se olha a história em sua totalidade (*im Grossen*), ao invés de olhar os eventos singulares e as sempre frustradas intenções dos agentes humanos; tudo ganha sentido repentinamente, porque há sempre, pelo menos, uma história a contar. O processo como um todo parece ser guiado por uma "intenção da natureza", desconhecida do agir humano, mas compreensível para aqueles que vêm depois[60].

Lançada na teia das relações humanas a ação tem resultados imprevisíveis que parecem decorrentes da necessidade histórica quando se ignora que a ocorrência de um evento mata, "por definição, todas as outras potencialidades originalmente inerentes a uma determinada situação"[61]. Esse é o motivo pelo qual Ricoeur afirma que "a história deve sua existência aos homens, [mas] ela não é manifestamente *feita* por eles"[62]. Segundo Arendt, "tudo o que nós podemos dizer sobre o real é que obviamente não era impossível"[63].

Desconsiderando a impressão dos atores e dos espectadores sobre os acontecimentos que constituíram as revoluções, o filósofo-his-

---

59. *Idem*, p. 51.
60. H. Arendt, "The Concept of History: Ancient and Modern", *op. cit.*, p. 82.
61. H. Arendt, "Truth and Politics", em *Between Past and Future*, *op. cit.*, p. 243.
62. P. Ricoeur, "Préface", em *La Condition de l'homme moderne*, Paris, Calmann-Lévy, 1983, p. 26. Segundo A. M. Roviello, "é porque a ação existe [...] que os acontecimentos históricos permanecem irredutíveis a uma causalidade anterior". A. M. Roviello, *Senso Comum e Modernidade em H. Arendt*, Lisboa, Piaget, 1997, p. 79.
63. H. Arendt, "Willing", *op. cit.*, p. 139.

toriador projetou para o futuro e associou à noção de progresso, em voga no século XVIII, a força da necessidade histórica. Com Hegel, tudo o que é político – atos, palavras e acontecimentos – transforma-se em um processo que encontra um fim determinado. Neste fim, uma verdade aguarda o filósofo: aquela que contém o segredo de toda a "grandeza do homem". Através da transposição da contemplação para o domínio dos assuntos humanos, a revelação da verdade é revelação mesma do Espírito Absoluto que o filósofo poderá apreender ao final de todo o processo.

O antigo absoluto dos filósofos revelava-se na esfera dos negócios humanos, isto é, precisamente naquele domínio das experiências que os filósofos unanimemente haviam descartado como a fonte ou o local de nascimento de padrões absolutos[64].

Nas pegadas da dialética hegeliana, Marx criou um processo histórico que guarda uma diferença crucial em relação à filosofia da história de Hegel. Enquanto o interesse hegeliano pela História era puramente teórico, em Marx a história era um princípio para a ação – ação compreendida como um "fazer a história", como fabricação –, uma concepção que é de origem platônica. Ao transformar a filosofia política em filosofia da história, Marx subordinou a ação aos "desígnios superiores" do processo histórico, de modo que se, em Hegel, esses desígnios se revelavam retrospectivamente e apenas ao final da História, em Marx encontravam-se desde sempre revelados: trata-se do reino da liberdade e da abundância, nas palavras de Arendt.

Nas filosofias da história de Hegel e de Marx *saber* e *fazer* estão cindidos tal como na tradição de pensamento político; o filósofo-historiador desvenda a natureza e, eventualmente, a finalidade do processo histórico. A credibilidade de tais filosofias permanece livre de questionamento uma vez que a comprovação de tudo o que afirmam só pode ocorrer no final de todo o processo histórico.

---

64. H. Arendt, *On Revolution, op. cit.*, p. 51.

Em Hegel o caráter do movimento histórico "é, de uma só vez, dialético e dirigido pela necessidade". Trata-se da dialética da liberdade e da necessidade que faz com que os homens, embora lutem pela liberdade, se vejam arrastados pela necessidade. É um movimento autônomo que independente da vontade dos homens compele-os "em seu irresistível fluxo como uma poderosa corrente subterrânea, ao qual eles devem submeter-se no mesmo instante em que tentam estabelecer a liberdade sobre a terra"[65].

O paradoxo de que a liberdade é fruto da necessidade, no próprio entendimento de Hegel, dificilmente seria mais paradoxal do que a reconciliação do céu com a terra. Ademais, nada havia de jocoso na teoria de Hegel nem qualquer graça vã na sua dialética da liberdade e da necessidade. Ao contrário, elas devem ter exercido, mesmo nessa época, um forte atrativo sobre aqueles que ainda estavam sob o impacto da realidade política; a inabalável força de sua plausibilidade fundamentou-se, a partir daí, muito menos na evidência teórica do que numa experiência repetida com frequência nos séculos de guerras e de revoluções[66].

Marx, de outra parte, havia aprendido com a Revolução Francesa que a "pobreza pode ser uma força política de primeira ordem" e essa é, para Arendt, a ideia verdadeiramente revolucionária de Marx, sintetizada no conceito de *exploração* de uma classe por outra – aquela que detém os meios de violência. Mas, se o jovem Marx acreditou que as lutas pela satisfação das necessidades vitais acabariam por levar à liberdade, o velho Marx acabou por considerar que a liberdade seria alcançada apenas com a libertação do processo vital da sociedade, por meio do desenvolvimento das forças produtivas da sociedade[67]. Compreendida como abolição da necessidade, a

---

65. Idem, p. 54.
66. Idem, ibidem. (H. Arendt, *Da Revolução*, p. 46.)
67. Arendt refere-se ao Marx de *O Capital*. No Prefácio do livro I dessa obra Marx afirmou: "O objetivo final desta obra é descobrir a lei econômica do movimento da sociedade moderna. [...] Minha concepção do desenvolvimento histórico-natural exclui, mais do que qualquer outra, a responsabilidade do indivíduo por relações das quais ele continua sendo, socialmente, criatura, por mais que, subjetivamente, se julgue acima delas". K.

liberdade em Marx representa a "verdadeira rendição da liberdade à necessidade"[68]. E foi essa constatação que levou Arendt a afirmar que "o lugar de Marx na história da liberdade humana permanecerá equívoco para sempre"[69].

Porque a liberdade cedeu sua primazia à necessidade, as filosofias e as teorias que incorporaram a noção de história como processo tornaram-se ideologicamente úteis quando, no mundo moderno, o totalitarismo fez o seu aparecimento. E "o ponto em questão", diz H. Arendt, é que

todos aqueles que, ao longo do século dezenove e a maior parte do século vinte, seguiram os passos da Revolução Francesa, se viram não meramente como sucessores dos homens da Revolução Francesa, mas como agentes da história e da necessidade histórica, com o óbvio e, ainda, paradoxal resultado de que, no lugar da liberdade, foi a necessidade que se tornou a principal categoria do pensamento político e revolucionário[70].

Não era preciso saber o que a liberdade era ou o que ela havia sido, nem era necessário vivê-la para tornar-se um protagonista de acontecimentos que se desdobravam necessariamente rumo à liberdade, a qual, pacientemente, em algum lugar do futuro, aguardava o momento para entrar em cena e encerrar imediatamente o espetáculo.

As ideias interconectadas de Gênero Humano e Progresso só vieram para o primeiro plano das especulações filosóficas depois que a Revolução Francesa mostrou para os espíritos de seus mais pensativos espectadores a possibilidade de realização de *invisíveis* tal como *liberdade, fraternidade, igualdade*, parecendo constituir, assim, uma refutação tangível da convicção mais antiga dos pensadores, a de que os altos e baixos da história e dos negócios mutáveis do homem não merecem séria consideração[71].

Marx, "Prefácio", em *O Capital: Crítica da Economia Política*, Rio de Janeiro, Civilização Brasileira, 1980, p. 6.
68. H. Arendt, *On Revolution, op. cit.*, p. 65.
69. *Idem*, p. 63.
70. *Idem*, p. 52.
71. H. Arendt, "Willing", *op. cit.*, p. 154.

Trata-se, nas palavras de Karl Popper, de um "futurismo ético", pois o que é considerado moralmente bom é o "moralmente progressista", isto é, o que sempre está no futuro[72]. Corresponde à corrupção da ética no presente por um historicismo necessário, tal como afirmou Karl-Otto Apel, ao comentar a expressão utilizada por Popper[73].

A violência, "parteira da história" segundo Marx, representa, para Arendt, um desafio lançado por esse pensador à tradição de pensamento político por conter "a mais específica negação do *logos*, do discurso, a forma de relacionamento que lhe é diametralmente oposta e, tradicionalmente, a mais humana"[74]. Essa glorificação, entretanto, diz ela, advém de um antigo preconceito filosófico, a crença de que o mal é manifestação temporária do bem, pois se trata, nesse caso, da realização do poder de negação da dialética no processo histórico. Nas palavras de F. Collin, H. Arendt rejeita terminantemente "a legitimação de um sacrifício no altar ou em proveito da história"[75].

A grande confiança de Hegel e Marx no "poder de negação" da dialética em virtude da qual os opostos não se destroem mas se desenvolvem suavemente transformando-se um no outro, pois as contradições promovem o desenvolvimento ao invés de paralisá-lo, assenta-se em um preconceito filosófico muito mais antigo: o de que o mal não é mais do que um *modus* privativo do bem, de que, em síntese, o mal é apenas uma manifestação temporária, ainda oculto. Tais opiniões, desde há muito veneradas, tornaram-se perigosas. São compar-

---

72. Karl Popper, *A Miséria do Historicismo*, São Paulo, Cultrix/Edusp, 1980, pp. 43-44. (ed. original: 1957). É importante observar, ainda que rapidamente, que do ponto de vista do próprio Hegel "o espírito de um povo é um espírito particular e determinado e é também [...] determinado pelo grau de seu desenvolvimento histórico", de modo que embora "o progresso em seus diversos níveis seja um impulso irresistível do espírito universal", o progresso assume formas diferenciadas de acordo com "os espíritos nacionais dos povos históricos universais, as determinações de sua vida moral, de sua constituição, de sua arte, de sua religião, de sua ciência". G. W. F. Hegel, *Filosofia da História*, Brasília, Ed. UNB, 1995, p. 50.
73. Karl-Otto Apel, *Transformação da Filosofia II: O A Priori da Comunidade de Comunicação*, São Paulo, Edições Loyola, 2000, p. 414. (ed. original de 1973).
74. H. Arendt, "Tradition and Modern Age", *op. cit.*, p. 23.
75. F. Collin, *Nacer y tiempo. Agustín en el pensamiento arendtiano*, *op. cit.*, p. 92.

tilhadas por muitos que jamais ouviram falar em Hegel ou Marx pela simples razão de que elas inspiram esperança e dissipam o medo[76].

Kant também está entre aqueles que vislumbraram a história como um processo, mas esta análise não ocupa o centro da filosofia kantiana. Para esse pensador é "o ardil secreto da natureza que provoca o progresso da espécie e desenvolve todas as suas potencialidades na sucessão das gerações". A espécie humana é o sujeito de um processo histórico que, embora passível de interrupções – as revoluções, por exemplo –, terá o seu curso continuamente reposto no sentido de um progresso infinito que nunca se rompe definitivamente. Trata-se da "'história do mundo' vista em analogia com o desenvolvimento orgânico do indivíduo: infância, adolescência e maturidade"[77].

Kant não tem uma filosofia da história, tal como Hegel e Marx, mas uma filosofia da natureza. A história, para ele, é uma construção da espécie humana, mas não da humanidade. Esta não é a somatória de todos os membros da espécie: cada ser humano é singular; na condição de indivíduo único não está submetido ao progresso, que diz respeito apenas à espécie. Segundo Kant, "nenhum membro singular em todas essas gerações da raça humana, mas só a espécie, alcança completamente o seu destino. [...] A destinação da raça humana, em geral, é o progresso perpétuo"[78].

Quando tratou da história, portanto, Kant não desconsiderou a condição da pluralidade humana. Kant não personificou os protagonistas da história na ideia de Humanidade. Ao contrário, chegou a surpreender, nota Arendt, quando admitiu que o sujeito da ação nas filosofias da história é o Gênero Humano e não o homem. Nesse sentido, o progresso em Kant, diferentemente do progresso hegeliano e marxista, não é um projeto para a humanidade, mas um padrão de

---

76. H. Arendt, *On Violence*, New York, Harcourt Brace & Company, 1970, p. 56.
77. H. Arendt, *Lectures on Kant's Political Philosophy*, op. cit., p. 8.
78. *Idem*, p. 58.

avaliação. O processo é um "ponto de vista geral", um padrão para avaliar se um determinado evento representa um bem para as futuras gerações, avaliação que fica a cargo de cada um dos espectadores que exercem em Kant o papel de juiz. A história não tem um final: a paz perpétua; os eventos não perdem a importância, uma vez que não se encontram determinados pelo final do processo tal como nas filosofias da história. O sentido de um evento depende do julgamento dos espectadores.

Arendt supõe que foram as esperanças nascidas com a Revolução Francesa que levaram Kant a acreditar em "tempos melhores" e induziram-no a adotar a ideia de progresso. Kant afirmou que seria horrível viver sem a ideia de progresso e acreditar ou no retrocesso ou na "eterna mesmice", pois é a esperança que "tem inspirado os 'homens de pensamento correto' a 'fazerem algo pelo bem comum'"[79].

> O objetivo da Natureza é "produzir uma harmonia entre homens, contra a vontade deles e, na realidade, através da discórdia". A discórdia, certamente, é um fator tão importante no desígnio de natureza que, sem ela, nenhum progresso pode ser imaginado e, sem este, nenhuma harmonia final poderia ser produzida[80].

Diferentemente de Hegel, Kant ocupou-se do espectador do acontecimento político, mas não levou em conta a perspectiva do historiador. No primeiro caso, desconsiderou a perspectiva do filósofo como a mais elevada entre os demais. No segundo caso, mostrou-se pouco preocupado com a visão retrospectiva do processo. Não estava interessado na interpretação do passado nem na projeção de um futuro.

A preocupação kantiana era com a imparcialidade do julgamento do espectador e foi o espectador kantiano que Arendt resgatou na *Crítica à Faculdade do Juízo* quando, após o julgamento de Eichmann,

---

79. *Idem*, p. 50.
80. *Idem*, p. 52.

debruçou-se sobre a faculdade de julgar, de modo a constituir as bases do que chamou de uma "moral política", como se verá. Não poupou, no entanto, Kant de críticas, por ter incorporado a noção de progresso, mesmo lembrando que esse pensador incomodava-se com uma tal ideia, tendo afirmado que "permanecerá desconcertante para sempre... que as primeiras gerações pareçam conduzir seus penosos negócios, apenas para o bem das posteriores... e que somente as últimas possam ter a boa fortuna de habitar a construção [completa]"[81].

Para Arendt, "é contra a dignidade humana acreditar em progresso", uma vez que essa noção desconsidera a competência humana para a ação[82].

O Amor à Liberdade como Amor à Vida

Considerando a euforia dos atores e a simpatia dos espectadores diante dos eventos que constituíram a Revolução Francesa e a Americana, é surpreendente que a morada da liberdade não tenha sido forjada no espaço público-político e que as filosofias da história tivessem deslocado o interesse da liberdade para a valorização da vida, isto é, para as questões associadas à sobrevivência e à manutenção da espécie.

No âmbito dos assuntos humanos política e liberdade apartaram-se. A política passou a ser compreendida como a administração pública de interesses privados – tal como Marx havia observado –, enquanto a liberdade deixou a esfera pública e passou a residir "na

---

81. H. Arendt, "The Concept of History: Ancient and Modern", *op. cit.*, p. 83.
82. H. Arendt, *Lectures on Kant's Political Philosophy*, *op. cit.*, p. 77. Agnes Heller compreende o progresso em termos de "ganho" e afirma que o progresso está presente no próprio pensamento arendtiano, pois o nível atingido pela liberdade americana – um pensamento que atribui a Arendt – seria um ganho e, portanto, progresso (A. Heller & F. Fehér, *A Condição Política Pós-Moderna*, *op. cit.*, p. 152). Essa afirmação é estranha ao pensamento de Arendt. A crítica arendtiana à noção de progresso está associada à desconsideração da capacidade humana de agir e de julgar, como será possível estudar no capítulo V deste estudo.

vida privada dos cidadãos". Mais do que apartadas, porém, liberdade e política tornaram-se antagônicas: a liberdade, uma vez associada à ideia de privacidade e de propriedade privada, passou a "ser defendida contra o público e seu poder". O poder mudou de mãos – o *público* e o *poder* tornaram-se um atributo do governo[83].

A brecha que se abriu entre política e liberdade é uma tendência que determinou a fisionomia dos séculos XIX e XX e que vem se afirmando até os dias atuais, nas palavras de Bethânia Assy, como uma "sobrevalorização da experiência interior [...], inflacionando o espaço intersubjetivo com interesses privados, idiossincrasias individuais e satisfações pessoais"[84]. Trata-se de uma tendência para a qual John Stuart Mill já havia chamado a atenção e que Arendt traduziu como a vitória do indivíduo sobre o cidadão.

> Num nível mais sofisticado podemos considerar esse desaparecimento do "gosto pela liberdade política" como uma retirada do indivíduo para um "domínio dentro da consciência", onde se acha a única "região apropriada de liberdade humana"; dessa região, como de uma fortaleza destruída, o indivíduo, vencido o cidadão, se defenderá contra uma sociedade que, por seu turno, toma "o melhor da individualidade"[85].

Se, enquanto manifestação da espontaneidade no espaço público, a liberdade não encontrou espaço para realizar-se, como conceito encontrou um lugar seguro nas filosofias da história. Associada a um processo histórico necessário e dissociado, portanto, da ação, a liberdade passou a ser concebida como um objetivo a ser alcançado em algum lugar do futuro, ainda que, para isso e em nome do amor à liberdade, até mesmo a violência se tornasse um meio aceitável.

As esperanças em um agir e pensar, livre de todas as autoridades, religiões e tradições, prenunciadas no início da Era Moderna não se

---

83. H. Arendt, *On Revolution*, p. 137.
84. B. Assy, "Introdução à Edição Brasileira: Faces Privadas em Espaços Públicos: Por uma Ética da Responsabilidade", em H. Arendt, *Responsabilidade e Julgamento, op. cit.*, p. 32.
85. H. Arendt, *On Revolution, op. cit.*, p. 140. Arendt cita nessa passagem John Stuart Mill, *On Liberty* (1985).

realizaram. O que os séculos posteriores assistiram foi o advento de uma nova forma de autoridade, incorporada pelos governos e compreendida como poder, uma vez assentada na posse de instrumentos de violência. A lei da História – a luta de classes como móvel da história sob o bolchevismo – e a lei da Natureza – a evolução natural darwinista sob o racismo – tornaram-se "forças sobre-humanas", a partir das quais o totalitarismo assentou sua autoridade[86]. Tal como no moderno conceito de história, o governo totalitário engolfou o particular e sacrificou os interesses dos cidadãos às leis da História ou da Natureza.

A legitimidade totalitária, desafiando a legalidade e pretendendo estabelecer diretamente o reino da justiça na terra, executa a lei da História ou da Natureza, sem transformá-las em critérios de certo e errado para guiar a conduta individual do homem. Espera que a lei da Natureza ou a lei da História, se adequadamente executada, produza a humanidade como seu produto final; é essa expectativa que está por trás da reivindicação de transformar a espécie humana em portadora ativa e infalível de uma lei através da qual os seres humanos possam apenas se sujeitar passiva e relutantemente[87].

Uma ideologia, diz Arendt, é "literalmente o que seu nome indica: é a lógica de uma ideia". Uma ideia que se transforma em premissa e se desenvolve com coerência quando a ela se aplica a "lógica como um movimento do pensamento". As ideologias desvendam uma "explicação total" para o mundo, bem como trocam "a liberdade inerente à capacidade do homem de pensar pela camisa de força da lógica, por meio da qual cada homem pode ser forçado quase tão violentamente como que por uma força externa"[88].

---

86. "Se se considera, não a realização efetiva, mas as filosofias básicas de ambos [Darwin e Marx], verifica-se, afinal, que o movimento da história e o movimento da natureza são o mesmo." H. Arendt, *The Origins of Totalitarianism, op. cit.*, p. 597. Arendt lembra que Engels se referiu a Marx como o Darwin da História.
87. H. Arendt, *The Origins of Totalitarianism, op. cit.*, p. 596.
88. *Idem*, pp. 604-605.

A dedução pode se processar lógica ou dialeticamente; em qualquer caso ela envolve um processo consistente de argumentação que por pensar em termos de um processo supõe ser capaz de compreender o movimento dos processos sobre-humanos, natural ou histórico. Alcança-se a compreensão porque a mente imita, lógica ou dialeticamente, as leis dos movimentos "cientificamente" estabelecidos, às quais, por meio do processo de imitação, ela se integra[89].

A lógica em movimento aprisiona o próprio pensar e, nesse sentido, distingue-se da reflexão filosófica. Enquanto esta tem como característica a liberdade – o livre pensar –, as ideologias encontram-se fundadas na dedução compulsória e têm, por isso mesmo, "pavor à contradição".

Embora as teorias da história do fim do século XVIII e do século XIX não possam ser apontadas por si mesmas como totalitárias, elas carregam os elementos que são úteis aos governos totalitários. Para Arendt, essa utilidade potencial foi uma descoberta de Hitler e de Stálin, apenas posteriormente identificada, após o acontecido: por meio da "sabedoria da compreensão tardia". Com essas observações Arendt reforça sua própria convicção de que os pensadores que criaram as filosofias da história não podem ser responsabilizados pelo uso que delas fizeram os governos totalitários. O Totalitarismo era, então, uma realidade inimaginável e as "implicações reveladas no evento real da dominação totalitária estiveram muito além das mais radicais ou mais arrojadas ideias de quaisquer desses pensadores"[90].

Contudo, três são, para Arendt, os elementos presentes nas teorias da história que se mostraram proveitosos para a ambição totalitária: a mudança de interesse daquilo "que é" para aquilo "que vem a ser", com vistas a atingir o esclarecimento de "todos os acontecimentos históricos: a explanação total do passado, o conhecimento total do presente e a segura predição do futuro". A emancipação da realidade, através da troca daquela realidade perceptível aos sentidos

---

89. *Idem*, p. 607.
90. H. Arendt, "Tradition and the Modern Age", *op. cit.*, p. 27.

por outra que "se esconde por trás de todas as coisas perceptíveis", considerada, por isso, mais verdadeira. Finalmente, a organização dos "fatos em um procedimento absolutamente lógico [...], isto é, com uma consistência que não existe em lugar nenhum no âmbito da realidade"[91].

Esses três elementos puderam ser aproveitados pelo Totalitarismo porque, desvinculados da experiência mundana, tiveram sua origem forjada tão somente na atividade do pensamento: o movimento do pensamento, nesse caso, "gera-se a si próprio" e transforma em premissa axiomática "um único ponto" que torna o processo de argumentação subsequente alheio a toda e qualquer experiência.

> O argumento mais persuasivo a esse respeito é um argumento muito apreciado tanto por Hitler como por Stálin: não se pode dizer A sem dizer B e C e assim por diante até o fim do mortífero alfabeto[92].

Para as finalidades desta seção interessa colocar em evidência que a "tirania da lógica" liquida com a espontaneidade dos seres humanos ao comprometer a capacidade de pensar. É que o dano à capacidade de elaborar por si os próprios pensamentos equivale à privação mesma do fundamento da liberdade política: equivale à perda da liberdade de movimento – o movimento livre exige o pensamento livre[93].

A "tirania da lógica", porém, nota Arendt, não pode destruir sozinha a capacidade humana de começar algo novo porque ela mesma se encontra fundada numa premissa. É por isso que o Terror é chamado a compor com a lógica, pois enquanto "a força autocoerciva [...]

---

91. H. Arendt, *The Origins of Totalitarianism*, pp. 606-607.
92. *Idem*, p. 609.
93. A liberdade de movimento é o fundamento da liberdade que se manifesta na ação, mas não coincide com esta. André Scala lembra a esse respeito que, sem a liberdade de movimento, não há liberdade de ação e sem esta a liberdade de movimento não está garantida. A. H. Scala, "Hannah Arendt et la philosophie", *Les Cahiers de Philosophie (Hannah Arendt, confrontations)*, Lille, Presses de l'Université de Lille – III, 1987, p. 35.

da lógica é mobilizada para que ninguém jamais comece a pensar", o Terror é necessário "para que o nascimento de cada novo ser humano não dê origem a um novo começo e eleve sua voz ao mundo"[94].

Sobre o começo, nenhuma lógica, nenhuma dedução convincente pode ter qualquer poder, porque seu encadeamento pressupõe o começo, na forma de uma premissa[95].

Após o julgamento de Eichmann, como será possível verificar no capítulo IV deste estudo, Arendt minimizou o papel da ideologia e das filosofias da história para o advento do totalitarismo. Mas permanecerão inabaláveis as convicções arendtianas a respeito da tentativa totalitária de destruir a condição da pluralidade humana e despojar cada ser humano da singularidade própria. Nas palavras de Etienne Tassin:

> Ao pretender transformar os homens em qualquer coisa de sub-humano, os campos totalitários visam produzir os seres desprovidos da capacidade de agir na qual se condensa sua condição de seres humanos, de seres livres, de seres políticos: tentativa de produzir qualquer coisa que é da ordem da natureza, isto é, da vida, enquanto que o humano é da ordem da obra e da ação, isto é, da cultura e do mundo[96].

A transformação da natureza humana designa explicitamente a tentativa totalitária de produzir humanos privados daquilo que os torna propriamente humanos, a saber, sua liberdade política[97].

Com o advento do totalitarismo ampliaram-se as diferenças entre o que passou a ser chamado de política e o que era compreendido como liberdade. Tornou-se muito mais fácil compartilhar a crença de que "a liberdade começa onde a política termina, porque nós assisti-

---

94. H. Arendt, *The Origins of Totalitarianism*, p. 610.
95. *Idem, ibidem.*
96. E. Tassin, "Être ou faire. Les conditions de l'humain selon Arendt et Weil", *Les Catégories de l'Universel: Simone Weil et Hannah Arendt*, Paris, L'Harmattan, 2001, p. 61.
97. *Idem*, p. 60.

mos a liberdade desaparecer, quando as assim chamadas considerações políticas predominam sobre tudo o mais"[98].

Não estaria correto, afinal, o credo liberal, de que quanto "menos política, maior a liberdade"? Não é verdade que quanto menor o espaço ocupado pela política, mais amplo o domínio deixado à liberdade? De fato, não medimos corretamente a extensão da liberdade em qualquer comunidade pelo livre escopo que ela aparentemente garante às atividades não-políticas, livre empreendimento econômico ou liberdade de ensino, de religião e atividades culturais e intelectuais? Não é verdade que nós todos de alguma maneira acreditamos que a política é compatível com a liberdade somente na medida em que ela garante uma possível liberdade da política?[99]

Essas questões expressam o esquecimento do fenômeno da liberdade na atualidade e revelam, também, o caminho que H. Arendt percorreu – um trajeto mais próximo do inverso daquele seguido por este estudo – quando, depois de terminar *Origens do Totalitarismo*, dedicou-se à reflexão do fenômeno da liberdade. Essas perguntas estão muito próximas, provavelmente, daquelas que ela mesma se fazia na década de 1950, quando passou a investigar "o que é política?"

Arendt já acreditava, então, que a ação humana seria o antídoto para evitar novas tragédias totalitárias, que o mundo não poderia de modo algum estar seguro de haver liquidado. Se as massas supérfluas haviam sido usadas pela dominação totalitária, a criação de espaços público-políticos seria arma poderosa contra o Totalitarismo e o Terror. Mas um véu tecido de preconceitos, de experiências autoritárias e de desconfiança secular em relação à atividade da ação encobria o sentido da palavra política. Desvelar a liberdade como razão de ser da política foi um dos principais propósitos de Arendt quando, tendo concluído *Origens do Totalitarismo*, voltou suas reflexões para a questão: o que é política?

---

98. H. Arendt, "What is Freedom?", *op. cit.*, p. 149.
99. *Idem, ibidem*.

Em *A Condição Humana* (1958), H. Arendt debruçou-se sobre as relações entre as atividades da *vita ativa* e a condição humana: o labor como condição humana da vida – da sobrevivência e manutenção da espécie; a fabricação como condição humana da mundanidade; a ação como condição da pluralidade humana. Nessa obra, Arendt mostrou que as condições que foram dadas aos seres humanos não podem ser perdidas. Ainda que a sociedade se constitua como o espaço público do *animal laborans*, dedicado exclusivamente ao labor e ao consumo ilimitado, a condição da pluralidade humana é uma promessa permanente de que a atividade da ação não pode ser totalmente eliminada da face da Terra e, assim, nem os novos começos.

Mas era necessário desenredar a ação de preconceitos correntes e teóricos. A desconfiança em relação à ação atravessou a história dos acontecimentos e acompanhou as teorias políticas, o pensamento cristão e as filosofias da história. As noções de amor, de liberdade e de autoridade, como este estudo procurou mostrar até aqui, estiveram no centro dessa desconfiança, ocultando a riqueza das experiências históricas que as originaram.

A espontaneidade da liberdade tem sido secularmente vista com suspeição. A crença de que "somente o espectador, mas não o agente, pode esperar compreender o que realmente aconteceu em qualquer determinada cadeia de feitos e eventos"[100] é uma convicção "tão velha como as montanhas"[101], observa Arendt. E quando não é o entendimento dos atores que está sob suspeição, as desconfianças recaem sobre o fenômeno mesmo da liberdade. E os revolucionários da Era Moderna pouco contribuíram para dirimir esses preconceitos quando procuravam narrar o acontecido. Ao rememorarem os próprios feitos, como foi mencionado, viam-se levados, eles próprios, pelos acontecimentos.

Se a consciência humana afirma a liberdade, a experiência cotidiana afirma o princípio da causalidade. Arendt exemplifica essa

---

100. H. Arendt, *On Revolution*, op. cit., p. 52.
101. H. Arendt, *Lectures on Kant's Political Philosophy*, op. cit., p. 55.

contradição confrontando a suposição axiomática que governa a elaboração das leis com a suposição que comanda os esforços teóricos e científicos. No primeiro caso, a suposição é a da liberdade humana; no segundo, é a de que a vida está submetida ao princípio de causalidade. Nesse sentido, a liberdade encontra-se submetida a um "dúplice assalto", pois

> no momento em que refletimos sobre um ato, que foi empreendido sob a suposição de sermos um agente livre, ele parece se submeter a dois tipos de causalidade: a causalidade da motivação interna, de um lado, e o princípio causal que rege o mundo exterior, de outro[102].

As experiências cotidianas, portanto, longe de constituírem prova suficiente do ato livre, acabam afirmando a inexistência da liberdade. Foi nesse sentido que Kant afirmou a "incompreensibilidade" da liberdade. A esse respeito Jaspers afirmou:

> Embora [Kant] a postulasse como base da lei moral, a liberdade encontra-se além de nossa compreensão. Nós não podemos entender, teoricamente, como a liberdade é possível; isto é, nós não podemos formar nenhuma representação positiva [da liberdade] no modo da causalidade. É algo que nenhum entendimento humano pode penetrar; mas é uma convicção que, até no mais básico dos homens, nenhum sofisma jamais fará dissipar[103].

---

102. H. Arendt, "What is Freedom?", *op. cit.*, p. 145.
103. K. Jaspers, *Kant (from The Great Philosophers)*, New York, Harcourt Brace & Company, 1962, p. 99. Jaspers refere-se à seguinte passagem da *Crítica da Razão Pura*: "A ideia transcendental da liberdade está, na verdade, longe de formar todo o conteúdo do conceito psicológico deste nome, conceito que é, em grande parte, empírico; apenas constituiu o conceito da absoluta espontaneidade da ação, como fundamento autêntico da imputabilidade dessa ação. É, no entanto, verdadeira pedra de escândalo para a filosofia, que encontra insuperáveis dificuldades para aceitar tal espécie de causalidade incondicionada. Aquilo que na questão acerca da liberdade da vontade desde sempre causou um tão grande embaraço à razão especulativa é, na verdade, propriamente transcendental e consiste simplesmente no problema de admitir uma faculdade que, por si mesma, inicie uma série de coisas ou estados sucessivos". I. Kant, *Crítica da Razão Pura*, 3. ed., Lisboa, Fundação Calouste Gulbenkian, 1994, B476, p. 408.

Para a compreensão da liberdade em nada contribui também, adverte Arendt, a admissão de que os acontecimentos são imprevisíveis porque a imprevisibilidade não é nada mais do que a impossibilidade de conhecer todos os fatores que estão em jogo. Além disso, se a imprevisibilidade não prova a existência do agente livre, gera, por outro lado, desconfianças sobre a atividade da ação e os riscos a ela associados, como se as atividades planejadas também não estivessem sob os auspícios da contingência que governa todos os assuntos humanos.

Em *A Vida do Espírito*, Arendt investigou a desconsideração pela contingência e pela liberdade no pensamento dos filósofos. Até mesmo Kant referia-se à imprevisibilidade da ação quando mencionou a "melancólica casualidade" dos acontecimentos revolucionários. E Nietzsche por sua vez afirmou: "a ação: não se conhece sua origem, não se conhecem suas consequências: – por conseguinte, possuirá a ação sequer algum *valor*?"[104]

Arendt dedicou-se a investigar o "valor" da ação desde o início da década de 1950. Para esse empreendimento contava, então, com quatro pistas: duas históricas e duas teóricas. Na Antiguidade, a *polis* grega e a *civitas* romana – os "escritos poéticos, dramáticos, históricos, políticos" que elevam "as experiências a uma esfera de esplendor"[105]; na Era Moderna, a experiência dos revolucionários – as expressões com que estes buscavam tornar manifestas as experiências vividas no espaço público: o "encantamento público" e a "felicidade pública". No pensamento cristão, a liberdade agostiniana como um novo começo, um conhecimento oriundo, provavelmente, dos tempos de Heidelberg e, finalmente, a liberdade como espontaneidade, um conhecimento que ela adquiriu ao ler, desde os quatorze anos e por toda a vida, a obra de Kant e, também, através dos ensinamentos de Karl Jaspers – "o único discípulo de Kant".

Quanto à constituição do *nós* da ação – a "origem da ação" como afirmou Nietzsche – Arendt foi precedida pelos próprios revo-

---

104. H. Arendt, "The Concept of History: Ancient and Modern", *op. cit.*, p. 85 (cita Nietzsche, *Wille zur Macht*).
105. H. Arendt, "What is Freedom?", p. 165.

lucionários da Era Moderna que estudaram as antigas lendas fundadoras: buscavam uma experiência que os guiasse, mas encontraram aí apenas o abismo: "o hiato entre a libertação e a constituição da liberdade"[106].

Quando os homens de ação, homens que queriam mudar o mundo, se deram conta de que tal mudança poderia realmente postular uma nova ordem das eras, o começo de algo sem precedentes, eles começaram a olhar a história à procura de ajuda[107].

Trata-se do mesmo hiato com que Arendt se deparou ao estudar a Revolução Americana, o período entre as guerras de Independência e o movimento que levou à instauração da Constituição Americana. O sentido alegórico do hiato, diz Celso Lafer, "é o de indicar que a liberdade não é o resultado automático da liberação"[108]. Ainda segundo Lafer:

[...] o *principium* agostiniano de criação do céu e da terra situa-se fora do tempo. Entretanto, o *initium* da comunidade, precisamente por causa do hiato entre o desastre (o passado) e a salvação (o futuro) não pode surgir *ex nihilo*. Daí, de acordo com Hannah Arendt, o paradoxo do ato livre da fundação, pois de um lado constitui o evento sem precedentes provocado espontaneamente por uma série nova (Kant), e de outro exige, como justificativa para ser bem-sucedido, uma conexão com uma série precedente. O enigma da fundação, portanto, é o de como reiniciar o tempo dentro do inexorável contínuo do tempo[109].

O abismo diz respeito ao que acontece antes da ação, de modo que com a "alegoria" do abismo Arendt está se referindo ao momento que antecede um novo começo e que só pode ser instaurado, tal como o próprio começo, a partir da conformação do *nós* da ação que, como este estudo pretende mostrar, seria o tema central de "O Julgar".

---

106. H. Arendt, "Willing", *op. cit.*, p. 207.
107. *Idem, ibidem*.
108. C. Lafer, *Hannah Arendt: Pensamento, Persuasão e Poder, op. cit.*, p. 99.
109. *Idem, ibidem*.

Para apreender a constituição desse *nós* Arendt possuía outra pista, mais importante do que as demais. Essa pensadora viveu os tempos sombrios da Segunda Grande Guerra e em meio a essas sombras não havia certamente um mundo comum a ser compartilhado; viveu, aí, "a humanidade sob a forma de fraternidade", que "confere às relações humanas um caráter caloroso [...], um fenômeno quase físico [...], [que é] fonte de uma vitalidade, de uma alegria, pelo simples fato de se estar vivo"[110]. A esse respeito J. Kohn afirmou:

[...] a prioridade que a política veio a ter para Arendt está profundamente conectada com a guerra, a devastação de sua pátria e sua própria experiência de desarraigamento e de apátrida, que durou dezoito anos. [...] Essa prioridade não pode ser compreendida longe de sua própria experiência de uma forma de alienação do mundo[111].

Arendt aprendeu nos tempos de escuridão que a perda radical do mundo equivale a "uma atrofia [...] terrível de todos os órgãos com que [...] reagimos [ao mundo] – a começar pelo senso comum com que nos orientamos no mundo"[112]. Mas aprendeu, também, que se o lugar da liberdade é o mundo, o lugar do amor à liberdade é o coração humano; um local sombrio, como ela mesma admitiu, mas um lugar de resistência. Foi essa experiência que ela traduziu quando afirmou que

o governo totalitário não restringe apenas as liberdades ou suprime as liberdades essenciais; nem tampouco, pelo menos ao que saibamos, consegue erradicar do coração do homem o amor à liberdade[113].

---

110. H. Arendt, *Homens em Tempos Sombrios*, op. cit., pp. 22-23.
111. J. Kohn, "Freedom: The Priority of the Political", em *The Cambridge Companion to Hannah Arendt*, Cambridge, Cambridge University Press, 2002, p.117.
112. H. Arendt, *Homens em Tempos Sombrios*, op. cit., p. 23.
113. H. Arendt, *The Origins of Totalitarianism*, op. cit., p. 600.

CAPÍTULO 4

O Amor da Vontade

> *Para a leitura requer-se uma atitude fundamental: a confiança no autor e no amor que ele dedicou ao assunto. Só depois de nos deixarmos arrebatar totalmente podemos iniciar uma crítica válida.*
>
> KARL JASPERS, *Iniciação Filosófica.*

Afastado da Universidade desde 1937 e impedido de publicar na Alemanha, Karl Jaspers permaneceu até o final da Segunda Grande Guerra em Heidelberg[1]. Depois da guerra, Arendt e Jaspers passaram a se corresponder, iniciando-se então a troca de cartas, que foi interrompida apenas pelo falecimento deste em 1969. Através de uma rica correspondência estreitaram relações intelectuais e de amizade, trocando impressões sobre o trabalho que cada um desenvolvia a respeito de importantes eventos internacionais, teorias e acontecimentos profissionais ou, ainda, ocorrências pessoais e familiares.

A influência de Karl Jaspers sobre a vida intelectual de H. Arendt ela mesma revelou ao afirmar:

---

1. Entre outros motivos, K. Jaspers manteve-se afastado da vida pública e acadêmica durante o período nazista, por ter se recusado a separar-se de sua esposa judia Gertrud Mayer, tal como lhe haviam sugerido então.

[...] onde Jaspers chega e toma a palavra tudo se esclarece. Ele tem uma franqueza, uma confiança, um discurso sem concessões que eu jamais encontrei em qualquer outra pessoa. Tudo isso já me impressionara quando eu era muito jovem. Ainda por cima, ele soube aliar à razão um conceito de liberdade que, quando cheguei a Heidelberg, me era completamente estranho. Eu não tinha a menor ideia disso, embora houvesse lido Kant. Vi essa razão, por assim dizer, em operação. [...] Isso me construiu. [...] Se um homem me deu acesso à razão foi justamente ele[2].

Arendt ressaltou em diferentes ocasiões a importância do pensamento de Jaspers. Em *Karl Jaspers: Cidadão do Mundo?*, sublinhou a característica central das ideias desse pensador: a "comunicação ilimitada" que significa a "fé na compreensibilidade de todas as verdades *e* a disposição para revelar e para ouvir como condição primeira de toda e qualquer relação humana"[3].

Associando verdade e comunicação "existencial" – que difere da simples comunicação dos próprios pensamentos – Jaspers rejeita "a proverbial torre de marfim da mera contemplação" e a "perniciosa solidão". Ele foi o "primeiro e o único filósofo que alguma vez protestou contra a solidão [...] e que se atreveu a questionar todos os pensamentos, todas as experiências, todos os conteúdos exclusivamente deste ponto de vista: 'o que significam para a comunicação? São de natureza a ajudar ou a impedir a comunicação?'"[4].

Essas palavras revelam a importância da ideia de comunicabilidade kantiana no pensamento de Jaspers, bem como a influência do pensamento deste sobre as reflexões de H. Arendt a respeito da contemplação e da solidão, quando trata do afastamento do filósofo da cidade, da ambivalência do "estar e não estar" no mundo nas experiências de conversão de Paulo e de Agostinho e da separação entre

---

2. H. Arendt, "What Remains? The Language Remains: A Conversation with Günter Gauss", em *Essays in Understanding*, op. cit., p. 22.
3. H. Arendt, *Homens em Tempos Sombrios*, op. cit., p. 104. O texto "Karl Jaspers: Cidadão do Mundo?" foi publicado pela primeira vez na apresentação que Arendt fez para a obra *Philosophy of Karl Jaspers*, editada em 1957.
4. *Idem, ibidem*.

saber e fazer, resultante da convicção de que a perspectiva do filósofo é superior a de todos os demais.

Se Kant referia-se à comunicação entre governos e entre escritor e público leitor, Jaspers ocupou-se da comunicação "existencial" sem afastar-se das ideias kantianas. Jerome Kohn ressaltou que foi Jaspers quem afirmou que existem dois tipos de kantianos: aqueles que limitam suas reflexões à estrutura das categorias kantianas e "'aqueles que depois de refletirem continuam o caminho com Kant'"[5]. E não poderia ser diferente quando se trata do pensamento crítico, avesso às doutrinas e sistemas. Para Jaspers,

> Kant é o filósofo absolutamente indispensável. Sem ele nós não temos nenhuma base para a crítica em filosofia. Mas ele de modo algum é o todo da filosofia. Trabalhando sem imagens ou intuição concreta, ele abre vastos reinos. Mas não os preenche. Com as formas que descobriu, ele deu uma imensa contribuição para a compreensão do ego-pensante do homem; mas ele próprio não pode ser incorporado, porque o que ele era e o que ele pode dizer está além de qualquer mera incorporação[6].

Pensar criticamente é a forma de pensar que remonta à *maieutica* socrática, tendo sido o próprio Kant quem associou o seu pensamento ao de Sócrates. Pensar criticamente significa, nas palavras de Arendt, "iluminar a trilha do pensamento em meio aos preconceitos, às opiniões não-examinadas e às crenças"[7]. Os pontos de proximidade entre Kant e Sócrates são aqueles que se encontram associados à postura dos dois pensadores e não a uma filiação de ideias, pois o

---

5. J. Kohn, "Evil and Plurality: Hannah Arendt's Way to the Life of the Mind", em *Hannah Arendt Twenty Years Later*, Cambridge (Mass.), MIT Press, 1997, p. 161. É nesse sentido que Jaspers se opôs ao neokantismo que tinha como máximas: "é necessário voltar a Kant" e "compreender Kant significa ir mais além de Kant". Isso significaria admitir que existem verdades definitivas e indiscutíveis em Kant ou que é necessário buscar uma compreensão mais profunda ou, ainda, uma trivialização e empobrecimento do filosofar com Kant, como observa Mário A. Presas. A esse respeito ver Mário A. Presas, *Situación de la Filosofía de Karl Jaspers*, Buenos Aires, Desalma, 1978, p. 147.
6. K. Jaspers, *Kant (from The Great Philosophers)*, op. cit., p. 154.
7. H. Arendt, *Lectures on Kant's Political Philosophy*, op. cit., p. 36.

pensamento crítico é avesso às escolas filosóficas, tendo Kant afirmado que as escolas e seitas não são "iluministas" – não são críticas – por erguerem-se a partir das doutrinas de seus fundadores. Referindo-se a Kant, Arendt afirma que

> desde a Academia de Platão, elas [as escolas] estão em oposição à "opinião pública", à sociedade, ao "eles" em sentido amplo. [...] O modelo é sempre o da escola pitagórica, cujos conflitos poderiam ser resolvidos através do apelo à autoridade do fundador: ao *autos epha*, ao *ipse dixit*, o "ele mesmo disse assim". Em outras palavras, o dogmatismo irrefletido de muitos se opõe ao dogmatismo seleto, mas igualmente irrefletido, de poucos[8].

São características do pensamento crítico: dobrar a reflexão sobre o próprio pensar, o pensamento modesto e a tentativa de popularizar a filosofia. Kant debruçou o pensamento sobre o próprio pensar tal como Sócrates havia feito ao refletir sobre o diálogo do "dois-em-um"; tinha a convicção de que o pensamento filosófico era "passível de popularização", defendendo que o "exame livre e aberto", uma convicção que se avizinha da *maieutica* socrática, contribuiria para evitar que se ocultassem "tolices sob uma névoa de aparente sofisticação"[9].

A Era do Iluminismo é a era do "uso público da razão"; assim, a mais importante liberdade política para Kant [...] era a liberdade de falar e de publicar[10].

Nem dogmático nem cético nem uma mediação entre esses, o pensamento crítico kantiano corresponde, para Arendt, à modéstia destruidora que questiona as possibilidades e os limites do pensar: do próprio pensar e do pensamento que aparece sob a forma de doutrinas e de sistemas. E Arendt revela a modéstia destruidora kantiana

---

8. *Idem*, p. 38.
9. *Idem*, p. 39.
10. *Idem, ibidem*.

ao afirmar que Kant não tinha consciência nem da dimensão da destruição que suas reflexões haviam provocado nem dos interesses que tais destruições atingiriam:

> O próprio Kant [...] não entendeu que ele tinha "destruído", de fato, toda a maquinaria que havia perdurado, ainda que sob frequentes ataques, durante muitos séculos até a era moderna. Ele pensou, bastante afinado com o espírito do tempo, que a "perda afetava apenas o monopólio das Escolas, mas de modo algum o interesse dos homens"[11].

Felizmente Kant, diferentemente de Sócrates, não precisou pagar com a vida o preço do pensamento crítico. Afinal, Kant sequer chegou a frequentar a praça pública, pois viveu na Prússia de Frederico II, o que significa que jamais pôde vivenciar ou assistir de perto a experiência da liberdade.

Seguir com Kant e dobrar o pensamento sobre o próprio pensar foi certamente um aprendizado importante para Arendt. Através das aulas que ministrou sobre a filosofia política de Kant é possível perceber que mesmo refletindo sobre as ideias desse pensador segue caminho próprio. Uma tal maneira de lidar com as ideias de Kant lhe tem valido não poucas críticas que geralmente apontam para uma certa licenciosidade de Arendt. Tais críticas provêm, principalmente, daqueles que tomam o pensamento de Kant como um ponto de partida para a compreensão do pensamento arendtiano e não é por acaso que encontram sempre ao final o próprio Kant e não Arendt[12].

E Arendt segue com Jaspers. Para este, a existência é o próprio ser humano, na medida em que este "só existe na comunicação e na consciência da existência de outros". Assim considerado, cada ser humano é "mais do que seus pensamentos", pois, na medida em que a existência se dá por meio da comunicabilidade e da compreensibilidade de verdades comunicadas, está na natureza de cada um "ser

---

11. *Idem*, p. 34.
12. Algumas abordagens deste tipo serão estudadas neste e no próximo capítulo.

mais do que um eu mesmo [*Self*] e querer mais do que ele próprio [*himself*]". Em Jaspers verdade e comunicação são coincidentes[13].

Ao considerar a existência em comunicação, Jaspers permitiu, nas palavras de Arendt, que a filosofia deixasse o seu "período de egoísmo"[14], bem como "a sua humildade perante a teologia e a sua arrogância perante a vida quotidiana do homem", tornando-se *ancilla vitae* – "serva da vida"[15]. Seguindo com Kant, Jaspers preocupou-se, também, com a "popularização da filosofia" e acreditava que o filósofo podia tocar a razão e a "inquietação existencial" de cada ser humano.

Arendt segue com Jaspers mesmo quando em *A Vida do Espírito* afirma:

[...] um erro bastante comum entre filósofos modernos, que insistem na importância da comunicação como garantia da verdade – principalmente Karl Jaspers e Martin Buber, com sua filosofia do Eu-Tu – é acreditar que a intimidade do diálogo, a "ação interna" na qual eu "apelo" a mim mesmo ou ao "outro eu", o amigo em Aristóteles, o amado em Jaspers, o Tu em Bubber, pode ser estendida e tornar-se paradigmática para a esfera política[16].

É convicção de Arendt que através do diálogo íntimo não é possível apreender o fenômeno da ação, pois esta diz respeito a um *nós* que é "o verdadeiro plural da ação". Segue com Jaspers, entretanto, porque acredita que a ação pode tornar-se um novo começo em momentos de crise e as crises correspondem às situações-limite jasperianas que expressam, nas palavras de Arendt,

a geral e inalterável condição humana – "que eu não posso viver sem lutar e sofrer; que eu não posso evitar a culpa; que tenho de morrer" – para indicar a experiência de algo imanente que já oferece uma "indicação para a transcen-

---

13. H. Arendt, "What is Existential Philosophy?", em *Essays in Understanding: 1930-1954*, New York, Harcourt Brace & Company, 1994, p. 187.
14. *Idem, ibidem*.
15. H. Arendt, "Karl Jaspers: Cidadão do Mundo?", *op. cit.*, p. 105.
16. H. Arendt, "Willing", *op. cit.*, p. 200.

dência", e que se nós a ela respondemos nos "tornamos a *Existenz* que potencialmente somos"[17].

Em *A Vida do Espírito* Arendt trabalha com as ideias de diferentes pensadores, mas é com Sócrates, com Kant e com Jaspers que segue efetivamente e faz questão de deixar isso muito claro quando afirma a importância de determinar "com quem desejamos estar junto". Arendt ressalta que tais companhias podem ser encontradas entre "pessoas mortas ou vivas, reais ou fictícias e em exemplos de incidentes passados ou presentes"[18]. É nesse sentido que ela cita as palavras de Cícero e de Meister Eckhart:

> Por Deus, prefiro me extraviar com Platão a defender visões verdadeiras com aquelas pessoas (Cícero)[19].

> Preferiria estar no inferno com Deus a estar no céu sem Ele (Meister Eckhart)[20].

Escolher companhia significa eleger pensadores para seguir um caminho próprio, um caminho que se abre para as questões do presente – como aquelas associadas ao Totalitarismo, no caso de Arendt –, de modo que são os pensadores escolhidos que se tornam contemporâneos de Arendt e não o contrário. Isso é possível porque cada um daqueles com quem Arendt escolheu caminhar acreditou na importância da convivência humana para a atividade de pensar: o diálogo socrático, a comunicabilidade kantiana, a *existência* jasperiana.

A escolha que Arendt faz expressa, além disso, o rompimento com a autoridade da tradição e não com as ideias tradicionais tal como aprendeu com Jaspers e expressou em 1957 na apresentação

---

17. H. Arendt, "Thinking", p. 192.
18. H. Arendt, "Algumas Questões de Filosofia Moral", em *Responsabilidade e Julgamento*, São Paulo, Companhia das Letras, 2004, p. 212 ("Some Questions of Moral Philosophy", em *Responsibility of Judgment*, New York, Schocken Books, 2003, p. 146).
19. *Idem*, p. 176. ("Some Questions of Moral Philosophy", *op. cit.*, p. 110). Palavras de Cícero nos *Tusculanae Disputationes*.
20. *Idem, ibidem*. ("Some Questions of Moral Philosophy", *op. cit.*, p. 111).

que fez para a obra desse pensador, *Os Grandes Filósofos*, em versão inglesa. Jaspers, diz ela,

> nega o caráter absoluto de qualquer doutrina, postulando em seu lugar um relativismo universal, onde cada conteúdo filosófico particular se converte num meio para o filosofar individual. A carapaça da autoridade tradicional é forçada a abrir-se e os grandes conteúdos do passado são livres e "ludicamente" postos em contato uns com os outros, através da prova da comunicação com um filosofar vivo e presente. Nesta comunicação universal, cuja coesão é garantida pela experiência existencial do filósofo atual, todos os conteúdos metafísicos dogmáticos se dissolvem em processos, correntes de pensamento, que, dada a sua relevância para a minha existência e o meu filosofar presentes, abandonam o seu lugar histórico fixo no encadeamento da cronologia e entram num reino do espírito onde todos são contemporâneos[21].

Ao invocar, como afirma Dulce M. Critelli, "o caráter de provisoriedade, mutabilidade e relatividade da verdade", o pensamento arendtiano se torna estranho à metafísica que "pressupõe que a verdade seja una, estável e absoluta, bem como a via de acesso a ela"[22]. No último capítulo da primeira parte de *A Vida do Espírito* Arendt afirma: "associei-me claramente às fileiras daqueles que, já há algum tempo, vêm tentando desmontar a metafísica e a filosofia, com todas as suas categorias, tal como nós as conhecemos desde o seu começo, na Grécia, até hoje"[23].

Em *A Vida do Espírito*, Arendt dedicou-se a desconstruir falácias metafísicas, recuperando preciosidades – ideias que lhe permitissem pensar os problemas de seu próprio tempo[24]. Afirmou que isso é pos-

---

21. H. Arendt, "Karl Jaspers: Cidadão do Mundo?", *op. cit.*, p. 103.
22. D. M. Critelli, *Analítica do Sentido: Uma Aproximação e Interpretação do Real de Orientação Fenomenológica*, São Paulo, Educ/Brasiliense, 1996, p. 11.
23. H. Arendt, "Thinking", *op. cit.*, p. 212. Para uma discussão da herança heideggeriana na desconstrução arendtiana da metafísica ver, por exemplo, J. Taminiaux, "Arendt, Disciple de Heidegger?", *Études phénoménologiques*, 2, 1985, p. 121. / A. Duarte, "Hannah Arendt entre Heidegger e Benjamin. A Crítica da Tradição e a Recuperação da Origem Política", *Hannah Arendt. Diálogos, Reflexões, Memórias, op. cit.*, p. 72. / J. Kristeva, *Le génie féminin: la vie, la folie, le mots, op. cit.*, p. 121.
24. As falácias metafísicas a que Arendt se dedica a desconstruir são aquelas que – diferentes

sível, apenas, quando a convicção é a de que o fio da tradição sofreu uma ruptura e não pode ser reatado, isto é, de que, historicamente, a tríade romana desmoronou às vésperas da Era Moderna. E ressalta que desmontar é diferente de destruir, pois a metafísica representa um tesouro de coisas-pensamento quando deixa de estar submetida a quaisquer orientações testamentais, isto é, quando não precisa reportar-se a um corpo teórico fechado em si mesmo e dotado de verdade própria.

Desmontar, nesse caso, significa fragmentar aquilo que era uma tradição contínua e Arendt observa a importância de que isso seja feito com todo o cuidado para que a riqueza do passado seja preservada. Como será possível verificar através deste estudo, falácias metafísicas podem iluminar, através das reflexões de Arendt, a natureza das atividades do espírito. Trata-se do movimento dual "do querer conservar e do querer destruir" (Benjamin), que busca "quebrar o encanto da tradição" através da extração de corais e de pérolas. Essa é a forma de conservar o passado e destruir a autoridade da tradição, pois "na medida em que o passado se transmite sob a forma de tradição, possui autoridade; e a autoridade, na medida em que se apresenta historicamente, converte-se em tradição"[25]. Trata-se de buscar novas formas de lidar com o passado, como aprendeu com W. Benjamin. E Arendt foi muito feliz ao escolher os versos de Shakespeare para expressar a forma como pretendia lidar com a tradição de pensamento filosófico:

> de um erro lógico ou de um erro arbitrário – têm origem na própria atividade de pensar, isto é, na habilidade que "permite ao espírito retirar-se do mundo sem nunca poder deixá-lo ou transcendê-lo". H. Arendt, "Thinking", *op. cit.*, p. 45. Arendt dá como exemplo de "falácia básica que precede a todas as falácias metafísicas [...] a interpretação do *significado* no modelo da *verdade*". H. Arendt, "Thinking", *op. cit.*, p. 15.
>
> 25. H. Arendt, *Homens em Tempos Sombrios*, *op. cit.*, p. 223. Essa forma de lidar com a tradição: "a caça às pérolas" é o que leva Ane Amiel a afirmar que Arendt "não se inscreve nem na tradição nem contra a tradição". A. Amiel, *La non-philosophie de Hannah Arendt: revolution et jugement*, Paris, Presses Universitaires de France, 2001, p. 262. Para Hubeny, Arendt desejou constituir uma nova tradição. A. Hubeny, *L'action dans l'oeuvre de Hannah Arendt. Du politique à l'éthique*, Paris, Découvrir, 1993, p. 139. Pensar que Arendt deseja criar uma nova tradição não seria talvez acreditar que ela deseja colocar Sócrates no lugar de Platão? Parece pouco provável, ainda mais quando se considera que a tradição de pensamento é resultado da cisão entre pensamento e ação.

> A cinco braças jaz teu pai
> De seus ossos se fez coral
> Aquelas pérolas foram seus olhos
> Nada dele desaparece
> Mas sofre uma transformação marinha
> Em algo rico e estranho.
>
> SHAKESPEARE, *A Tempestade*, Ato I, Cena 2.

As críticas de Arendt à tradição de pensamento político encontram-se voltadas para as filosofias políticas que são produtos do pensamento solipsista: da solidão que preocupava Jaspers; do distanciamento entre os pensadores profissionais kantianos – *Denker von Gewerbe* – e as comunidades políticas.

Essa era já uma preocupação de H. Arendt em *A Condição Humana,* mas havia enfatizado então a importância da vida ativa em relação ao modo de vida contemplativo. Tendo finalizado essa obra com os seguintes dizeres de Catão: "nunca um homem está mais ativo do que quando nada faz, nunca está menos só do que quando está consigo mesmo"[26], apontava, mesmo naquela ocasião, as próprias inquietações a respeito da inadequação de considerar o pensar como passividade.

> Eu estava ciente de que seria possível olhar para esse assunto de um ponto de vista completamente diferente[27].

Arendt já havia deixado registrado em *A Condição Humana*, também, a convicção de que a expressão *vita ativa* tinha origem na oposição estabelecida a partir da adoção do modo de vida contemplativo pelo filósofo socrático. No âmbito de *A Vida do Espírito*, Arendt rejeita essa cisão, associada à clivagem entre mundo suprassensível e mundo sensível pela tradição de pensamento político. Para a com-

---

26. H. Arendt, "Thinking", p. 7 (Arendt cita *De Republica* I,17).
27. *Idem*, p. 8.

preensão dessa obra é importante considerar, além disso, a distinção entre atividade de pensar, contemplação e modo de vida contemplativo, pois enquanto esta última está associada a uma passividade e usa o pensamento como um meio para chegar à quietude contemplativa, o pensar é em si mesmo uma atividade. A contemplação, por sua vez, diferentemente de um modo de vida, diz respeito à atividade de julgar e encontra-se voltada para os acontecimentos mundanos.

Assim, diferentemente do que creem alguns, Arendt não faz uma reconsideração da importância da contemplação enquanto *modo de vida* do filósofo. Após o julgamento de Eichmann passa a valorizar a contemplação inativa que se volta para o mundo comum: aqueles que pensam precisam aparecer para julgar os acontecimentos políticos em momentos de crise.

O que Arendt recupera em *A Vida do Espírito* não é, de outra parte, a importância da atividade de pensar e, sim, a importância política da atividade de pensar, isto é, a natureza mundana dessa atividade, pois ainda que para pensar seja preciso afastar-se provisoriamente da convivência humana, essa atividade encontra-se assentada nas experiências vividas em meio a um mundo comum. As falácias metafísicas são fruto da dinâmica própria à atividade de pensar em condições de afastamento das comunidades políticas por parte dos filósofos, isto é, enquanto atividade daquele que faz do pensar ocupação única.

É convicção neste estudo que H. Arendt estava elaborando uma filosofia da liberdade em *A Vida do Espírito*; a concretização de um projeto que talvez já aspirasse realizar, quando afirmou na década de 1950:

[...] se os filósofos, apesar de seu afastamento necessário do cotidiano dos assuntos humanos, viessem um dia a alcançar uma real filosofia política, eles deveriam fazer da pluralidade humana, da qual surgem – em sua grandeza e miséria – todos os acontecimentos humanos, o objeto de seu *thaumadzein* [espanto][28].

---

28. H. Arendt, "Philosophy and Politics", *op. cit.*, p. 453.

A Vida do Espírito é um empreendimento associado não apenas às novas perspectivas abertas pelas reflexões sobre o julgamento de Eichmann, mas às questões com as quais Arendt esteve às voltas antes mesmo desse julgamento e às experiências que ela vivenciou. A consideração das relações entre *A Vida do Espírito* e as demais obras arendtianas é importante porque, ainda que Arendt trabalhe com novas questões e dê um novo tratamento às antigas, os conceitos e noções que estão no centro da teoria política arendtiana são imprescindíveis para a compreensão de um empreendimento inacabado.

Muitas das dificuldades associadas à compreensão da última obra de H. Arendt não se devem à ausência da terceira parte – "O Julgar" –, como é comum considerar, mas à falta de uma exposição de motivos para o conjunto do empreendimento. Essa constatação encontra uma de suas evidências no número considerável de análises que enfocam apenas uma das faculdades do espírito – "O Pensar" ou "O Querer" ou "O Julgar" –, em detrimento das demais. Tais interpretações são certamente legítimas mas parecem não atingir o coração da obra.

A variedade de explicações encontradas para o empreendimento arendtiano também aponta nessa mesma direção. *A Vida do Espírito* seria, para dar apenas um exemplo, uma trilogia correspondente às três críticas kantianas, convicção que traz mais problemas do que esclarece o sentido da obra, pois, ainda que a *Crítica da Razão Pura* seja imprescindível para as reflexões arendtianas sobre "O Pensar" e a *Crítica da Faculdade do Juízo* para "O Julgar", Arendt não se ocupa da *Crítica da Razão Prática* por não estar interessada na conduta do indivíduo.

A desconsideração das relações entre *A Vida do Espírito* e as obras que Arendt escreveu antes do julgamento de Eichmann é uma dificuldade adicional para a apreensão do sentido dessa obra. Para isso muito tem contribuído a convicção de que H. Arendt, voltando-se para o que ela mesma denominou "assuntos *transpolíticos*" ou assuntos que estão "além da política", teria deixado de lado questões e noções anteriores que pertencem à teoria política arendtiana. Quando Arendt afirmou a Hans Jonas que havia realizado tudo o que podia pela teoria política, não afirmou que estava abandonando antigos conceitos, temas, convicções ou perplexidades[29].

No primeiro parágrafo da "Introdução" à primeira parte de *A Vida do Espírito* – "O Pensar" – Arendt confirma o que havia dito a H. Jonas:

> O título que eu dei para estas séries de conferência, *A Vida da Mente*, soa pretensioso e falar sobre o Pensar me parece tão presunçoso que sinto que eu deveria começar menos com uma apologia do que com uma justificativa. Nenhuma justificativa, claro, é necessária para o próprio tópico, especialmente no âmbito da excelência própria às Conferências de Gifford Lectures. O que me perturba é que seja eu a tentar, porque não tenho nenhuma intenção nem ambição de ser um "filósofo" ou estar relacionado entre aqueles que Kant, não sem ironia, chamou de *Denker von Gewerbe* ("pensadores profissionais"). A pergunta é, então, se eu não deveria deixar esses problemas nas mãos dos especialistas, e a resposta terá que mostrar o que me incitou a me aventurar dos campos relativamente seguros de ciência política e teoria para esses assuntos bastante temerosos[30].

Este capítulo tem como tema central o afastamento e o isolamento, isto é, o pensar afastado das comunidades políticas e a falta do hábito de pensar – a irreflexão – por parte daqueles que se ocupam das coisas do mundo e nunca param para pensar. A primeira seção trata da irreflexão e da *banalidade do mal*. A segunda seção ocupa-se de "O Querer" e descobre relações que permaneciam ocultas entre o *querer* e a *banalidade do mal*. A terceira seção investiga o querer dos pensadores que fazem do pensar ocupação única, bem como as relações entre o amor à liberdade e a faculdade da Vontade.

---

29. H. Jonas, "Acting, Knowing, Thinking: Gleanings from Hannah Arendt's Philosophical Work", *Social Research*, New York, 44(1), Spring 1977, p. 27. Sobre a polêmica a respeito do que Arendt quis dizer com *transpolítico*, ver, por exemplo, A. Amiel, *La non-philosophie de Hannah Arendt: revolution et jugement*, op. cit., p. 217.
30. H. Arendt, "Thinking", op. cit., p. 3.

Irreflexão e Banalidade do Mal

Considerando a previsão feita por Arendt em 1945 de que "o problema do *mal* se tornaria uma questão fundamental na vida intelectual do pós-guerra na Europa"[31], Richard Bernstein afirmou que Arendt se equivocou quanto aos intelectuais, mas acertou quanto a si própria, pois o *mal* se tornou o principal problema para Arendt, um problema contra o qual ela teria lutado até a hora da morte. A esse respeito R. Bernstein afirmou:

> Na "Introdução" de *A Vida do Espírito*, publicada postumamente, ela [Arendt] nos diz que uma das origens de sua preocupação com as atividades do espírito encontrava-se no fato de ter assistido ao julgamento de Eichmann, a partir do qual havia se impressionado com "a banalidade do mal"[32].

Contestando a afirmação de Arendt em carta a Gershom Scholem: "eu mudei o meu espírito e já não falo mais em *mal radical*", R. Bernstein sustenta que o *mal radical*, ao qual ela havia se referido em *Origens do Totalitarismo*, e o conceito de *banalidade do mal* que passou a usar após o julgamento de Eichmann têm o mesmo significado, pois dizem respeito ao mesmo fenômeno: o das massas supérfluas. Para R. Bernstein, Arendt não mudou o seu espírito tal como havia afirmado a Gershom Scholem. Se Arendt se enganou ou mentiu Bernstein não se arriscou a dizer, deixando subentendido que Arendt se confundiu quanto às origens das suas próprias ideias.

Esse autor sugere que Arendt não mudou o seu espírito mas manteve-se fiel a Heidegger, mencionando, para tanto, a seguinte "paródia" como conclusão do texto, sem fazer, contudo, quaisquer

---

31. H. Arendt, "Nightmare and Flight", em *Essays in Understanding: 1930-1954, op. cit.*, p. 135.
32. R. Bernstein, "Did Hannah Arendt Change Her Mind?: From Radical Evil to the Banality of Evil", em *Hannah Arendt Twenty Years Later*, Cambridge (Mass.), MIT Press, 1997, p. 127.

referências a fontes ou datas nesse caso, ao contrário de todas as outras citações contidas no texto[33].

Parodiando Heidegger, nós poderíamos dizer que este é o perigo supremo – o perigo do mal radical, em que os seres humanos na sua distinção, singularidade, e pluralidade se tornam supérfluos. E este é o perigo que Arendt – em todo o seu pensamento – buscou combater[34].

A afirmação de Arendt, em carta a G. Scholem (1963), que R. Bernstein não levou a sério, é a seguinte:

Você tem bastante razão: eu mudei meu espírito e já não falo de "mal radical". Faz muito tempo que nós nos encontramos pela última vez, senão teríamos conversado, talvez, sobre esse assunto antes. (Consequentemente, eu não sei por que você chama meu termo "banalidade do mal" um bordão ou *slogan*. Até onde eu sei ninguém havia usado o termo antes de mim; mas isso não é importante.) Minha opinião agora é a de que o mal nunca é "radical", é apenas extremo e não possui nem profundidade nem qualquer dimensão demoníaca. Ele pode crescer demais e deteriorar o mundo todo precisamente porque ele se

---

33. Quem lida com os estudos que tratam da obra de Hannah Arendt encontra-se às voltas com considerações, mais ou menos sutis, que a desqualificam como pensadora. Tais considerações estão geralmente associadas às relações amorosas de Arendt aos dezenove anos com Heidegger, seu professor, que contava então com 37 anos, nos tempos de Marburg e de Heidelberg. Não se pode afirmar que esse seja o caso de R. Bernstein. Um dos exemplos mais desconcertantes encontra-se no dicionário de *História Argumentada da Filosofia Moral e Política: A Felicidade e o Útil*. Vinte linhas após apontarem Heidegger como "o filósofo mais profundo do século XX", os autores apresentam H. Arendt como aquela que foi "sua discípula [de Heidegger], sua amante, sua adversária e cúmplice teórica". A. Caillé, C. Lazzeri e M. Senellart, *História Argumentada da Filosofia Moral e Política: A Felicidade e o Útil*, São Leopoldo, Ed. Unisinos, 2004, p. 594.
34. R. Bernstein, "Did Hannah Arendt Change Her Mind?: From Radical Evil to the Banality of Evil", *op. cit.*, p. 144. Em outro trabalho e contrariando essa "paródia", Richard Bernstein afirmou que Arendt "tinha sido capaz de iluminar o que Heidegger nunca entendeu – o rico e variado significado da pluralidade, ação e tangível mundanidade da liberdade pública". R. Berstein, "Provocation and Appropriation: Hannah Arendt's Response to Martin Heidegger", *Constellations*, 4 (2), Blackwell Publishers Ltd, 1997, p. 169. Por certo o resultado deste estudo deve ter sido importante para a retirada daquela paródia no mesmo texto publicado como capítulo do livro de R. Bernstein, *Hannah Arendt and the Jewish Question*, Cambridge (Mass.), MIT Press, 1996, p. 136.

espalha como um fungo na superfície. Ele é "desafiador-do-pensamento", como eu disse, porque o pensamento tenta alcançar alguma profundidade, chegar às raízes, e no momento em que ele se interessa pelo mal, ele se frustra porque não há nada. Essa é sua "banalidade". Apenas o bem tem profundidade e pode ser radical[35].

A respeito dessa carta Bernstein foi categórico: "Arendt está errada novamente! A 'banalidade do mal' havia sido usada antes – em um contexto muito significativo que Arendt parece ter se esquecido"[36]. Ele se refere à carta que Jaspers escreveu, quinze anos antes, a essa pensadora, em resposta à crítica que esta lhe havia feito a respeito da associação entre atos nazistas e crimes, no livro *Die Schuldfrage*. Tais atos, afirmou ela, "explodem os limites da lei; e é isso o que constitui sua monstruosidade"; por não poderem ser punidos não eram apontados como crimes. Em resposta, Jaspers afirmou que achava problemático atribuir grandeza demoníaca aos crimes nazistas, pois, segundo ele,

podemos ver essas coisas [os crimes nazistas] em sua total banalidade, em sua trivialidade prosaica – as bactérias podem causar epidemias devastadoras de populações inteiras e permanecerem não obstante meramente bactérias[37].

Além do termo "banalidade", R. Bernstein aponta para o fato de Arendt ter utilizado a palavra "fungos", enquanto Jaspers havia utilizado o termo "bactérias". É fácil verificar, todavia, que, ao contrário do que afirma Bernstein, Jaspers não usou nem a expressão nem o conceito "banalidade do mal".

A inspiração para esse conceito, utilizada pela primeira vez no livro sobre o julgamento de Eichmann, foi atribuída por Arendt, se-

---

35. Carta a G. Scholem, de 1963, em E. Y.-Bruhel, *Hannah Arendt: Por Amor ao Mundo*, op. cit., p. 327.
36. R. Bernstein, "Did Hannah Arendt Change Her Mind?: From Radical Evil to the Banality of Evil", op. cit., p. 138.
37. Carta de Jaspers a Arendt de 19.10.1946, em R. Bernstein, "Did Hannah Arendt Change Her Mind?: From Radical Evil to the Banality of Evil", op. cit., p. 139.

gundo narra Y.-Brühel, a Heinrich Blücher que havia se referido à superficialidade do mal inspirado no seguinte trecho escrito por Brecht:

> Os grandes criminosos políticos devem ser expostos, principalmente, ao riso. Eles não são grandes criminosos políticos, mas pessoas que permitiram grandes crimes políticos, o que é algo inteiramente diferente. O fracasso de seus empreendimentos não indica que Hitler fosse um idiota e a extensão de seus empreendimentos não o torna um grande homem. [...] Pode-se dizer que a tragédia ocupa-se dos sofrimentos da humanidade de uma maneira menos séria do que a comédia[38].

Comentando a participação de H. Blücher na criação daquele conceito e as críticas que Arendt recebeu quando publicou o livro *Eichmann em Jerusalém: Um Relato sobre a Banalidade do Mal*, Jaspers afirmou em carta a Arendt: "Alcopley [A. L. Copley] contou-me que Heinrich inventou a expressão 'banalidade do mal' e que ele se faz agora repreensões porque você é quem paga por suas negligências"[39].

Independentemente, porém, de quem possa ter sido o inspirador da expressão, o importante a ressaltar é que como conceito essa expressão foi utilizada pela primeira vez no livro sobre Eichmann, tal como Arendt havia afirmado a G. Scholem e que esse conceito não coincide com a ideia que Jaspers expressou quando utilizou o termo *banalidade* naquela carta[40]. A respeito do próprio conceito presente

---

38. E. Young-Bruhel, *Hannah Arendt: Por Amor ao Mundo*, op. cit., p. 297. A passagem de Bertold Brecht, encontra-se em *A Ascensão Resistível do Homem Arturo Ui*.
39. K. Jaspers, carta a Arendt, de 13.12.1963, em *Hannah Arendt / Karl Jaspers: correspondence 1926-1969*, Paris, Ed. Payot & Rivages, 1995.
40. As preocupações de R. Bernstein não teriam sido um problema para Jaspers, caso este concordasse com o ponto de vista desse autor, pois segundo Jaspers é difícil separar as ideias de dois pensadores, quando "há uma verdadeira comunhão de pensamentos". No estudo comparativo entre Sócrates e Platão, Jaspers afirmou que a dualidade Sócrates–Platão, um fato único na história, contém uma verdade universal: a de que o amor por um grande homem, o amor por um indivíduo, estimula a audácia do pensador. Segundo Jaspers, é possível que "cada adolescente procure o seu Sócrates", pois o ser humano "que reflete não ousa avançar seu pensamento em seu próprio nome, mas ele 'inventa' o filósofo enquanto ele escolhe quem é o melhor ou quem são os melhores mestres para ele na realidade, entre aqueles que encontrou na vida (se sua criação é verdadeira, ela alcança a mesma realidade que foi para ele uma revelação)". K. Jaspers, *Plato and Augustine*, op. cit., p. 11.

no livro sobre Eichmann, além disso, Jaspers o compreendeu em sentido diferente daquele usado por Arendt. Para mostrar essa diferença Y.-Brühel ressaltou a resposta desse pensador a Arendt quando esta lhe enviou a cópia da carta – a mesma a que se refere Bernstein – que havia escrito a G. Scholem:

> Jaspers tinha reservas [em relação ao conceito de "banalidade do mal"]: teria Arendt mudado rapidamente demais uma instância de mal banal para um conceito de mal em geral? Ele compreendia sua posição: "Ora, aqui você disse a palavra definitiva contra os gnósticos. Você está com Kant, que [revisou sua noção de 'mal radical' e] disse: o homem não pode ser um diabo. E estou com você." Em outra carta, [...] [afirmou]: a noção é iluminadora e como título de livro é impressionante. Ela significa: o mal *deste* homem é banal, não o mal é banal... "O que é mal" ainda permanece por trás da frase tal como esta caracteriza Eichmann. Na verdade, parece-me que sua resposta [a Scholem] foi ao mesmo tempo forte demais e fraca demais. Agora, podemos discutir entre nós até ficarmos satisfeitos quando você vier visitar-me[41].

Nas palestras ministradas em 1965, intituladas postumamente *Algumas Questões de Filosofia Moral*, Arendt deixa claro que o conceito "banalidade do mal" – associado à irreflexão – refere-se ao "mal em geral" e, portanto, não ao "mal *deste* homem", como Jaspers afirmou; o "mal em geral" não coincide, todavia, e nesse sentido Jaspers está certo, com o "mal radical" ou o "mal absoluto".

O maior mal é banal, diz Arendt, porque não tem profundidade – não tem raízes –, isto é, não está fundado na atividade de pensar que, enquanto atividade enraizada no passado, empresta estabilidade ao ser humano.

> A filosofia (e também a grande literatura, como mencionei antes) só conhece o vilão como alguém desesperado, alguém cujo desespero irradia uma certa nobreza ao seu redor. Não vou negar que esse tipo de malfeitor exista,

---

41. Cartas de Jaspers a Arendt de 12/10 e 13/20 de 1963, em E. Young-Bruhel, *Hannah Arendt: Por Amor ao Mundo, op. cit.*, p. 328.

mas tenho certeza de que os maiores males que conhecemos não se devem [a esse tipo de malfeitor]. [...] Para os seres humanos, pensar no passado significa mover-se na dimensão da profundidade, criando raízes e estabilizando-se, assim, para não serem varridos pelo que possa ocorrer – o *Zeitgeist*, a História ou a simples tentação. O maior mal não é radical, não possui raízes e, por não ter raízes, não tem limitações, pode chegar a extremos impensáveis e dominar o mundo todo[42].

Quando Jaspers mencionou o termo *banalidade* em 1946, como se viu, referia-se à maneira através da qual os crimes nazistas deveriam ser vistos: "podemos ver essas coisas [os crimes nazistas] em sua total banalidade, em sua trivialidade prosaica", referindo-se, então, ao fato de que os nazistas não eram demônios; eram humanos, assim como as bactérias eram apenas bactérias, embora pudessem fazer grandes estragos. Jaspers queria destituir aqueles atos de quaisquer dimensões diabólicas ou de grandiosidade. Ao usar o conceito *banalidade do mal*, Arendt admitia que aqueles atos não eram diabólicos – embora Arendt não tivesse associado esse termo, em *Origens do Totalitarismo*, à natureza humana e sim ao aparecimento das massas supérfluas –, mas eram realizados por seres humanos que não tinham o hábito de pensar e que representavam, por isso, uma ameaça muito maior do que ela mesma havia admitido quando usou a noção de "mal absoluto" ou "mal radical", nos idos da década de 1940. Ao mencionar *fungos* não estava argumentando contra a dimensão diabólica do mal, como fez Jaspers, nem conferindo importância menor àqueles crimes, tal como foi acusada após a publicação do livro sobre Eichmann; aludia à falta de raízes do mal que, uma vez apartado da atividade de pensar, representa uma ameaça potencialmente maior do que o "mal radical" para o futuro da humanidade, justamente por espalhar-se com rapidez. Mas não se esgota nesse alastramento, porém, a diferença entre a noção de *mal* presente em *Origens do To-*

---

42. H. Arendt, "Algumas Questões de Filosofia Moral", *op. cit.*, p. 159 ("Some Questions of Moral Philosophy", *op. cit.*, p. 94).

talitarismo e o conceito de *banalidade do mal*, pois nesse caso entre os dois conceitos haveria apenas uma diferença de "ênfase"[43].

Ainda que Arendt tenha afirmado não mais acreditar em "mal radical" em carta a G. Scholem, R. Bernstein afirma que "mal radical" e "banalidade do mal" são duas noções intercambiáveis, por encontrarem-se associadas ao fenômeno das massas supérfluas.

De fato, quando Arendt se referiu ao "mal absoluto", em *Origens do Totalitarismo*, associou-o às massas supérfluas e posteriormente não negou que esse fenômeno estivesse associado à "banalidade do mal". Associar "banalidade do mal" exclusiva e diretamente às massas, um fenômeno típico da Era Moderna, é, no entanto, um equívoco. O conceito "banalidade do mal" ultrapassa as fronteiras da Era Moderna, um aspecto que não tem sido considerado. A falta do hábito de pensar já havia sido detectada por Sócrates e por Platão, embora o primeiro a subestimasse e o segundo a superestimasse. Tratando do hábito de pensar, Arendt afirmou que

> apesar de o pensamento, nesse sentido não técnico, não ser certamente prerrogativa de nenhum tipo especial de homens, filósofos ou cientistas etc. [...], não se pode negar que seja certamente muito menos frequente do que pensava Sócrates, embora se espere que seja um pouquinho mais frequente do que temia Platão. Sem dúvida, posso me recusar a pensar e lembrar e ainda assim permanecer muito normalmente humana[44].

"Mal radical" e "banalidade do mal" não são conceitos intercambiáveis nem estão associados a fenômenos históricos coincidentes. E esse é o motivo pelo qual, após o julgamento de Eichmann, a ideologia perdeu a força explicativa que possuía em *Origens do*

---

43. Para Adriano Correia, "embora haja uma mudança nos termos [os conceitos de mal], o que salta à vista é o fato de que o 'mal radical' não contradiz a noção arendtiana de 'banalidade do mal', mas representa de fato uma mudança de ênfase" (A. Correia, "O Pensar e a Moralidade", em *Transpondo o Abismo*, *op. cit.*, p. 145). Faz essa afirmação a partir do artigo de R. Bernstein, conforme esclarece o próprio autor.
44. H. Arendt, "Algumas Questões de Filosofia Moral", *op. cit.*, p. 159 ("Some Questions of Moral Philosophy", *op. cit.*, p. 94).

Totalitarismo, uma característica que Y.-Brüehl identificou no pensamento arendtiano. Ficou claro para Arendt que Eichmann não era movido por quaisquer ideologias, mas pelas ordens do Führer ou do que ele achava que seriam os desejos do Führer.

Porque não tinha o hábito de pensar, Eichmann necessitava de códigos e padrões de conduta para orientar-se. Se Eichmann tornou-se uma questão para Arendt não é apenas porque, individualmente, ele não pensava: a irreflexão enquanto característica de um indivíduo particular não leva necessariamente à *banalidade do mal*. Não pensar torna-se um problema justamente nos momentos de crise, pois, quando os antigos padrões e códigos de conduta caem por terra, aqueles que não têm o hábito de pensar se deixam levar pelas novas regras, impensadamente.

A dificuldade em diferenciar aqueles que não pensam daqueles que são tomados por uma ideologia, principalmente a partir da interpretação arendtiana da ideologia como lógica em movimento e descolada dos eventos mundanos, parece ser uma das dificuldades que levam à identificação entre *mal radical* e *banalidade do mal*: tanto uns quanto outros parecem não pensar. A distinção, contudo, encontra-se na convicção dos criminosos movidos por ideologias. A preocupação, nesse caso, é com o mundo: como este *deveria ser*, segundo eles próprios. A manipulação ideológica que Arendt interpretou, inicialmente, como condição para o advento do Totalitarismo e do Terror, parecia estar associada à incapacidade do posicionamento crítico diante de tal manipulação. Pareceu-lhe que um tal fenômeno embotava a capacidade humana de pensar e de julgar e por isso dedicava-se a combater as filosofias da história, contrapondo-as à pluralidade e espontaneidade presentes na atividade da ação.

Foi após o julgamento de Eichmann – em *Pensamento e Considerações Morais* (1966) – que Arendt deu maior destaque ao fato de que Sócrates, num momento em que a *polis* encontrava-se em crise, interrompia os atenienses em suas atividades e os questionava. Quando os preconceitos, os códigos e regras gerais de conduta, utilizados na vida cotidiana para julgar as ocorrências particulares são colocados sob exame não resistem ao *vento do pensamento*, tal como Sócrates se referia aos efeitos da *maieutica*. O *vento do pensamento* varre para longe as convenções, regras e padrões, porque estes, quando examinados com rigor, não causam boa impressão. Esse é o motivo pelo qual Arendt afirma que aqueles que não pensam não são dignos de confiança em momentos de crise.

Arendt admite que ninguém pode viver sem preconceitos, pois não é possível julgar novamente e continuamente todos os acontecimentos. Isso exigiria um estado de alerta e uma bagagem sobre-humana de conhecimento. É natural, portanto, que os preconceitos acompanhem as decisões e as atividades cotidianas dos indivíduos. Mas isso não vale para a política, nota Arendt, que se baseia na formação de opinião, nem para os momentos de crise, quando é necessário discernir entre o certo e o errado sem contar com quaisquer regras gerais para subsumir particulares. O problema da irreflexão, nota Arendt, é que aqueles que guiam a própria conduta pelos códigos e regras são os primeiros a aderir aos novos códigos, pois não sabem se conduzir sem regras: são os mais dispostos e os primeiros a obedecer[45]. Arendt lembra que, durante o nazismo, o código "matarás" substituiu rapidamente a antiga regra "não matarás".

> O critério de certo e errado, a resposta à pergunta: "O que devo fazer?", não depende, em última análise, nem dos hábitos e costumes que partilho com aqueles ao meu redor nem de uma ordem de origem divina ou humana, mas do que decido com respeito a mim mesma[46].

Quando Sócrates provocava os atenienses – tal como um "moscardo" –, para despertá-los do sono e paralisava-os com as perplexi-

---

45. Celso Lafer chama a atenção para a correspondência que existe entre a análise arendtiana da irreflexão guiada pelas regras de conduta e o apego às normas presente no positivismo jurídico, que "tende a converter todas as questões jurídicas em 'questões dogmáticas' [...] sem a problematização do seu conteúdo". C. Lafer, *Hannah Arendt: Pensamento, Persuasão e Poder*, op. cit., p. 80.
46. H. Arendt, "Algumas Questões de Filosofia Moral", *op. cit.*, p. 162 ("Some Questions of Moral Philosophy", *op. cit.*, p. 97).

dades surgidas do próprio diálogo – tal como uma "arraia elétrica" –, não queria ensinar nenhuma doutrina ou valor ou quaisquer regras para a conduta. Dizia-se uma "parteira" estéril na velhice, porque não trazia à luz nenhuma ideia, mas buscava auxiliar o nascimento de ideias quando destruía as opiniões impensadas, provocando o *vento do pensamento*.

> Sócrates, o moscardo, a parteira, a arraia elétrica, não é um filósofo (ele nada ensina e nada há a ensinar) e ele não é um sofista, pois não pretende tornar os homens sábios. Quer demonstrar, apenas, que eles não são sábios e que ninguém é sábio – uma "busca que o mantém tão ocupado que não tem tempo para quaisquer negócios públicos ou privados"[47].

E Arendt poderia ter acrescentado na sequência dessa citação que o não-reconhecimento de si mesmo como sábio é condição para pensar, pois, tal como a teia de Penélope que é desfeita e refeita todos os dias, buscar significados é um reexaminar sem fim, pois a cada significado encontrado segue a dissolução deste e um novo reexame. Através da atividade de pensar não se chega a resultados definitivos.

O pensamento é, de alguma maneira, autodestrutivo. Na privacidade das notas postumamente publicadas, Kant escreveu: "Não concordo com a regra de que se algo foi provado através do uso da razão pura não está mais sujeito à dúvida, como se isso fosse um sólido axioma; e 'não compartilho da opinião segundo a qual [...] não há dúvida depois de se estar convencido de alguma coisa. Na filosofia pura isto é impossível. Nosso espírito tem uma aversão natural a isso'"[48].

Essas considerações revelam proximidades entre as ideias de Kant e as de Sócrates e exemplificam o que Jaspers queria dizer com "seguir com Kant". Quando Arendt sublinhou que Kant se considerava alguém "como você e eu" e, portanto, não um sábio, estava se referindo à disposição para pensar sempre de novo que é a condição

---

47. H. Arendt, "Thinking", *op. cit.*, p. 173.
48. *Idem*, p. 88 (Arendt cita a obra *Akademie Ausgabe*).

para a negação de doutrinas, sistemas e verdades absolutas. Foi nesse sentido que Arendt afirmou que as doutrinas e o próprio niilismo encontram-se associados ao "desejo de encontrar resultados que dispensariam o pensar", pois o pensar, diz ela, "é igualmente perigoso para todos os credos e, por si mesmo, não dá origem a nenhum novo credo"[49]. Se os conhecimentos dogmáticos se estabelecem isso ocorre porque os *insights* da razão são tratados como resultados da cognição que, uma vez consolidados dentro de um sistema, ganham o estatuto de resultado científico.

Foi Hegel quem declarou que "chegou o tempo de elevar a filosofia à condição de ciência" e quem queria transformar a filosofia, o mero amor à sabedoria, em sabedoria, *sophia*[50].

É por isso que o "vento do pensamento" é perigoso. E é por isso, também, que Sócrates foi considerado inconveniente para a *polis* e condenado a morte: "longe de tornar os outros mais 'morais', ele [Sócrates] solapa a moralidade e abala a crença inquestionável e a obediência inquestionável"[51].

Do ponto de vista do senso comum [...] o que era significativo no ato de pensar dissolve-se no momento em que se quer aplicá-lo na vida diária. [...] Na prática, pensar significa que a cada vez que se é confrontado com alguma dificuldade na vida, é necessário decidir novamente[52].

---

49. "O niilismo, [...] o outro lado do convencionalismo [...] consiste em negações dos atuais valores chamados positivos, aos quais permanece aprisionado. Todo exame crítico precisa passar pelo menos hipoteticamente pelo estágio de negação de opiniões e 'valores' aceitos para pesquisar suas implicações e suposições tácitas e, nesse sentido, o niilismo pode ser visto como um perigo sempre presente para o pensamento. Mas este perigo não surge da convicção socrática de que uma vida não examinada não vale ser vivida, mas, ao contrário, surge do desejo de encontrar resultados que dispensariam o pensar." H. Arendt, "Thinking", *op. cit.*, p. 176.
50. *Idem*, p. 91.
51. *Idem*, p. 176.
52. *Idem, ibidem*.

A compreensão da atividade de pensar a partir do pensamento arendtiano exige considerar a discriminação que Arendt faz entre atividade de pensar e atividade de conhecer (a cognição), fundada na distinção kantiana entre razão (*Vernunft*) e intelecto (*Verstand*) e entre estes e o raciocínio do senso comum. Este último é o guia do indivíduo quando, cotidianamente, se movimenta em meio à realidade perceptível aos cinco sentidos – ao senso comum, tal como denominou Tomás de Aquino –, uma realidade garantida pelo contexto mundano, isto é, pela presença de outros seres humanos.

Nem o senso comum – "esse 'sentido interno', que os franceses chamam de 'bom senso'" – nem o raciocínio do senso comum que acompanha o mero estar-aí da existência se confundem com o pensamento: a realidade dada ao senso comum não pode ser alcançada pelo pensamento que se caracteriza pelo alheamento: retira-se "do mundo das aparências, [...] do sensorialmente dado, e, assim, também, do sentimento de realidade [*realness*] dado pelo senso comum"[53].

> O pensamento pode lançar mão e se apoderar de tudo o que é real – evento, objeto, seus próprios pensamentos; a realidade destes é a única propriedade que obstinadamente permanece além de seu alcance[54].

O pensamento, uma atividade da razão, distingue-se, por sua vez, da cognição, uma atividade do intelecto voltada para a busca do conhecimento científico. Ainda que o pensamento seja um meio para que a cognição se realize, esta, diversamente daquele, não se afasta do mundo das aparências: "se os cientistas se retiram do mundo para 'pensar' é apenas para encontrar melhores e mais promissoras abordagens do mundo que se chamam métodos". É nesse sentido, diz Arendt, que a ciência é "um prolongamento extraordinariamente refinado do raciocínio do senso comum". Enquanto o intelecto está associado às apreensões perceptivas e obedece a critérios de verdade

---

53. *Idem*, p. 52.
54. *Idem*, p. 49.

fundados na evidência factual, a razão procura apreender os significados[55].

> Esperar que a verdade nasça do pensar significa que nós confundimos a necessidade de pensar com o impulso de conhecer[56].

Arendt não nega, portanto, a conexão entre pensar e conhecer, tal como ela mesma adverte ao afirmar que, embora cada uma dessas faculdades tenha um propósito distinto, a razão é a condição *a priori* do intelecto e, assim, da cognição. As questões de significado, irrespondíveis, que o pensamento se coloca estão por trás das questões cognitivas que buscam a veracidade. Acredita que Kant, ao admitir o incognoscível e ao acreditar que dessa forma estava abrindo um caminho para a fé, acabou por liberar efetivamente a razão e o pensamento dos moldes da verdade, sem ter tomado consciência disso: "a razão pura [afirmou Kant] não se ocupa com nada a não ser consigo mesma. Ela não pode ter outra vocação"[57].

> Ele [Kant] certa vez observou que "não é nada incomum, quando se compara os pensamentos que um autor expressou sobre o seu próprio assunto..., descobrir que nós o compreendemos melhor do que ele compreendeu a si mesmo. Se o autor não determinou suficientemente seu conceito, pode falar ou pensar, algumas vezes, em sentido oposto à sua própria intenção". Isso, é claro, aplica-se à obra de Kant[58].

E porque o *pensar* não se confunde com o *raciocínio do senso comum* nem com a *cognição*, a irreflexão pode ser encontrada em pessoas inteligentes, em cientistas, intelectuais e em indivíduos muito cultos e eruditos.

---

55. Idem, p. 54.
56. Idem, p. 61.
57. Idem, p. 65 (Arendt cita Kant, *Crítica da Razão Pura*, B 708).
58. "Thinking", p. 63 (Arendt cita *Crítica da Razão Pura*, A 314).

Alguns assassinos do Terceiro Reich não só levavam uma impecável vida familiar, como gostavam de passar o seu tempo de lazer lendo Hölderlin e escutando Bach, provando (como se houvesse falta de provas a esse respeito) que os intelectuais podem ser tão facilmente induzidos ao crime quanto qualquer outra pessoa. [...] Na medida em que o pensamento é uma atividade, ele pode ser traduzido em produtos, em coisas como poemas, música ou pinturas. Todas as coisas desse tipo são realmente coisas do pensamento. [...] O ponto importante sobre esses assassinos altamente cultos é que nem um único deles compôs um poema digno de ser lembrado, uma música digna de ser escutada ou pintou um quadro que alguém gostaria de pendurar na parede. [...] Nenhum talento suportará a perda de integridade que experimentamos quando perdemos essa capacidade comum de pensar e lembrar[59].

Isso não significa que todos aqueles que se voltam para as ciências ou para a erudição ou para a arte não tenham o hábito de pensar nem que aqueles que não pensam sejam malfeitores por definição ou, ainda, que aqueles que pensam só façam o bem. Significa que "a linha divisória entre aqueles que querem pensar e portanto têm de julgar por si mesmos e aqueles que não querem pensar atinge todas as diferenças sociais, culturais ou educacionais"[60] – a "banalidade do mal" não diz respeito apenas às massas desenraizadas, tal como Arendt havia acreditado quando, em *Origens do Totalitarismo*, identificou a ideologia como fonte única de manipulação dessas massas.

A irreflexão está associada ao isolamento que se manifestou em diversos períodos da história, tendo se tornado um fenômeno de massas apenas na Era Moderna. Arendt definiu o isolamento como o estado em que "não estou nem junto comigo mesma nem na companhia de outros, mas preocupada com as coisas do mundo"[61]. O

---

59. H. Arendt, "Algumas Questões de Filosofia Moral", *op. cit.*, p. 161 ("Some Questions of Moral Philosophy", *op. cit.*, p. 96).
60. H. Arendt, "Responsabilidade Pessoal sob a Ditadura", em *Responsabilidade e Julgamento*, *op. cit.*, p. 107 ("Personal Responsibility Under Dictatorship", em *Responsibility and Judgment*, *op. cit.*, p. 45).
61. H. Arendt, "Algumas Questões de Filosofia Moral", *op. cit.*, p. 164 ("Some Questions of Moral Philosophy", *op. cit.*, p. 99). Após o julgamento de Eichmann, Arendt redefiniu a

isolamento é um fenômeno corriqueiro na vida de todas as pessoas – necessário até mesmo à leitura de um livro; pode existir combinadamente com a atividade do pensar e, nesse caso, não leva à irreflexão. No mundo moderno, todavia, onde até mesmo o lazer – o tempo que sobra entre trabalho e consumo para a sobrevivência – é uma forma de consumo, o isolamento como modo de vida é um fenômeno frequente[62].

Mas não é apenas porque a irreflexão se estende além das fronteiras da Era Moderna e dos limites sociais, culturais e educacionais que o conceito de "banalidade do mal" não coincide com a noção de "mal radical". A noção de "mal radical", uma vez associada à ideia de manipulação ideológica das massas, impede a identificação da responsabilidade de cada um, pois onde todos se comportam como "Um-só-Homem", "Ninguém" é culpado. Em *Origens do Totalitarismo* Arendt havia afirmado:

> Até agora, a crença totalitária de que tudo é possível parece ter provado apenas que tudo pode ser destruído. Não obstante, em seu afã de provar que tudo é possível, os regimes totalitários descobriram, sem o saber, que existem crimes que os homens não podem punir nem perdoar. Ao tornar-se possível, o impossível passou a ser o mal absoluto, impunível e imperdoável, que já não podia ser compreendido nem explicado pelos motivos malignos do egoísmo, da

---

noção de isolamento. Em *Origens do Totalitarismo* havia afirmado: "O que chamamos de isolamento na esfera política é chamado de solidão na esfera dos contatos sociais. Isolamento e solidão não são a mesma coisa. Posso estar isolado – isto é, numa situação em que não posso agir porque não há ninguém para agir comigo – sem que esteja solitário; e posso estar solitário, isto é, numa situação em que como pessoa eu me sinto completamente abandonado" (H. Arendt, *The Origins of Totalitarianism, op. cit.*, p. 611).

62. Parece que se encontra aqui o que R. Bernstein procurava. Segundo esse autor, "nós sabemos que até mesmo debaixo de condições do terror mais extremo, alguns indivíduos são capazes de resistir, julgando o que é certo e errado, e agir de acordo com as próprias consciências. A pergunta que ilude Arendt – e sempre pode nos iludir – é como nós podemos explicar (de um modo não circular) as diferenças entre esses que permanecem capazes de julgar o que é mau e agir de acordo com a consciência e esses que têm ou nunca tiveram esta habilidade". R. Bernstein, *Hannah Arendt and the Jewish Question, op. cit.*, p. 188 / R. Bernstein, "The Banality of Evil Reconsidered", em *H. Arendt & the Meaning of Politics*, Mineapolis, University of Minnesota Press, 1997, p. 318.

ganância, da cobiça, do ressentimento, do desejo de poder e da covardia; e que, portanto, a ira não podia vingar, o amor não podia suportar, a amizade não podia perdoar. Do mesmo modo que as vítimas nas fábricas da morte ou nos poços do esquecimento já não são "humanas" aos olhos de seus carrascos, também essa novíssima espécie de criminosos situa-se além dos limites da própria solidariedade do pecado humano[63].

O trabalho de Nádia Souki, que traz contribuições para a compreensão das noções do mal tanto em Kant como em Arendt, ao partir do pressuposto de que Arendt *seguiu a "trilha"* de Kant na busca de compreensão para o mal totalitário – uma trilha que efetivamente foi percorrida por N. Souki –, acabou por concluir que o "mal radical" kantiano e a "banalidade do mal" arendtiana são noções coincidentes.

Arendt passa a seguir a trilha aberta por Kant, apoiando-se no conceito de mal radical em sua investigação acerca do surgimento dessa nova forma de violência e do seu alastramento e plena realização enquanto realidade política. O fio condutor do seu pensamento é a indagação sobre o mal radical, sobretudo na sua dimensão ética e política[64].

N. Souki afirma que as noções arendtianas de "mal radical" e de "banalidade do mal" estão referidas ao fenômeno das massas supérfluas, mas diferenciam-se, pois a segunda tem conotação política. Depois do julgamento de Eichmann, "não se trata de explicar o fenômeno focando-se na questão moral ou na antropológica, mas sim de compreender, num enfoque político, como um Estado pode ser capaz de produzir agentes heterônomos que funcionam, tão eficientemente, como agentes reprodutores de seus objetivos"[65]. É convicção deste estudo que o enfoque arendtiano é político nos dois casos; como afirma C. Lefort, referindo-se ao estudo de H. Arendt em *Origens do To-*

---

63. H. Arendt, *The Origins of Totalitarianism*, op. cit., p. 591.
64. N. Souki, *Hannah Arendt e a Banalidade do Mal*, Belo Horizonte, Ed. UFMG, 1998, p. 12.
65. *Idem*, p. 36.

talitarismo, este "é aquele regime no qual tudo se apresenta político: a justiça, a economia, a ciência e a pedagogia, [...] o partido penetra em todos os âmbitos [...] e todas as coisas se tornam públicas"[66].

Quando Kant falava em "mal radical" referia-se, segundo Arendt, às transgressões cometidas por seres humanos que não resistiam às tentações e acabavam por seguir suas inclinações, sem dar ouvidos à razão. Segundo esse pensador, quando o ser humano cometia uma infração abria para si uma exceção, o que significava que o infrator tinha clareza a respeito daquilo que era correto ou não e, nesse caso, o infrator não apenas pensava como não se guiava por códigos de conduta. Enfocando-se o agente do mal, portanto, constata-se, desde logo, uma diferença importante entre a noção de "mal radical" kantiana e a de "banalidade do mal".

> Todas as transgressões são explicadas por Kant como exceções que o homem é tentado a fazer perante uma lei que, do contrário, ele reconhece como sendo válida – assim o ladrão reconhece as leis da propriedade, até deseja ser protegido por elas e só faz uma exceção temporária a essas leis para seu próprio benefício[67].

O "mal radical" kantiano é, para Arendt, um absurdo moral (*absurdum morale*): todo indivíduo tem a "lei moral dentro de si" e tem, nesse sentido, condição para julgar acertadamente, dada a estrutura racional da mente humana. Mas Kant não admitiria "que o homem atuasse segundo julgamento próprio", pois uma vez conectado ao mundo dos sentidos se veria submetido a tentações, às quais suas inclinações naturais poderiam se render. É um absurdo moral porque o mal é para Kant um ato condicionado e, portanto, não livre, ao passo que a vontade boa – que tem origem no próprio espírito humano – é vontade livre. De acordo com Jaspers,

---

66. C. Lefort, *Hannah Arendt y la cuestión de lo político*, op. cit., p. 135.
67. H. Arendt, "Algumas Questões de Filosofia Moral", *op. cit.*, p. 126 ("Some Questions of Moral Philosophy", *op. cit.*, p. 62).

o que Kant chama de mal radical está incluído na máxima que para um ser racional e sensual chega com a primeira consciência da própria liberdade: eu só obedecerei a lei moral contanto que promova a minha felicidade. É uma reversão da verdadeira máxima: eu só me esforçarei para a felicidade contanto que minha ação não transgrida a lei moral[68].

N. Souki tem razão em enfatizar a importância política da noção de "banalidade do mal" no pensamento arendtiano. Arendt não concordaria, contudo, com a dimensão política que Souki atribui ao "mal radical" kantiano, condição indispensável para que os conceitos de mal radical e de banalidade do mal possam ser considerados coincidentes por essa autora. Para Arendt, o "mal radical" kantiano não é um conceito político porque pertence à esfera da moralidade e diz respeito "ao indivíduo em sua singularidade". A banalidade do mal diz respeito ao mal político.

Apenas Jesus de Nazaré, afirmou Arendt, chegou a conceber o mal em sua dimensão política. Para Jesus, *Skandalon* era "*aquilo* que não está em nosso poder reparar" – pelo perdão ou pela punição. Nesse caso, não é o "ofensor à ordem do mundo como tal"[69] que está em questão e, sim, "o dano causado à comunidade, o perigo que surge para todos nós"[70]. Dada a impossibilidade do perdão, o evento fica registrado na história e, portanto, para o conhecimento das futuras gerações como algo abominável.

---

68. K. Jaspers, *Kant, op. cit.*, p. 100. Não há, segundo Jaspers, contradições teóricas entre *mal radical* em Kant e as demais ideias kantianas. Segundo esse pensador, a noção de *mal radical* se insere no âmbito da antinomia entre mundo inteligível e mundo sensível presente no pensamento kantiano. K. Jaspers, *Kant, op. cit.*, p. 99. Jaspers refere-se nesse caso às críticas que foram dirigidas a Kant quando este publicou suas reflexões sobre o *mal radical*. Um exemplo dessas críticas é a que fez Goethe em carta a Herder: "Kant lançou criminalmente sobre seu manto de filósofo 'a mancha infame do mal radical para que também os cristãos se sentissem tentados a beijar suas pregas'". E. Cassirer, *Kant, Vida e Doutrina*, México, Fondo de Cultura Económica, 1993, p. 455.
69. H. Arendt, "Algumas Questões de Filosofia Moral", *op. cit.*, p. 191 ("Some Questions of Moral Philosophy", *op. cit.*, p. 125).
70. *Idem*, p. 192 ("Some Questions of Moral Philosophy", *op. cit.*, p. 126).

O radicalismo de Jesus [...] nunca foi aceito, ao que eu saiba, por nenhum dos filósofos que já tenha lidado com o problema[71].

Quando Arendt afirma que o mal que é banal não tem profundidade, está se referindo às relações entre pensamento e memória. Pensar é sempre um repensar coisas-pensamento guardadas na memória; o pensamento se move na "dimensão da profundidade" porque está voltado para o passado. O mal quando é banal nunca é repensado e, portanto, nunca é lembrado, diferentemente, portanto, do mal cometido pelo vilão encontradiço na literatura, que tem remorsos e vive atormentado pelo resto da vida. O "mal real", diz Arendt, é aquele que nos leva ao espanto mudo; "isso nunca deveria ter acontecido" é a única forma de expressar o horror que provoca. O mal quando é banal não gera para aquele que o cometeu quaisquer remorsos ou tormentos nem mesmo o desprezo por si mesmo, como Kant acreditou, quando se referiu ao "mal radical". Por isso a "banalidade do mal" é o pior dos males: alastra-se rapidamente.

Os maiores malfeitores são aqueles que não se lembram porque nunca pensaram na questão, e, sem lembrança, nada consegue detê-los[72].

Refletindo sobre a afirmação socrática de que "seria melhor para mim que minha lira ou um coro que eu dirigisse desafinasse e produzisse ruído desarmônico e que multidões de homens discordassem de mim, do que eu, *sendo um*, viesse a entrar em desacordo comigo mesmo e a contradizer-me"[73], Arendt afirma que Sócrates referia-se, nesse caso, à "consciência de si", da qual é o descobridor. Embora aquele que pensa venha a tornar-se *um* apenas quando aparece para o outro, durante o pensar percebe-se como *um* ainda que não apareça para si mesmo, pois "eu não sou apenas para os outros

---

71. Idem, ibidem. ("Some Questions of Moral Philosophy", *op. cit.*, p. 126).
72. Idem, p. 159 ("Some Questions of Moral Philosophy", *op. cit.*, p. 95).
73. H. Arendt, "Thinking", *op. cit.*, p. 181.

mas sou para mim mesmo e, nesse último caso, claramente eu não sou apenas um"⁷⁴.

A consciência como tal, antes de se atualizar no estar-só da solidão, chega no máximo a perceber a igualdade uniforme do eu-sou – "Tenho consciência de mim, não de como apareço para mim nem de como sou eu mesmo, mas somente que sou" –, que assegura a continuidade idêntica de um eu através das múltiplas representações, experiências e memórias de uma vida. [...] Mas essa pura consciência de mim, da qual estou, por assim dizer, inconscientemente consciente, não é uma atividade; porque acompanha todas as outras atividades, ela é a garantia de um eu-sou-eu completamente silencioso⁷⁵.

O pensar realiza a experiência da diferença da identidade porque, enquanto diálogo do *dois-em-um*, aquele que pergunta é ao mesmo tempo aquele que responde. Trata-se da alteridade que faz com que aquele que tem o hábito de pensar se perceba como pessoa única na medida em que o diálogo consigo mesmo é já a forma de manifestação da pluralidade humana, tal como Kant ressaltou. Nas palavras de Arendt,

se é isso o que comumente chamamos de personalidade, o que não tem nada a ver com talento ou inteligência, ela é o simples resultado, quase automático, do pleno exercício da capacidade de pensar⁷⁶.

Quando Sócrates afirmava que não poderia entrar em contradição consigo mesmo, de modo a não abrir mão de ser *um*, estava se referindo à necessidade de preservar a atividade do pensar: contradizer-se significava tornar inimigos os dois parceiros do diálogo interior. A amizade entre os "dois" do pensamento era, para Sócrates, a condição mesma para o pensar – "o eu é uma espécie de amigo". É

---

74. *Idem*, p. 183.
75. H. Arendt, *A Vida do Espírito*, Rio de Janeiro, Relume Dumará, 1993, p. 59 / H. Arendt, "Thinking", *op. cit.*, p. 74 (Arendt cita Kant, *A Crítica da Razão Pura*, B157).
76. H. Arendt, "Algumas Questões de Filosofia Moral", *op. cit.*, p. 160 ("Some Questions of Moral Philosophy", *op. cit.*, p. 95).

por isso que ele acreditava que aquele que comete um crime destrói o diálogo interior e passa a conviver com um criminoso. A amizade termina.

Mas "as pessoas más", afirma Arendt, não são "'cheias de remorsos'", como pensava Aristóteles. Aquele que não pensa não se constitui como personalidade e por não precisar se ocupar com a harmonia de um *eu* interior, não se importa em contradizer-se quando se encontra na companhia de outros, o que "significa que [...] jamais será capaz ou quererá prestar contas do que diz ou faz; nem se importará em cometer qualquer crime, uma vez que pode contar com o seu esquecimento no momento seguinte"[77]. É por isso que, nesse caso, é uma redundância falar em personalidade moral e é por isso que Arendt afirma que em se tratando da *banalidade do mal* não é a pessoa que é punida, mas o crime – não existe propriamente uma pessoa, no sentido de uma personalidade.

Arendt afirmou, também, que "só é possível falar com desenvoltura" quando muito se pensou a respeito de um tema. Essa foi a pista que a fez identificar em Eichmann alguém que não pensava: falava por "clichês, frases feitas, adesão a códigos de expressão e de conduta convencionais e padronizados"[78], que têm a função de proteger da realidade aquele que não deseja pensar[79].

---

77. H. Arendt, "Thinking", *op. cit.*, p. 191.
78. H. Arendt, *A Vida do Espírito*, *op. cit.*, p. 6 / H. Arendt, "Thinking", *op. cit.*, p. 4.
79. Arendt comenta que Eichmann chegou a afirmar que se guiava pelo imperativo categórico kantiano, o que lhe pareceu um disparate. São interessantes, nesse sentido, as observações que H. Bergson faz a respeito do imperativo categórico kantiano, em *As Duas Fontes da Moral e da Religião*, obra publicada pela primeira vez em 1932, antes, portanto, da Segunda Guerra: "Percebe-se em que momento e em que sentido, bem pouco kantiano, a obrigação elementar assume a forma de um 'imperativo categórico'. Ficaríamos embaraçados para descobrir exemplos de tal imperativo na vida corrente. [...] Se quisermos um caso do imperativo categórico puro, teremos de construí-lo *a priori* ou pelo menos teremos de estilizar a experiência. [...] Em resumo, um imperativo absolutamente categórico é de natureza instintiva ou sonambúlica: desempenhado como tal em estado normal, representado como se a reflexão despertasse por tempo exatamente suficiente e para que ele possa formular-se e não bastasse para que encontre suas razões. Mas então, acaso não é evidente que num ser racional um imperativo tenderá tanto mais a assumir a forma categórica quanto mais a atividade exercida, ainda que inteligente,

Se Arendt compara, portanto, *banalidade do mal* com *fungos* não é porque *fungos* continuam sendo *fungos*, assim como os criminosos nazistas continuam sendo homens, tal como Jaspers havia afirmado quando se referiu às *bactérias*. Para Arendt, aquele que não pensa, ainda que possa "permanecer muito normalmente humano", não se constitui como um alguém porque não cultivou raízes a partir do eu. E "o maior mal é o mal cometido por ninguém, isto é, por seres humanos que se recusam a ser pessoas". Ser *ninguém* é pior do que ser mau, no sentido dos malfeitores da literatura. Ao permanecer "teimosamente ninguém, ele se revela inadequado para o relacionamento com os outros que, bons, maus ou indiferentes são no mínimo pessoas"[80].

Pensar e lembrar é o modo de deitar raízes, de cada um ocupar o seu lugar no mundo a que todos chegamos como estranhos[81].

É por isso, lembra Arendt, que Sócrates afirmava que é "melhor sofrer o mal do que cometê-lo". E era esse o sentido do depoimento dado no pós-guerra por pessoas que durante o regime nazista ha-

---

tenda a assumir a forma instintiva? Mas uma atividade que, a princípio inteligente, se encaminhe a uma imitação do instinto é precisamente aquilo a que no homem se dá o nome de hábito. E o hábito mais poderoso, aquele cuja força é constituída de todas as forças acumuladas, de todos os hábitos sociais elementares, é necessariamente aquele que melhor imita o instinto. Surpreende então que, no curto momento que separa a obrigação puramente vivida da obrigação plenamente representada e justificada por todos os tipos de razões, a obrigação assuma de fato a forma do imperativo categórico: 'é preciso porque é preciso'"? H. Bergson, *As Duas Fontes da Moral e da Religião*, trad. Nathanael C. Caixeiro, Rio de Janeiro, Zahar, 1978, p. 21.

80. "Some Questions of Moral Philosophy", *op. cit.*, p. 111. A palavra *ninguém* nesse texto é diferente daquela que havia grafado com letra maiúscula em *Origens do Totalitarismo*: Ninguém. Nesta última obra a palavra Ninguém estava referida à impossibilidade de punir o indivíduo criminoso, pois ao supor que o mal era de cunho ideológico, parecia a Arendt que os criminosos agiam como "Um-só-homem". Parece adequado, por isso, usar *ninguém* com letra minúscula, pois em "Some Questions of Moral Philosophy", Arendt tomou a liberdade de escrever *nobodies*, uma palavra que não existe, mas grafada propositalmente por Arendt, uma vez que toda a sequência da frase obedece a concordância no plural. Parece que Arendt usou *nobodies* justamente para enfatizar a diferença em relação a *Nobody*.

81. H. Arendt, "Algumas Questões de Filosofia Moral", *op. cit.*, p. 166 ("Some Questions of Moral Philosophy", *op. cit.*, p. 100).

viam se negado a participar dos crimes nazistas. Afirmavam que não conseguiriam conviver consigo mesmas nem continuariam sendo elas próprias caso anuíssem em participar.

Aqueles que resistiram podiam ser encontrados em todas as esferas da vida, entre os pobres e inteiramente incultos, assim como entre os membros da boa e alta sociedade. Falavam muito pouco e o argumento era sempre o mesmo. Não havia conflito nem luta, o mal não era uma tentação. Não diziam que tinham medo de um Deus vingador e onividente nem mesmo quando eram religiosos; e de nada teria adiantado porque as religiões também se tornaram muito bem ajustadas à nova ordem. Eles simplesmente diziam: "não posso, prefiro morrer", pois a vida não valeria a pena depois de ter praticado tais atos. Por isso estamos interessados aqui no comportamento das pessoas comuns, não dos nazistas ou bolcheviques convictos, não estamos interessados em santos e heróis, nem em criminosos natos[82].

A decisão de esquivar-se e de não praticar o mal, pelo risco que representava durante o regime totalitário, pode ser considerada um feito político, pois não teria sentido, então, aparecer e enfrentar o inimigo tornando-se mártir ou herói. A relevância política não é, contudo, uma característica desse tipo de moralidade – a moralidade socrática –, pois a atividade do pensamento, ainda que possa impedir um indivíduo de cometer o mal, não determina *o que fazer* nas ocasiões em que fazer algo é possível. Mas há algo que H. Arendt não disse explicitamente: se a irreflexão não leva a fazer o bem, não leva também, por si mesma, a fazer o mal – um aspecto que tem trazido algumas dificuldades para os intérpretes do pensamento arendtiano. Esse é o motivo que levou Arendt a ocupar-se da faculdade da vontade e da liberdade na parte segunda de *A Vida do Espírito*.

---

82. *Idem*, p. 354 ("Some Questions of Moral Philosophy", *op. cit.*, p. 278).

O Mal e o Querer

O medo do mal tem sido considerado por alguns autores como o guia das reflexões de Hannah Arendt. Essa pensadora tinha receio certamente de uma recidiva totalitária, mas isso não quer dizer que o medo norteasse as reflexões dessa pensadora. A liberdade manteve-se no centro do pensamento arendtiano desde *Origens do Totalitarismo* até *A Vida do Espírito*[83]. E colocar a liberdade no centro das próprias reflexões significa considerar a ação e os riscos inerentes a essa atividade: a imprevisibilidade e a improbabilidade que lhe são inerentes. A confiança, nesse caso, é condição necessária para que a reflexão filosófica se ocupe do domínio político e era a essa confiança que Arendt se referia quando afirmou, já na década de 1950, como mencionado, que os filósofos deveriam fazer da pluralidade humana objeto do próprio espanto (*thaumadzein*).

Parece que o medo tem sido o guia das filosofias morais que se dedicam a buscar padrões de conduta para o comportamento dos seres humanos. E é por isso que Arendt questiona o significado de ética e de moral nessas filosofias, isto é, o descompasso que há entre o sentido efetivo e o sentido etimológico de tais palavras. Se moral e ética derivam, respectivamente, de *mores* e de *ethos* e dizem respeito a costumes e hábitos, por que as filosofias e os cursos de *moral* e de *ética* se ocupam do *bem* e do *mal* e do *certo* e do *errado*? Afinal, diz ela, apenas os costumes e hábitos podem ser aprendidos; além

---

83. Ronald Beiner acredita que o "ímpeto" de H. Arendt em suas reflexões sobre a ação tem origem no medo – no medo do Totalitarismo. R. Beiner, "Hannah Arendt and Leo Strauss: The Uncommenced Dialogue", *Political Theory* 18/2, 1990, p. 251. A opinião de Beiner é compartilhada por Canovan (M. Canovan, "Hannah Arendt as a Conservative Thinker", *H. Arendt Twenty Years Later, op. cit.*, p. 26). Arendt tinha convicção, e deixou isso claro, de que "o inaudito, uma vez ocorrido, pode se tornar um precedente para o futuro". Achava que os modelos autoritários de governo revelados ao mundo tendiam a reaparecer historicamente. O que movia H. Arendt não era o medo, mas a confiança. Ao contrário da maior parte dos pensadores, essa pensadora fez, nas palavras de Ricoeur, a "aposta antitotalitária, na capacidade [humana] de romper a fatalidade". P. Ricoeur, "Da Filosofia ao Político", em *Em Torno ao Político*, São Paulo, Loyola, 1995, p. 20.

disso, cotidianamente os indivíduos tendem a guiar-se por hábitos, costumes e por convenções. O *mal*, de outra parte, não pode ser considerado parte dos hábitos ou parte dos costumes, mesmo levando-se em conta que estes variam de lugar para lugar e de uma época para outra; nesse caso deixaria de ser um mal. Se o canibalismo, para dar apenas um exemplo, pode ser visto como um mal por aqueles que não pertencem à tribo, entre os membros da tribo, porquanto é um costume, não pode ser considerado um mal.

Se ética e moral estivessem referidos efetivamente a hábitos e a costumes, afirma Arendt, bastaria que fossem ensinados, assim como se ensinam hábitos à mesa; nesse caso, ética e moral não constituiriam um problema. Arendt lembra, também, que após a guerra os alemães se adaptaram quase automaticamente aos antigos códigos de conduta e conclui, nesse sentido, que moral e ética, consideradas unicamente a partir do sentido etimológico, só constituem uma questão quando os hábitos e os costumes entram em "colapso".

> Era como se a moralidade no exato momento de seu total colapso dentro de uma nação antiga e altamente civilizada se revelasse no significado original da palavra como um conjunto de costumes, de usos e maneiras que poderia ser traçado por outro conjunto sem dificuldade maior do que a enfrentada para mudar as maneiras à mesa de todo um povo[84].

Quando se fala em ética e moral, o que está em questão efetivamente para as filosofias morais e para o pensamento cristão é o discernimento entre o certo e o errado e entre o bem e o mal e essas questões não se resolvem por meio de imposição de regras e normas de conduta. Por isso Arendt afirmou que *ética* e *moral* significam mais do que a origem etimológica dessas palavras indica. E se essa asserção estiver correta, como parece, então Arendt acertou, ao contrário do que afirmou R. Bernstein, quando declarou que o mal seria

---

84. H. Arendt, "Algumas Questões de Filosofia Moral", *op. cit.*, p. 113 ("Some Questions of Moral Philosophy", *op. cit.*, p. 50).

uma questão importante para os intelectuais no mundo moderno. É visível, ano após ano, o crescimento do número de estudos que se ocupam da Ética; já em 1993 Alain Badiou afirmava que "a palavra ética, que tão fortemente sabe a grego, a curso de filosofia, que evoca Aristóteles (Ética a Nicômaco, um *best seller* famoso!), encontra-se hoje sob a luz dos holofotes"[85].

Uma vez preocupadas com o bem e o mal, as filosofias morais costumam buscar no próprio *eu* um padrão moral de conduta. Esse é o caso da proposição socrática "é preferível sofrer o mal a cometê-lo", bem como do Imperativo Categórico kantiano – aja de tal modo que a máxima de sua ação possa tornar-se uma lei geral para todos. A adoção do *eu* ou da consciência moral – denominação que surgiu a partir do pensamento cristão –, como padrão fundamental da conduta moral é um contrassenso em se tratando, principalmente, de filosofia moral: "se o preceito se origina da própria atividade de pensar, se ele é a condição implícita do diálogo silencioso entre eu e eu mesmo sobre qualquer assunto, então ele é antes a condição pré-filosófica da própria filosofia"[86]. Além disso, se o eu ou a consciência moral fossem tomados como padrão para a determinação do certo e do errado, estes seriam imutáveis através dos tempos, considerando determinada cultura.

Na medida em que buscam padrões de conduta firmados no *eu*, as filosofias morais procuram, de fato, formas veladas de coerção: "por trás do 'Deves', 'Não deves', está um 'senão', a ameaça de uma sanção imposta por um Deus vingador ou pelo consentimento da comunidade ou pela consciência que é ameaçada de autopunição, chamada comumente de arrependimento"[87]. Em Sócrates a coerção está na ameaça de contradição de si consigo mesmo e na destruição da possibilidade do diálogo do *dois-em-um*. E até mesmo Kant, que

---

85. A. Badiou, *Ética, um Ensaio sobre a Consciência do Mal*, Rio de Janeiro, Relume Dumará, 1995.
86. H. Arendt, "Algumas Questões de Filosofia Moral", *op. cit.*, p. 158 ("Some Questions of Moral Philosophy", *op. cit.*, p. 92).
87. *Idem*, p. 141 ("Some Questions of Moral Philosophy", *op. cit.*, p. 77).

enalteceu a liberação de todos os preconceitos e autoridades como característica do Iluminismo e não estabeleceu quaisquer normas para a conduta humana, acabou por lançar mão de um *Imperativo* para que a proposição moral nele contida se tornasse obrigatória. E foi essa obrigatoriedade, nota Arendt, que sempre atormentou a filosofia moral desde Sócrates. Em Kant, a coerção encontra-se na ameaça representada pelo desprezo por si próprio.

A procura de um padrão moral de conduta a partir do *eu*, a consideração da moralidade do indivíduo e a desconsideração da vontade como faculdade autônoma em relação ao pensamento, presentes na *Crítica à Razão Prática*, foram os motivos que levaram Arendt a desconsiderar a segunda crítica kantiana quando tratou da faculdade da vontade.

> O único grande pensador nesses séculos que seria verdadeiramente irrelevante em nosso contexto [no estudo da Vontade] é Kant. Sua Vontade não é uma capacidade especial do espírito distinta do pensamento, mas razão prática. [...] A Vontade de Kant não é nem liberdade de escolha (*liberum arbitrium*) nem é sua própria causa; para Kant a plena espontaneidade que ele chamou com frequência de "espontaneidade absoluta", existe apenas em pensamento. A Vontade de Kant é encarregada pela razão de ser seu órgão executivo em todas os assuntos de conduta[88].

Do ponto de vista político que considera o mundo e não o indivíduo ou interesses particulares, adotar o *eu* como padrão de conduta é uma irresponsabilidade, afirma Arendt, pois o aprimoramento do mundo e a condição de mudança não são, nesse caso, considerados. O *eu* ou a consciência moral como padrões de conduta podem ser importantes quando, em momentos de crise, caem por terra os códigos de conduta vigentes; não levam, contudo, à ação.

Lembrando que a expressão "ama teu próximo como a ti mesmo" que tem origem hebraica e foi incorporada aos Evangelhos, Arendt sublinha que quando Jesus ensinou "amai os vossos inimigos,

---

88. H. Arendt, "Willing", *op. cit.*, p. 149.

abençoai os que vos amaldiçoam, fazei o bem àqueles que vos odeiam (Mateus, 5,44)"[89], estava se posicionando contra o padrão de conduta firmado no "eu" e fundando uma nova ética que leva em conta o outro. Ao contrário da ética que se assenta na obediência e que ocupou a cristandade sob o domínio da Igreja, Arendt afirma que "esse curioso desprendimento de si, a tentativa deliberada de extinção do eu para o bem de Deus ou para o bem de meu próximo é na verdade a própria quintessência de toda ética cristã que mereça esse nome"[90].

Os ensinamentos de Jesus a respeito da prática do bem se diferenciam, portanto, das filosofias morais preocupadas em evitar o mal. A ética fundada no desprendimento – que tem o outro como referência – está associada à vontade, a faculdade que governa os atos humanos, tal como Paulo e Agostinho descobriram posteriormente, e não ao pensamento. Uma vez associada à vontade, o que está em questão não é evitar o mal, mas fazer o bem. Mas ainda que despojada do "eu", esta ética não atende às exigências de uma "moral política".

Nesse sentido, em que pesem as críticas que fez a Maquiavel, Arendt ressaltou o mérito desse pensador, em uma época em que a Igreja ocupava o espaço público, ao considerar o mundo como padrão de julgamento político e não o *eu*. Ao negar o espaço público como lugar para a realização do *bem*, Maquiavel não estava afirmando que aí deveria vigorar o mal. Estava "mais interessado em Florença do que na salvação de sua alma" e achava que as pessoas "mais preocupadas com a salvação da alma do que com o mundo deveriam manter-se afastadas da política"[91] – referia-se, nesse caso, à Igreja e à religião.

Quando disse em O *Príncipe* que os governantes devem ser ensinados a "não serem bons", [...] ele [Maquiavel] não queria dizer que eles deviam ser

---

89. H. Arendt, "Algumas Questões de Filosofia Moral", *op. cit.*, p. 181 ("Some Questions of Moral Philosophy", *op. cit.*, p. 115).
90. *Idem*, p. 182 ("Some Questions of Moral Philosophy", *op. cit.*, p. 116).
91. *Idem*, p. 145 ("Some Questions of Moral Philosophy", *op. cit.*, p. 80).

ensinados a serem ruins e malvados, mas simplesmente que deveriam evitar as duas inclinações e agir de acordo com princípios políticos, distintos dos morais e religiosos, bem como dos criminosos[92].

Para Jerome Kohn esse é o ponto que aproxima Arendt de Maquiavel, pois "quando os mandamentos morais e religiosos são pronunciados em público num desafio à diversidade das opiniões humanas, eles corrompem tanto o mundo como a si mesmos". Jerome Kohn chama a atenção, ainda, para o fato de que o mesmo acontece com as "verdades" morais, religiosas e filosóficas, "pois a atividade política genuína, que por definição depende do acordo não coagido de outros, não pode acomodar facilmente alguém que responda a leis 'mais elevadas' do que as publicamente decretadas e emendáveis"[93].

O conceito de *banalidade do mal* é importante para Arendt na medida em que está referido a um fenômeno político: o mal praticado por indivíduos que não têm o hábito de pensar e que ocorre nos momentos em que os hábitos e códigos de conduta caem por terra. A relevância desse conceito, portanto, não está associada ao mal praticado isoladamente e é nesse sentido que a moralidade do indivíduo e a incapacidade para a reflexão só interessam a Arendt nos momentos de crise política. Porque não pensava, Eichmann não esteve entre aqueles que evitaram cometer o mal durante o regime nazista. Mas, se a faculdade de pensar "não nos leva a agir", isto é, não leva nem à prática do bem nem à prática do mal, o que dizer então da irreflexão? O eu como padrão moral de conduta explica apenas por que Eichmann não se opôs à prática do mal, mas não explica o que o levou a praticá-lo.

Quando Arendt criticou a teoria dos dois mundos e questionou a legitimidade da separação analítica entre *vita ativa* e *vita contemplativa*, da qual ela mesma havia lançado mão nas análises de *A*

---

92. *Idem*, p. 144 ("Some Questions of Moral Philosophy", *op. cit.*, p. 80).
93. Jerome Kohn, "Introdução à Edição Americana", em H. Arendt, *Responsabilidade e Julgamento*, *op. cit.*, p. 20 ("Introduction", em H. Arendt, *Responsibility and Judgment*, *op. cit.*, p. xxi).

Condição Humana, admitiu que as faculdades do espírito são ativas e afirmou, além disso, a condição mundana do espírito humano. Esse parece ser o sentido da afirmação de Merleau-Ponty de que só é possível escapar da aparência para a aparência.

Arendt chamou a atenção, também, em "O Pensar", para o fato de que os seres sensíveis – humanos e animais – aparecem e são, ao mesmo tempo, aparências. Estar vivo, afirma Arendt, "significa ser possuído por um impulso de auto-exposição que responde à própria qualidade de aparecer de cada um"[94]. Ora, tratar da faculdade da vontade e da liberdade é tratar de um impulso à autoexposição em meio à pluralidade de espectadores, a única maneira pela qual o mundo se torna mundo, isto é, reconhecível e percebido, pois o mundo é ele próprio pluralidade de perspectivas.

Para apreender a liberdade como um impulso à autoexposição, todavia, não basta desconstruir a falácia metafísica que afirma a dicotomia entre corpo e espírito, entre mundo sensorial e extrassensorial, entre visível e invisível. Há necessidade, e foi o que Arendt fez, de apontar outra falácia que, associada à primeira, valoriza – hierarquiza – o que não aparece em detrimento daquilo que aparece. Firmada nas análises do zoólogo e biólogo suíço Adolf Portmann, tal qual Merleau-Ponty em *O Visível e o Invisível*, Arendt sublinha que aquilo que não aparece – os órgãos internos, no caso dos seres humanos – tem a função primordial de permitir o aparecimento através do "impulso de autoexposição", um impulso que, embora se manifeste em outras formas de vida sensível, "alcança seu clímax na espécie humana"[95].

O impulso para a autoexposição encontra-se associado à faculdade da vontade. Quando Arendt, no discurso que proferiu em Copenhague, em abril de 1975, durante o recebimento do prêmio Sonning que lhe foi concedido pelo Governo da Dinamarca, referiu-se ao sentido latino da palavra *persona*, isto é,

---

94. H. Arend, "Thinking", *op. cit.*, p. 21.
95. H. Arendt, "Thinking", *op. cit.*, p. 30.

ao nosso modo de aparecer em sociedade, onde não somos cidadãos, isto é, onde não estamos igualados pelo espaço público estabelecido e reservado para o discurso e atos políticos, mas em que somos aceitos como indivíduos por nossos próprios méritos, e, no entanto, de modo algum como seres humanos enquanto tais.

Trata-se, nesse caso, do reconhecimento "segundo os papéis que nossas profissões nos designam", mas através dos quais "alguma outra coisa se manifesta, algo inteiramente idiossincrático e indefinível e, mesmo assim, identificável", de tal modo que quando alguém muda de papel não nos confundimos a respeito de quem ele é[96].

No *postcriptum* a "O Pensar", Arendt afirma que vai tratar da capacidade através da qual os seres humanos decidem quem eles querem ser e como desejam aparecer no mundo comum, uma capacidade associada à Vontade que uma vez voltada para a elaboração de projetos "cria a pessoa que pode ser culpabilizada ou elogiada ou, de algum modo, responsabilizada não meramente por suas ações, mas por todo o seu 'Ser', o seu caráter"[97].

A reflexividade da vontade como criadora de um *Eu-duradouro* ao qual Arendt se referiu quando enfatizou o afastamento do filósofo das comunidades políticas aplica-se também, embora Arendt não tenha chegado a mencionar isso, ao isolamento daqueles que nunca param para refletir e sempre estão ocupados com as coisas do mundo – aqueles que não compartilham o espaço público com os demais. Nesse caso, a reflexividade da vontade também cria um *Eu-dura-*

---

96. H. Arendt, "Prólogo", em *Responsabilidade e Julgamento, op. cit.*, p. 75. ("Prologue", em *Responsibility and Judgment, op. cit.*, p. 13). Conferência proferida quando do recebimento do prêmio Sonning, em 1975, pelo Governo da Dinamarca. *Persona*, esclareceu Arendt, era um termo que se referia "em latim, à máscara do ator, aquela que cobria a sua face 'pessoal' individual, indicando para o espectador o papel e a parte do ator na peça. Mas nessa máscara que era criada e determinada para a peça havia uma abertura larga no lugar da boca pela qual soava a voz individual e sem disfarce do ator. É desse soar através que a palavra *persona* derivou originalmente: *per-sonare*, 'soar através', é o verbo do qual *persona*, a máscara, é o substantivo". *Idem*, p. 74 ("Prologue", em *Responsibility and Judgment, op. cit.*, p. 12.)
97. H. Arendt, "Thinking", *op. cit.*, p. 162.

douro que "orienta todos os atos de volição particulares", cria "o *caráter* do eu". Foi por essa razão, concluiu Arendt, que a Vontade "às vezes foi entendida como o *principium individuationis*, a fonte de identificação específica do indivíduo"[98].

A desconsideração de um *Eu-duradouro* nas interpretações que se ocupam da *banalidade do mal* tem impedido a plena apreensão desse fenômeno. Porque não pensava, Eichmann não possuía uma voz da consciência "que a alma humana carrega constantemente consigo". Mas se a falta do hábito para pensar não o impediu de praticar o mal, não foi a irreflexão que o levou a praticá-lo. Ora, Eichmann escolheu quem queria ser; era a personificação de uma vontade voltada a realizar-se como burocrata de alto escalão.

> As máscaras ou os papéis que o mundo nos atribui e que devemos aceitar e até adquirir se desejamos fazer parte do teatro do mundo são permutáveis; não são inalienáveis, no sentido em que falamos de "direitos alienáveis", e não são um acessório permanente anexado a nosso eu interior, no sentido em que a voz da consciência, como acredita a maioria das pessoas, é algo que a alma humana carrega constantemente consigo[99].

Eichmann não pensava e não podia, por esse motivo, ser punido como pessoa; desse ponto de vista não era uma pessoa. É da ótica do querer, todavia, que ele deveria ser responsabilizado. Afinal, Eichmann escolheu quem desejava ser e procurou obedecer cegamente ao projeto que fez de si mesmo: o de um burocrata que pretendia subir na hierarquia por *mérito*. Se não era dado à reflexão, colocou-se à disposição das ordens do Führer e mostrou-se capaz de praticar qualquer ato para tornar-se quem escolheu "ser" e aparecer: o eficiente articulador do transporte rápido de judeus para os campos de concentração. E o indivíduo que *apareceu* nos tribunais era aquele que – porque não pensava e isso apenas Arendt percebeu – não distinguia

---

98. *Idem*, p. 195.
99. H. Arendt, "Prólogo", *op. cit.*, p. 76 ("Prologue", *op. cit.*, p. 14).

moralmente quaisquer tipos de ordens, desde que o cumprimento dessas ordens fosse um caminho para a realização do projeto de si.

Ao final do livro sobre Eichmann, mesmo tendo sublinhado o bom trabalho realizado pelo tribunal que o condenou, Arendt afirmou que aquilo que havia estado em jogo durante o julgamento, tal como era comum em todos os sistemas legais, era a intenção do acusado – a "intenção de causar dano". Estava em jogo, portanto, a capacidade para distinguir entre o certo e o errado, motivo de orgulho da "jurisprudência civilizada", nas palavras de Arendt, que leva em conta, nesse caso, as razões que condicionam, eventualmente, a ausência de intenção para o cometimento do crime, inclusive motivos de insanidade mental.

Eis, portanto, o motivo da celeuma provocada por *Eichmann em Jerusalém: Um Relato sobre a Banalidade do Mal*. Quando Arendt afirmou que Eichmann não sabia distinguir entre o "certo e o errado" porque ele não tinha o hábito de pensar, pareceu que ela dizia que a Eichmann faltava qualquer tipo de discernimento. Não foi por acaso que Arendt disse ter sido esse livro mais criticado do que lido, ao contrário, portanto, do que crê Richard Wollin, que afirmou que essa pensadora "nunca pareceu compreender qual era a razão de todo aquele barulho"[100]. Do que se poderia erroneamente depreender que o próprio Wollin compreendeu:

> A acusação mais contundente que mobilizou Arendt contra Eichmann e seus companheiros criminais foi a de "irreflexão", um termo que mal interpretava gravemente a natureza da ideologia nazista, seu poder como visão integral do mundo. Na opinião de Arendt, os nazistas eram menos culpáveis de "crimes contra a humanidade" que de uma "incapacidade de pensar". Uma acusação que, se se toma literalmente, corre o perigo de igualar seus feitos aos de um menino bobo[101].

---

100. R. Wollin, *Los Hijos de Heidegger: Hannah Arendt, Karl Löwith, Hans Jonas y Herbert Marcuse*, Madrid, Cintra, 2003, p. 98.
101. *Idem*, p. 96.

Mas, se é correto afirmar que Eichmann é um criminoso pois agiu *voluntariamente*, por que Arendt teria afirmado – e essa afirmação parece estar na origem de algumas das dificuldades para a interpretação da *banalidade do mal* – "que não se pode ser mau voluntariamente", uma vez que "isto pressuporia o pensamento"?[102] Arendt refere-se, nesse caso, ao ponto de vista do criminoso a respeito dos próprios atos e de si próprio. Eichmann não se considerava mau, para tanto seria preciso que tivesse o hábito de pensar, mas nesse caso não teria cometido os crimes que cometeu. Voluntariamente cometeu o *mal banal*; para ele, apenas atos associados ao justo e eficiente cumprimento de ordens. É por isso que a *banalidade do mal* é o pior dos males: espalha-se rapidamente sem a necessidade de quaisquer ideologias[103].

Se Eichmann não tinha o hábito de pensar era, de outra parte, um indivíduo que sabia o que queria e praticou atos intencionalmente para alcançar aquilo que pretendia: possuía fins pessoais bem definidos. A incapacidade para pensar não desabilita a reflexividade da vontade que, não podendo alcançar a redenção em um mundo comum, busca realizar-se através do projeto de um *Eu-duradouro* – o projeto de si. É por isso que Arendt concluiu que as faculdades do espírito são autônomas entre si.

O conceito de *banalidade do mal* guarda, assim, uma diferença patente em relação ao conceito de *mal radical*, associado à manipulação ideológica das massas. Os crimes cometidos por motivos ideológicos – por *Ninguém* – são também de natureza política, mas não estão associados à realização de um *Eu-duradouro* projetado individualmente. Arendt não ignora que os nazistas fossem movidos ideologicamente, mas está interessada, como será possível estudar no capítulo V, nas pessoas comuns.

---

102. H. Arendt, *Basic Moral Propositions*, p. 02 4616, citado por B. Assy, "Eichmann, Banalidade do Mal e Pensamento em Hannah Arendt", em *Hannah Arendt. Diálogos, Reflexões, Memórias, op. cit.*, p. 153.
103. Este estudo se vê obrigado a discordar, nesse caso, de B. Assy, quando essa autora afirma que "o fenômeno [a banalidade do mal] significava o abismo que se evidenciava entre a monstruosidade dos atos cometidos em desmesuráveis proporções e a raiz não-volitiva e superficial do agente". *Idem*, p. 142.

Por isso Arendt advogava uma nova jurisprudência, capaz de distinguir entre os crimes praticados pelos nazistas convictos e pelos sádicos dos campos de concentração e aqueles cometidos pelos burocratas que não tinham o hábito de pensar e de julgar. Arendt não estava preocupada com o tipo de pena a ser imputada ao criminoso individual – uma prerrogativa da justiça –, mas com a consideração da natureza diferenciada de tais crimes, de modo a alicerçar o trabalho da justiça no julgamento dos criminosos que não tinham o hábito de pensar e alegavam o cumprimento de ordens para justificar os crimes cometidos. Muitos desses, após a guerra, ocuparam as antigas atividades e aderiram ao código de valores vigente antes da guerra, como se nenhum crime tivesse sido cometido.

Arendt observa que, embora tenha sido Jesus o descobridor do perdão no âmbito dos assuntos humanos – um tipo de ação que tem o poder de apagar aquilo que foi feito –, e ensinado a perdoar "sete vezes ao dia", o perdão, para Jesus, não se aplicaria aos crimes cometidos contra a comunidade, pois estes colocam a todos em perigo. Arendt se refere ao perdão político: ao perdão que é capaz de apagar aquilo que foi realizado em comum e que é, por isso, um tipo de ação. Do ponto de vista do mundo, a impossibilidade do perdão transforma o evento em um obstáculo para os atos e comunicabilidade futuros.

Arendt nota que o radicalismo de Jesus na questão do mal "nunca foi aceito [...] por nenhum dos filósofos que já tenha lidado com o problema"[104]. A posição de Jesus, nesse caso, "é a posição do homem de ação, distintamente da posição do homem cujo principal interesse e preocupação é o pensar".

A próxima seção estuda a formação de um *Eu-duradouro* no espírito dos pensadores que se afastam da esfera política, uma abordagem que levará em conta a negação da liberdade, do mal e da contingência nos produtos do pensamento desses pensadores, mas que tem a convicção de que se esses pensadores – cristãos ou não-cristãos,

---

104. H. Arendt, "Algumas Questões de Filosofia Moral", *op. cit.*, p. 192 ("Some Questions of Moral Philosophy", *op. cit.*, p. 126).

filósofos ou não-filósofos – são "seres humanos como você e eu", ainda que tenham elaborado teorias avessas à liberdade, carregam no coração, "como você e eu", o amor à liberdade.

O Amor à Liberdade como Amor da Vontade

Os estudos voltados para a segunda parte de *A Vida do Espírito* são menos numerosos do que aqueles que se dedicam a estudar as outras duas faculdades do espírito. Isso se deve, provavelmente, à complexidade de "O Querer", assim identificada, por exemplo, por Michael Dennenny antes mesmo da publicação póstuma dessa obra. Dennenny afirmou que as últimas conferências de Arendt eram "brilhantes, originais e estimulantes" quando tratavam do pensamento, mas quando versavam sobre a vontade "eram difíceis e enigmáticas"[105].

R. Beiner, que tem o mérito de ter sido o primeiro a tornar públicas as *Lições sobre a Filosofia de Kant* e a comentá-las, enfrenta essas dificuldades quando trata da segunda parte de *A Vida do Espírito*. A propósito de "O Querer", Beiner afirmou que, para Arendt, "a ideia de que nascemos para a liberdade sugere de algum modo que estamos destinados ou, pior ainda, 'condenados' a sermos livres" e que "os seres humanos sentem comumente 'a espantosa responsabilidade' da liberdade como um peso insuportável, do que intentam escapar com a ajuda de distintas doutrinas, como o fatalismo ou a ideia do processo histórico"[106].

Estaria Arendt negando o que havia afirmado em estudos anteriores a respeito da liberdade? Ao deixar a teoria política para dedicar-se a "assuntos transpolíticos" teria deixado de lado os conceitos e as convicções anteriores? Não haviam os gregos, em prosa e em verso,

---

105. M. Dennenny, "The Privilege of Ourselves. Hannah Arendt on Judgments", em Melvyn A. Hill (ed.), *Hannah Arendt: The Recovery of the Public World*, New York, St. Martin's Press, 1979, p. 245, citado por R. Beiner, "Interpretative Essay", em H. Arendt, *Lectures on Kant's Political Philosophy, op. cit.*, p. 89.
106. R. Beiner, "Interpretative Essay", *op. cit.*, p. 118.

enaltecido a experiência da liberdade? E os revolucionários da Era Moderna não haviam mencionado a "felicidade pública" e o "encantamento público", procurando exprimir a experiência política que haviam vivenciado, então? E não havia afirmado Arendt que o coração é o local onde o amor à liberdade resiste ao regime totalitário?

Se o julgamento de Eichmann colocou novas questões para as reflexões de H. Arendt, a liberdade continuou no centro das análises de *A Vida do Espírito*. Arendt deixou isso claro quando afirmou que "o segundo volume de *A Vida do Espírito* será dedicado à faculdade da Vontade e, por conseguinte, ao problema da Liberdade". Se Arendt analisa as ideias dos pensadores que trataram dessa faculdade é com a intenção de "salvar os fenômenos" que se encontram encobertos "por uma camada de raciocínios que não são arbitrários"[107].

E foi nesse mesmo sentido que Arendt fez a seguinte advertência no início da segunda parte de *A Vida do Espírito*: ao final de "O Querer" "iremos perguntar, então, se os homens de ação não estariam talvez em melhor posição para lidar com os problemas da Vontade do que os pensadores"[108], uma questão que ao final da segunda parte de *A Vida do Espírito* essa pensadora insinuou que tinha a intenção de analisar em "O Julgar".

Arendt não está preocupada em refazer os caminhos já percorridos por Kant para tratar da incompreensibilidade da liberdade ou por Bergson ao discutir a incompreensibilidade kantiana da liberdade[109]. No início de "O Querer" afirma que toma a *liberdade* como um

---

107. H. Arendt, "Willing", *op. cit.*, p. 3.
108. H. Arendt, *idem*, p. 6.
109. Quando Arendt toma a *liberdade* como um dado da consciência, em sentido bergsoniano, está aceitando as conclusões de Bergson, em *Ensaios sobre os Dados Imediatos da Consciência*, a respeito dos motivos pelos quais a liberdade pareceu incompreensível a Kant – a confusão entre duração e espaço. De outra parte, ao afirmar que, apesar das conclusões de Bergson, os filósofos profissionais continuaram recusando os fenômenos da liberdade e da contingência, busca outra explicação para essa recusa que não a polêmica entre deterministas e kantianos, tal como faz Bergson. Para as finalidades deste estudo, é importante ressaltar apenas que o próprio Bergson lembrou que Kant, mesmo tendo considerado a incompreensibilidade da liberdade, "acreditava na liberdade inquebrantavelmente". H. Bergson, *Ensayos sobre los datos inmediatos de la conciencia*, Montevido, Uruguay, Claudio Garcia & Cia – Editores, 1944, p. 282.

dado da consciência em sentido bergsoniano e que a "pedra de toque de um ato livre é sempre nossa consciência de que poderíamos ter deixado de fazer aquilo que de fato fizemos"[110].

Arendt reforça a convicção anterior quando afirma que é difícil compreender como os filósofos continuaram defendendo a necessidade e negando a contingência e a liberdade mesmo depois de Bergson ter dito que, "em virtude da pura fatualidade, a realidade lança a própria sombra atrás de si em um passado infinitamente distante"[111]. Uma afirmação, nota Arendt, que tinha um precursor: Duns Scotus, segundo o qual,

uma vez que o contingente aconteceu, não podemos mais desembaraçar os fios que o emaranharam até que se tornasse um evento – como se este pudesse ainda ser ou não ser[112].

As perspectivas de Bergson e de Duns Scotus são importantes porque coincidem com "o ângulo do ego volitivo" e, desse ponto de vista, observa Arendt, não é a contingência que aparece como uma ilusão da consciência: é a necessidade.

O *insight* de Bergson parece-me ao mesmo tempo elementar e altamente significativo, mas não será significativo também o fato de que esta observação, a despeito de sua plausibilidade simples, nunca tenha tido qualquer papel nas intermináveis discussões sobre necessidade *versus* liberdade?[113]

As falácias sobre a liberdade, presentes nas teorias dos pensadores cristãos – exceção feita a D. Scotus – e filósofos da Era Moderna, têm origem na perspectiva do ego pensante. Inspirada talvez em Kant, que havia ressaltado o *embaraço* da razão para lidar com a espontaneidade dos novos começos, Arendt trabalha com o *embaraço*

---

110. H. Arendt, "Willing", *op. cit.*, p. 3.
111. *Idem*, p. 31 (Arendt cita a obra de Bergson, *La pensée et le mouvant*, 1934).
112. *Idem*, p. 138.
113. *Idem*, p. 31.

do ego pensante para lidar com as volições produzidas pela faculdade da Vontade. Afinal, é o ego pensante que traduz em produtos do pensamento a vontade do filósofo.

> Nesse nosso interesse metodológico [com as complexidades do ego volitivo], dificilmente podemos negligenciar o fato simples de que toda filosofia da Vontade é produto do ego pensante e não do ego volitivo[114].

Arendt crê que a avaliação das outras faculdades do espírito pelo ego pensante não pode ser imparcial porque este resiste a tudo aquilo que representa uma ameaça à tranquilidade necessária à realização da atividade de pensar.

> Quando se olha para esse registro com olhos desanuviados de teorias e de tradições, religiosas ou seculares, é certamente difícil escapar à conclusão de que os filósofos parecem geneticamente incapazes de aprender a lidar com certos fenômenos do espírito e com sua posição no mundo, de que nós não podemos confiar mais nos pensadores para chegarmos a uma avaliação razoável da Vontade do que para chegarmos a uma avaliação razoável do corpo[115].

Enquanto a cisão entre corpo e espírito (alma) é uma falácia firmada na hostilidade do ego pensante aos reclamos do corpo que interrompem a atividade de pensar, as falácias produzidas pelo ego pensante a respeito da liberdade e da necessidade têm origem no antagonismo entre duas atividades espirituais: o pensar e o querer. É no espírito do filósofo que crê no progresso que se dá esse antagonismo, que é diferente, portanto, da cisão que ocorre no interior da vontade do pensador cristão.

Arendt não deixou de notar que todos os pensadores tinham em comum o gosto pela atividade de pensar e considerou que a contingência, desde a Antiguidade, era uma maldição "aos olhos dos filósofos que advogaram o ego pensante". A aversão à contingência já está

---

114. *Idem*, p. 23.
115. *Idem*, p. 34.

presente na teoria dos dois mundos, na inferiorização do mundo dos assuntos humanos e na crença de uma vida após a morte.

Na Antiguidade havia o *bios theoretikos*: o pensador habitava a vizinhança das coisas necessárias e eternas, participando do Ser até o ponto em que isso é possível para os mortais. Na era da filosofia cristã, havia a *vita contemplativa* dos monastérios e das universidades, mas também o pensamento consolador da divina Providência, unido à expectativa de uma vida após a morte, quando aquilo que parecera contingente e sem sentido neste mundo se tornaria cristalino[116].

Com o fim da tríade romana, despojados da ideia de necessidade e de eternidade pela secularização, os filósofos da Era Moderna se viram frente a frente com a contingência do mundo e da história, comandada pela Vontade, e com o assustador enigma da imprevisibilidade dos resultados da ação humana. E talvez tenha sido esse um dos motivos que levaram Beiner a afirmar que a responsabilidade da liberdade é um peso para os seres humanos.

Quando Arendt mencionou, em "O Querer", o peso da responsabilidade da liberdade, referia-se aos filósofos da Era Moderna que refletiram sobre a faculdade da vontade, mas que, desconhecendo a experiência histórica da liberdade na Antiguidade e considerando o fim de toda autoridade, tradição e religião no âmbito público, acreditaram que os seres humanos estavam diante de uma responsabilidade superior àquela que seriam capazes de assumir. Esse foi o motivo pelo qual a existência da Vontade, em que pese o fato de ter sido descoberta na Idade Média, passou a ser considerada apenas pelos filósofos a partir do início do século XIX.

Era tão forte a suspeita em relação à faculdade da Vontade, tão aguda a relutância em conceder aos seres humanos, desprotegidos pela Providência ou orientação divinas, um poder absoluto sobre seus próprios destinos, oprimindo-os, assim, com uma responsabilidade formidável por coisas cuja própria existência dependeria só deles próprios, tão grande, nas palavras de Kant, era

---

116. *Idem*, p. 27.

o embaraço da "razão especulativa ao lidar com a questão da liberdade da vontade..., nomeadamente com um poder de começar espontaneamente uma série de coisas sucessivas ou estados" – distinto da faculdade de escolha entre dois ou mais objetos dados (o *liberum arbitrium*, estritamente falando) –, que somente na última fase da Era Moderna a Vontade começou a substituir a Razão como a mais alta faculdade do espírito do homem. Isso coincidiu com a última era do autêntico pensamento metafísico; na virada do século XIX, ainda no estilo da metafísica [...] logo depois de Kant, passou a ser moda equacionar Querer e Ser[117].

As palavras de Arendt, às quais Beiner se referiu e que são as últimas em "O Querer", afirmam que o argumento agostiniano de que os seres humanos nasceram para começar algo novo é "um tanto opaco" e, por isso, "parece nos dizer nada além de que estamos condenados a ser livres em virtude de que nascemos", sem levar em conta se "apreciamos a liberdade ou detestamos sua arbitrariedade, se ela nos 'apraz' ou se preferimos escapar à sua terrível responsabilidade através da eleição de alguma forma de fatalismo"[118].

Arendt faz essa afirmação por considerar que o sentido da argumentação agostiniana não pode ser plenamente alcançado no âmbito das reflexões que conformam "O Querer". Considerou, usando as palavras de Agostinho, que a associação entre nascimento e liberdade *parecia* transformar a última em um destino, do qual ninguém pode fugir, independentemente daquilo que cada um possa sentir diante da responsabilidade da liberdade. Não afirmou, tal como pareceu a Beiner, que "os seres humanos sentem comumente 'a espantosa responsabilidade' da liberdade como um peso insuportável, do que intentam escapar com a ajuda de distintas doutrinas como o fatalismo ou a ideia do processo histórico". O parágrafo completo é o seguinte:

> Estou bastante consciente de que o argumento mesmo na versão agostiniana é um tanto opaco e que ele parece nos dizer nada além de que estamos conde-

117. *Idem*, p. 19.
118. *Idem*, p. 217.

nados a ser livres em virtude de que nascemos, não importando se apreciamos a liberdade ou detestamos sua arbitrariedade, se ela nos "apraz" ou se preferimos escapar à sua terrível responsabilidade através da eleição de alguma forma de fatalismo. Esse *impasse, se é um impasse*, não pode ser desfeito ou resolvido exceto através do apelo a uma outra faculdade do espírito, não menos misteriosa do que a faculdade de começar: a faculdade do Juízo, cuja análise poderia no mínimo nos dizer o que está envolvido em nossos prazeres e desprazeres[119].

Quando se referiu ao afastamento do filósofo das comunidades políticas, Arendt não tratou da irresponsabilidade diante da liberdade. Nos estudos sobre a Idade Média atribuiu a descoberta da liberdade, entendida como livre-arbítrio, ao desaparecimento de espaços público-políticos desde o final da Antiguidade – Epicteto encontrou a liberdade na própria imaginação e os pensadores cristãos viveram a ambivalência de estarem ao mesmo tempo no mundo e fora dele. Diferenciou os filósofos da Era Moderna daqueles que os antecederam, por terem voltado os olhos para o mundo dos acontecimentos humanos, para as revoluções modernas, eventos que marcaram o reaparecimento factual da liberdade na história do mundo ocidental, mas que mantiveram-se obscurecidos nas análises históricas que adotaram a noção de progresso.

Arendt notou, todavia, que os produtos do pensamento daqueles que viveram afastados das comunidades políticas costumam negar a condição de mudança do mundo. Essa negação, tomada como uma verdade pelo ego pensante, empresta ao filósofo profissional uma *boa consciência*; equivale à afirmação de que o *mundo é como deveria ser*. Arendt está considerando, nesse caso, a perspectiva do filósofo profissional.

Está na natureza de todo exame crítico da faculdade da Vontade que ele seja empreendido por "pensadores profissionais" (os *Denker von Gewerbe* de Kant) e isso levanta a suspeita de que as denúncias da Vontade como uma mera ilusão da consciência e as refutações sobre a sua existência, apoiadas por argu-

---

119. *Idem, ibidem*.

mentos quase idênticos em filósofos que partem de pressupostos muito diferentes, se devem a um conflito básico entre as experiências do ego pensante e as do ego volitivo[120].

Arendt questiona: "Será que os pensadores profissionais ao fundarem suas especulações na experiência do ego pensante sentiram menos satisfação com a liberdade do que com a necessidade?"[121] O que apraz ao filósofo profissional é a tranquilidade, que é condição para a atividade de pensar: para a serenidade do ego pensante a ideia de liberdade e de contingência só pode incomodar.

Arendt tratou da disposição do filósofo em relação ao fenômeno da liberdade quando analisou a filosofia da história hegeliana. Do ponto de vista do mundo, a vontade do "filósofo profissional" é sempre um *querer-não-querer*, pois o humor da vontade opõe-se à serenidade que é o humor do ego pensante. Quando uma volição está por se realizar, o humor da vontade é a tensão, a impaciência e a inquietude.

Se o "filósofo profissional" incorpora a concepção de progresso às suas próprias reflexões e procura desvendar o Devir, o ego volitivo passa a comandar os movimentos do espírito que se voltam, então, para um projeto, cuja realização encontra-se no futuro. Arendt analisa, através do produto do pensamento do "filósofo profissional", a dinâmica do ego volitivo e as relações entre ego pensante e ego volitivo que estão na origem desse produto.

Na filosofia da história de Hegel o ego volitivo passa a comandar a construção do tempo no espírito do filósofo: volta-se para o futuro que, uma vez antecipado, nega antecipadamente o "presente permanente" que é o tempo do ego pensante, transformando-o em um "não mais". Trata-se da negação contínua da sequência temporal – passado-presente-futuro – pelo ego volitivo que voltado para o futuro produz um processo progressivo de reposição e de negação contínua dos projetos da Vontade. Jacques Taminiaux traduziu esse

---

120. *Idem*, p. 4.
121. *Idem*, p. 33.

movimento como a "viragem da inquietude do tempo para a tranquilidade da rememoração"[122].

Uma vez "terminado e realizado" o processo, o futuro desaparece e juntamente com este desaparecimento se dá a cessação do Devir e do processo em que o Ser se desdobrava e se desenvolvia. Inicia-se, então, o passado permanente, o lugar ideal para o ego pensante que recuperando a serenidade pode trabalhar com o passado, isto é, com as coisas-pensamento guardadas na memória.

É nesse lugar que o ego pensante pode manter-se afastado do mundo das aparências sem precisar "pagar o preço da 'distração' e da alienação do mundo. [...] O espírito, pela força da reflexão, pode assimilar para si – sugar – não, certamente, todas as aparências, mas qualquer coisa que tenha tido significado", uma vez que, para Hegel, Espírito e Mundo se reconciliam por meio do pensamento[123].

> O olhar retrospectivo do filósofo, pelo puro esforço do ego pensante, pode internalizar e relembrar (*er-innern*) a falta de sentido e a necessidade do movimento que se desdobra, de modo que possa morar de novo com aquilo que é e não pode não-ser. Finalmente, em outras palavras, o processo do pensar coincide de novo com o autêntico Ser: o pensamento depurou a realidade daquilo meramente acidental[124].

É nessa construção espiritual do tempo que se encontra a origem da falácia da conciliação entre necessidade e liberdade – "talvez o mais terrível e intolerável paradoxo, humanamente falando, em todo o corpo do pensamento moderno"[125], uma conciliação possível graças à identificação entre "Reino Espiritual" e "Reino da Vontade", na filosofia hegeliana. Para Arendt, se o objetivo final desse "de-

---

122. J. Taminiaux, "La fille de Thrace et le penseur profissionnel", p. 184, em Theresa Calvet de Magalhães, "Hannah Arendt e a Desconstrução Fenomenológica da Atividade de Querer", em *Transpondo o Abismo*, p. 21.
123. H. Arendt, "Willing", *op. cit.*, p. 40.
124. *Idem*, p. 28.
125. H. Arendt, *On Revolution*, *op. cit.*, p. 54.

senvolvimento do *Espírito do Mundo* nos assuntos mundanos deve ser a Liberdade", isso se deve à liberdade implícita na Vontade: a liberdade de realizar projetos pelo espírito humano[126]. Mas isso significa identificar a liberdade com a necessidade inerente ao processo que foi construído pelo espírito do filósofo.

Ainda que as atividades que ocorrem no espírito de cada ser humano sejam invisíveis, o espírito é mundano. Até mesmo o pensamento que exige um afastamento do mundo aparece na forma de "artefatos do pensamento", porque "a razão – não porque o homem seja um ser pensante, mas porque ele só existe no plural – também quer a comunicação e tende a perder-se caso dela tenha que se privar"[127]. É através da linguagem que a singularidade de cada ser humano vem a público: através de produtos-pensamento – teorias, obras de arte, literatura, poesia – e da atividade da ação, pois "adequar-se a um mundo de aparências" significa apresentar-se "exibindo não seu 'eu interno', mas a si próprio como indivíduo"[128]. É nesse sentido, portanto, que também para o "filósofo profissional" que se mantém afastado das comunidades políticas vale a máxima de que só é possível "escapar da aparência para a aparência".

A responsabilidade que pode ser imputada ao filósofo é a mesma que pode ser atribuída a qualquer um a respeito de quem escolheu ser, uma decisão associada à vontade e que condiciona o caráter, as volições e os atos particulares de cada pessoa. Trata-se da escolha associada à "capacidade interna através da qual os homens decidem sempre 'quem' eles vão ser, [isto é] de que maneira desejam se mostrar no mundo das aparências"[129].

Em "O Pensar", Arendt ressaltou a importância do aparecimento daqueles que pensam – filósofos ou não – para julgar os acontecimentos em momentos de crise. Ao fazer uma tal consideração ou ao afirmar que o indivíduo pode ser responsabilizado pela escolha que

---

126. H. Arendt, "Willing", *op. cit.*, p. 46.
127. H. Arendt, "Thinking", *op. cit.*, p. 99.
128. *Idem*, p. 29.
129. H. Arendt, "Willing", *op. cit.*, p. 215.

fez a respeito de como deseja aparecer, certamente estava se referindo à opinião pública. Arendt não advogou que os filósofos profissionais se tornassem "homens de ação". Ela mesma não se considerava uma mulher de ação, ainda que não fosse uma "pensadora profissional", um tema para o capítulo seguinte.

O que é importante salientar no caso do filósofo profissional e no contexto da análise que Arendt faz em "O Querer" é que o *Eu-duradouro*, projetado pelo filósofo profissional, é totalmente moldado pela vontade e não no intercâmbio com os outros: ele próprio se transforma no projeto da vontade.

Koyré chegou a suspeitar que Hegel teria imaginado que ele mesmo era o Espírito do Mundo. A esse respeito Arendt afirma:

> [...] a filosofia de Hegel poderia reivindicar a verdade objetiva somente sob a condição de que a história estivesse fatualmente no fim, que a humanidade não tivesse mais futuro, que nada que trouxesse algo de novo pudesse ainda ocorrer. E Koyré acrescenta: "é possível que Hegel acreditasse nisso..., até mesmo que acreditasse... que essa condição essencial [para uma filosofia da história] já fosse uma realidade... e que esta fosse a razão pela qual ele próprio foi capaz – fora capaz – de completá-la". (Esta é, de fato, a convicção de Kojève, para quem o sistema hegeliano é *a* verdade e, portanto, o fim definitivo da filosofia, bem como da história.)[130]

Através da análise de "O Querer" Arendt deseja ressaltar que parte dos problemas associados à apreensão da liberdade no pensamento filosófico se deve à maneira como o filósofo profissional vivencia a sua própria "liberdade": "o indivíduo modelado pela Vontade e sabedor de que poderia ser diferente daquilo que é (o caráter, distintamente da aparência ou dos talentos e habilidades corporais, não é dado ao eu com o nascimento), sempre tende a afirmar um 'Eu-mesmo' contra um 'Eles' indefinido – todos os outros que eu, como

---

130. *Idem*, p. 47. Arendt refere-se a Alexandre Koyré, no ensaio publicado em 1934, *Hegel à Iéna*, texto que se tornou a "fonte e a base", nota Arendt, das interpretações da Fenomenologia de Hegel feitas por Alexandre Kojève em *Introduction to the Readings of Hegel*.

um indivíduo, *não sou*". Trata-se da liberdade solipsista, algo "apavorante", diz ela, pois diz respeito ao "'sentimento' de que o meu ficar-de-fora, isolado de todos os demais, deve-se à vontade livre, que nada nem ninguém pode ser responsabilizado por isso a não ser eu mesmo", ou seja, a liberdade é um problema de cada um. De outra parte, surge o sentimento de abandono do mundo – nascido da reflexividade da vontade de um "*Eu-mesmo* que se coloca contra um *Eles*"[131].

Associado à noção de progresso, o sentimento de abandono do mundo se faz acompanhar da ideia de que o mundo *é como deveria ser*, apesar de não estar ainda "pronto", "perfeito", um *deveria-ser* utópico, portanto, porque não tem "*topos* próprio ou um lugar no mundo". É por isso que Arendt questiona a postura do filósofo profissional: "a confiança na necessidade, a convicção de que tudo é como 'era para ser' não é infinitamente preferível à liberdade comprada ao preço da contingência?"[132]

A busca de tranquilidade impediu os filósofos profissionais de incorporarem o fenômeno da liberdade e da contingência às próprias reflexões, uma vez ocupados com o Todo. Arendt apenas lamenta, chegando a referir-se às famosas palavras de Marx – do jovem Marx – ao encerrar as *Teses sobre Feuerbach* (1845), sem contudo citá-lo:

> Aos pensadores profissionais [...], não lhes "aprouve a liberdade" e sua inelutável aleatoriedade; não quiseram pagar o preço da contingência pelo dom questionável da espontaneidade, de ser capaz de fazer o que se poderia também deixar de ter feito. Deixemo-los portanto de lado e concentremos nossa atenção nos homens de ação que devem ter um compromisso com a liberdade pela própria natureza de sua atividade, que consiste em "mudar o mundo" e não em interpretá-lo ou conhecê-lo[133].

Mas algo mais está em questão nas análises que Arendt faz a respeito da faculdade da Vontade: a ideia de contingência e de von-

---

131. *Idem*, pp. 195-196.
132. *Idem, ibidem*.
133. *Idem*, p. 198.

tade livre coloca em pauta o problema do mal, tal como nas teorias cristãs do *livre-arbítrio*. O filósofo passa ao largo desse fenômeno pois, ao habitar o Todo, não encontra aí quaisquer justificativas para o particular; nesse caso, nega-se o mal de uma vez por todas ou este é visto como uma deficiência do bem, tal como ocorre no pensamento cristão. Arendt afirma que o mal, nesse sentido, pertence "àquelas coisas" que nem as pessoas mais cultas parecem saber nada, tal como H. Bergson havia dito quando tratou do fenômeno da liberdade.

O mal, tal como o fenômeno da contingência e da liberdade, é um incômodo à serenidade do ego pensante. Nas filosofias da história, o mal desaparece graças ao poder de negação da dialética, que dissipa o medo e empresta esperança:

> A grande confiança de Hegel e Marx no "poder de negação" da dialética, em virtude da qual os opostos não se destroem, mas suavemente se transformam um no outro pois as contradições promovem e não paralisam o desenvolvimento, assenta-se em um preconceito filosófico muito mais antigo: o de que o mal não é mais do que um *modus* privativo do bem, de que o bem pode advir do mal; de que, em síntese, o mal é apenas a manifestação temporária de um bem oculto[134].

A liberdade da vontade *solipsista* – a liberdade interior descoberta por Agostinho – interessa apenas ao indivíduo solitário, aquele que vive afastado das comunidades políticas. Nesse caso, a liberdade da vontade é compreendida como um *querer*: depende unicamente de decisões tomadas unilateralmente. A faculdade da Vontade enquanto órgão voltado para o mundo comum realiza-se, diversamente, como um *eu-posso*, porquanto está remetida a outras vontades – às vontades que conformam o sentido mesmo do *poder* como ação comum. Foi a isso que Arendt se referiu quando afirmou que

> as comunidades políticas em que os homens se tornam cidadãos são produzidas e preservadas por leis e essas leis feitas pelos homens podem ser muito diferen-

---

134. H. Arendt, *On Violence*, New York, Harcourt Brace & Company, 1970, p. 56.

tes e podem dar forma a diversos tipos de governo, que de uma maneira ou de outra constrangem a vontade livre de seus cidadãos. Com exceção da tirania, em que uma vontade arbitrária governa a vida de todos, os governos abrem não obstante algum espaço de liberdade para a ação, espaço que realmente põe em movimento o corpo constituído de cidadãos[135].

Os pensadores cristãos que acreditavam em uma vida após a morte e os filósofos profissionais que acreditavam no progresso acabaram por incorporar a noção de liberdade da vontade às próprias reflexões como expressão mesma da vontade solipsista cultivada no afastamento das comunidades políticas.

Quando Arendt mencionou a descoberta da faculdade da vontade pelo pensamento cristão, afirmou que todo *eu-quero* surge como uma reação dos seres humanos quando subjugados: "de uma inclinação natural para a liberdade". Mas, se o cristão encontrava-se subjugado pela Lei divina, a que estaria submetido o filósofo que faz do pensar uma ocupação única?

Arendt aponta para a morte como o horizonte do *querer* daquele que vive afastado das comunidades políticas: de um projeto fundado na perspectiva do tempo de vida do indivíduo na Terra[136]; de um projeto individual que tem sua razão de ser, segundo essa pensadora, no fato de que "o verdadeiro filósofo não aceita as condições sob as quais a vida foi dada ao homem"[137]. A morte realiza, nesse caso, o

---

135. H. Arendt, "Willing", *op. cit.*, p. 199.
136. Essa crítica guarda alguma semelhança com aquela que Arendt fez a Heidegger em 1946, referindo-se, contudo, ao *Dasein* de *Ser e Tempo*. Em *O Que é Filosofia da Existenz?*, Arendt teceu considerações sobre o Ser-aí (*Dasein*) heideggeriano como projeto para o futuro e afirmou, então, que o Ser-aí "busca escapar da condição de ter sido lançado (*Geworfenheit*) por meio de uma 'projeção' (*Entwurf*) que sempre antecipa a morte como sua extrema possibilidade. Mas 'na estrutura do ser-lançado, assim como na do projeto, encontra-se essencialmente um Nada". "What is Existential Philosophy?", em *Essays in Understanding*, p. 180. Em *A Vida do Espírito*, o projeto em direção à morte é elaborado no interior do espírito do filósofo em condições de afastamento do espaço público-político. Uma reflexão sobre a interpretação arendtiana de *Ser e Tempo* encontra-se em J. Taminiaux, *Arendt, disciple de Heidegger?*, *op. cit.*, p. 111.
137. H. Arendt, *Lectures on Kant's Political Philosophy*, *op. cit.*, p. 22.

principium individuationis absoluto e nesse sentido ela "é a garantia de que tudo o que importa, no final das contas, é *eu mesmo*"[138]. Trata-se de um projeto que desconsidera que outros permanecerão vivos e virão após.

A principal concordância entre os filósofos [desde Pitágoras] está na atitude em relação à vida e à morte[139].

E isso vale também para Kant, embora este se diferenciasse, segundo Arendt, dos demais filósofos por não ter se evadido do particular para buscar o sentido deste no universal e por ter afirmado a dignidade moral do ser humano ao considerar que a respeito do homem "não se pode perguntar por que (*quem in finem*) [para que fim] ele existe, pois ele é um fim em si mesmo"[140]. Kant não buscava uma finalidade para o ser humano ou para a vida.

O que está em questão para Arendt, nesse caso, é a "franca suspeição da vida" pelo filósofo profissional e a falta de uma justificativa para a vida, pois o filósofo não a encontra no âmbito dos assuntos humanos. O que está em questão não é a imortalidade mas "o valor da própria vida".

E a questão aqui não é a de que a vida na Terra não seja imortal, mas, como diriam os gregos, que não seja "fácil" como a vida dos deuses, mas penosa, cheia de preocupações, cuidados, desgostos e tristezas, com as dores e os descontentamentos superando sempre os prazeres e as gratificações[141].

Arendt ressalta que, se para os gregos era o espanto admirativo que os levava a pensar, entre os romanos a filosofia foi relacionada à cura dos espíritos desesperados – "uma 'ciência', a *animi* medicina de Cícero", uma decorrência do declínio e queda do império: a filo-

---

138. H. Arendt, "What is Existencial Philosophy?", *op. cit.*, p. 181.
139. H. Arendt, *Lectures on Kant's Political Philosophy*, *op. cit.*, p. 22.
140. *Idem*, p. 26.
141. *Idem*, p. 24.

sofia era uma forma de "curar [...] espíritos desesperados, escapando do mundo através do pensar". Nessa época a busca da felicidade tornou-se o tema central das filosofias, como é o caso do estoicismo e do epicurismo e essa felicidade é, nas condições da perda de um mundo político organizado, uma nova versão da busca da "boa vida" aristotélica mas sem conotação política[142].

Pensar como fuga às frustrações em relação ao mundo "significa seguir uma sequência de raciocínio através do qual se é levado a um ponto de vista exterior ao mundo das aparências como também à própria vida"[143]. Nesse caso, ressalta Arendt, aquele que pensa o faz por meio de relativizações: o que importa o que ocorre na Terra, o que os homens fazem e o que fazemos ou o que sofremos, se a Terra em relação ao universo é um ponto, se os séculos são apenas instantes quando se considera a eternidade e se a morte é igual para todos e não há nenhum além.

Para Arendt, o ser humano não veio ao mundo para ser feliz ou infeliz; a felicidade é um estado que pode ser alcançado com a satisfação dos processos orgânicos de sobrevivência, manutenção e reprodução da espécie. A felicidade está associada à satisfação vital e ainda que essa satisfação faça parte da vida de todo ser humano, a felicidade não diz respeito à "boa vida" aristotélica.

> A bênção da vida como um todo, inerente ao labor, jamais pode ser proporcionada pelo trabalho, nem deve ser confundida com o breve intervalo de alívio e alegria que se segue à consumação de um feito e acompanha a sua realização.
>
> Não existe felicidade duradoura fora do ciclo prescrito de exaustão dolorosa e regeneração agradável; e tudo o que perturba o equilíbrio deste ciclo [...] destrói a felicidade fundamental que advém do fato de se estar vivo[144].

---

142. H. Arendt, "Thinking", p. 152.
143. *Idem*, p. 160.
144. H. Arendt, *The Human Condition*, *op. cit.*, p. 134.

Ainda que Hegel tenha dotado os assuntos humanos de uma importância que nunca havia sido concebida por nenhum filósofo, Arendt identifica a influência romana no pensamento hegeliano, pois para Hegel "o pensamento não surge da necessidade da razão, mas tem raiz existencial na infelicidade". Hegel tinha consciência da herança que a filosofia moderna recebeu dos romanos, tendo afirmado que "o estoicismo, o epicurismo e o ceticismo [...] embora [...] opostos entre si, tinham o mesmo propósito geral [...], tornar a alma absolutamente indiferente a tudo que o mundo real tinha para oferecer"[145].

Como ressalta Hans Jonas, Arendt contrapõe essa fonte romana do pensar à fonte platônica, até o ponto de uma contradizer a outra:

> Uma é o assombro maravilhado sobre o espetáculo em meio àquilo em que nascemos [...] a outra é a extrema miséria do ser humano de ter sido lançado em um mundo cuja hostilidade é surpreendente[146].

Mas essa contradição não exclui essas duas fontes como origem do pensar. Para Arendt não é apenas o espanto platônico ou socrático diante do que é Belo que leva a pensar – para Sócrates o pensamento nasce a partir da beleza, da justiça e da sabedoria, que conformam o Belo. São fontes do espanto e da reflexão, também, a desarmonia, o feio e o mal. Como observa Lefort, quando Arendt diz que o "pensar nasce", isso "não significa puramente mover-se no já-pensado, senão voltar a começar e, mais precisamente, voltar a começar [a pensar] pondo o pensamento à prova do acontecimento"[147].

Mas se o filósofo não encontra justificativa para a vida, por que teriam Kant e Hegel sentido um grande deslumbramento e esperança ao tomarem conhecimento dos eventos que marcaram o início da Revolução Francesa? Não teria sido por amor à liberdade? Se a

---

145. H. Arendt, "Thinking", *op. cit.*, p. 153 (a afirmação de Hegel pertence às conferências hegelianas tardias, *Filosofia da História*).
146. H. Jonas, "Actuar, conocer, pensar. La obra filosófica de Hannah Arendt", em *Hannah Arendt: El orgullo de pensar, op. cit.*, p. 38.
147. C. Lefort, *Hannah Arendt y la cuestión de lo político, op. cit.*, p. 133.

liberdade aparece associada à vontade nos produtos do pensamento elaborados pelos filósofos e pensadores cristãos – como liberdade da vontade ou como livre-arbítrio ou liberdade fundada na abolição da necessidade a ser alcançada ao final da história, como em Marx –, é de supor que um tal aparecimento esteja associado de alguma forma ao amor à liberdade, em situações de estranhamento ou abandono em relação ao mundo, como Arendt sugeriu quando mencionou a descoberta da vontade no limiar da Idade Média. Afinal, o amor à liberdade está associado ao desejo de distinção e, portanto, à condição humana da pluralidade: "a paradoxal pluralidade de seres singulares".

Os seres humanos podem amar e amam muitas coisas; a análise do *Eu-duradouro* é uma crítica ao solipsismo e não às diferentes formas de manifestação do amor humano. Os seres humanos podem amar e amam a sabedoria, o próximo e a Deus. O amor associado à constituição de um *Eu-duradouro* é o amor da vontade que não pode alcançar a redenção no âmbito público-político; é o amor da vontade que tem como horizonte a morte – ou a vida depois da morte. O afastamento do filósofo da convivência humana transforma-o efetivamente em tempo: tempo em direção à morte – em Hegel o homem não é só temporal, ele é Tempo e é nesse sentido que o fim da História corresponde à morte, à "frustração dos projetos da vontade". Não é por acaso que o filósofo foi apontado algumas vezes como aquele que ama a morte.

Se o entusiasmo de Hegel e de Kant pode ser associado ao amor à liberdade, isso não significa que, caso estivessem no exato local em que ocorreram os acontecimentos que constituíram a Revolução Francesa, teriam afirmado um "eu-posso", tornando-se atores. A esse respeito cabem as considerações que Arendt fez a respeito das palavras de Stuart Mill, para quem o ser humano abriga um eu que é mais permanente que um outro eu e que, ao final, é o "eu que perdura" que acaba por decidir para que lado pende a vontade. Arendt ressaltou a esse respeito, também, as palavras de Agostinho: "há

O Amor da Vontade 213

alguém em mim, alguém que é mais eu do que eu mesmo"[148]. Kant e Hegel não eram homens de ação.

A insistência no solipsismo do filósofo profissional por parte de Arendt não é uma tentativa de remetê-los à ação. Sócrates que vivia em meio aos cidadãos não era um homem de ação. O mesmo vale para Arendt que amava a liberdade e a sabedoria, mas negava ser mulher de ação. Mantendo-se em meio à comunidade política, aqueles que gostam de pensar encontram o objeto do espanto – *thaumadzein* – em meio à pluralidade humana; até mesmo o horror pode ser fonte de espanto, como lembrou Sylvie C.-Denamy ao citar as palavras de Arendt:

> Pois o horror sem voz diante do que o homem pode fazer e do que o mundo pode se tornar está, em muitos pontos, ligado ao espanto sem voz, ao reconhecimento de onde surgem questões filosóficas[149].

A concepção de liberdade da vontade que aparece nos produtos do pensamento do filósofo profissional é fruto do solipsismo que pode dispor à vontade do querer e do não-querer (que é também uma forma de querer), voltado para o projeto de si que encontra o limite último na projeção da própria morte. É nesse sentido que a mortalidade não pode ser a categoria central do pensamento político.

A natalidade e não a mortalidade pode constituir-se na categoria central do pensamento político[150].

---

148. H. Arendt, "Willing", *op. cit.*, p. 98 (Arendt cita *Confissões*, Livro XIII, cap. ix; quanto a J. S. Mill não há referência bibliográfica).
149. Silvye Courtine-Denamy, *O Cuidado com o Mundo*, Belo Horizonte, UFMG, 2004, p. 24. Essa citação encontra-se em H. Arendt, "L'intérêt pour la politique dans la pensée philosophique européenne recente", *Cahiers de Philosophie*, 4 (*Hannah Arendt: confrontations*), Lille, Presses de Université de Lille, 1987, p. 25.
150. H. Arendt, *The Human Condition*, *op. cit.*, p. 9. Taminiaux acredita que "o contraste entre 'natal' arendtiano e o ser-para-a-morte hedeggeriano é patente" na obra de Arendt ainda que ela não explicite isso. J. Taminiaux, "La fille de Thrace et le penseur", *op. cit.*, p. 193, em Theresa Calvet de Magalhães, "Hannah Arendt e a Desconstrução Fenomenológica da Atividade de Querer", *op. cit.*, p. 21. De fato Arendt não menciona

Arendt ressaltou, também, o amor capaz de aplacar a cisão da vontade nas experiências de conversão. Para o apóstolo Paulo o amor nunca se extingue; em Santo Agostinho a vontade se transmuta em amor e em Scotus o amor a Deus deixa de estar referido ao amor de si e, portanto, ao amor *concupiscentiae*, desejoso, tornando-se o "amor perfeito a Deus por amor a Deus..."[151]. A beatitude em Scotus tem como essência o *fruitio*, o desfrute pelo próprio desfrute. Scotus é, nesse sentido, o único entre os pensadores cristãos para quem a vontade não precisa de redenção divina, o amor é uma atividade que encontra o seu repouso em si mesma. E Arendt conclui que

a ideia de que poderia haver uma atividade que encontra seu repouso em si mesma é tão surpreendentemente original – sem precedente ou sucessor na história do pensamento ocidental – como a preferência ontológica de Scotus pelo contingente sobre o necessário e pelo particular existente sobre o universal[152].

Talvez Arendt estivesse pensando, nesse caso, naqueles que, como ela, amam a liberdade, mas optam pelo papel de espectador, isto é, pela "contemplação inativa" dos acontecimentos mundanos.

aquela contraposição quando se refere a Heidegger, mas em *A Vida do Espírito* afirma, como será possível estudar no capítulo seguinte, que Heidegger nunca se ocupou da ação humana. F. Collin acredita que "o nascimento e a morte não são dois termos equivalentes da finitude e não é indiferente voltar-se para um ou para outro, de modo que a diferença entre o pensamento heideggeriano e o pensamento arendtiano encontra-se inscrito nessa oposição". F. Collin, "Du privé et du public", *Les Cahiers du Grif*, 33, 1986, p. 59. Hans Jonas afirma, por sua vez, que Arendt criou *Natalität*, como um conceito contrário ao conceito de *Mortalität* – e para confirmar isso, cita Arendt em *A Condição Humana*: "o novo começo que se dá no mundo com cada nascimento só pode fazer-se valer porque o novo chegado tem a capacidade de fazer ele mesmo um novo começo, isto é, de atuar [...]. E posto que o atuar é ademais a atividade política por excelência, bem poderia ser que a natalidade represente [...] um fato tão decisivo para o pensamento político, como desde sempre, o era a mortalidade que impulsionou o pensamento metafísico e filosófico". H. Jonas, "Actuar, conocer, pensar. La obra filosófica de Hannah Arendt", em *Hannah Arendt: el orgullo de pensar, op. cit.*, p. 28 (Jonas cita *The Human Condition, op. cit.*, pp. 15-16).
151. Arendt se refere à distinção agostiniana entre *frui* e *uti*; este último diz respeito a usar algo com alguma finalidade.
152. H. Arendt, "Willing", *op. cit.*, p. 145.

Bethânia Assy, ao enfatizar as relações entre vontade e ação, associou a transformação da vontade em amor, pelo cristão, à transformação da vontade em amor ao mundo pelo cidadão que se volta para a ação. A redenção da vontade na ação ocorreria através do *Amor ao Mundo*, de modo que a partir da faculdade da vontade se chegaria a uma ética positiva no âmbito do pensamento de H. Arendt. Segundo Assy,

> A vontade estaria necessariamente atrelada à noção de responsabilidade, [...] pela noção arendtiana de *Amor mundi*, recuperada pelos medievos, particularmente em Agostinho. [...] Na atividade da vontade, a afirmação do outro, o *Amo: volo ut sis* ("eu quero que tu sejas"), implica *Amor mundi*, ou seja, responsabilidade pelo mundo[153].

Este estudo se vê obrigado a discordar de B. Assy. Embora o *Amor mundi* arendtiano seja um tema para o próximo capítulo, considerando os estudos realizados até aqui, é de perguntar, por enquanto, como a ação entre os gregos, fundada no desejo de imortalidade e na concorrência entre os cidadãos da *polis* para a realização de grandes feitos, que chegou ao paroxismo e tornou-se agônica, poderia ser compatibilizada com a ideia de que a vontade se transforma em A*mor ao Mundo*?

As análises sobre a Vontade em "O Querer", como Bethânia Assy bem sublinhou, encontram-se associadas às considerações arendtianas a respeito do impulso humano para a esfera do aparecimento. Não há para Arendt, contudo, nem espontaneidade da vontade nem liberdade da vontade referidas à atividade da ação – estas dizem respeito ao *querer* e este, por sua vez, àqueles que se afastam das comunidades políticas. Liberdade e espontaneidade ocorrem no âmbito da ação, a partir de um impulso individual dirigido para o mundo da aparência, fundado no desejo de distinção. Além disso, a resolução

---

153. B. Assy, "A Atividade da Vontade em Hannah Arendt: Por um Êthos da Singularidade (Haecceitas) e da Ação", em *Transpondo o Abismo...*, op. cit., p. 50.

da vontade na ação não pode ser considerada uma ética porque é a realização mesma da condição da pluralidade humana.

Ora, "a liberdade enquanto relacionada à política não é um fenômeno da vontade"[154], e para isso Arendt já chamava a atenção em 1960, em O Que é Liberdade? Em Da Revolução Arendt afirmava:

> John Adams sabia que o que unia os homens nas reuniões de cunho político não era "exclusivamente [...] uma obrigação, e muito menos para servir aos seus próprios interesses, mas, acima de tudo, porque apreciavam as discussões, as deliberações e a tomada de decisões". O que os unia era "o mundo e o interesse público da liberdade" (Harrington), e o que os impulsionava era a "paixão pela distinção", que John Adams afirmava ser "mais essencial e mais importante" do que qualquer outra faculdade humana: "onde quer que se encontrem homens, mulheres ou crianças [...] todos são movidos pelo desejo de serem vistos, ouvidos, comentados, aprovados e respeitados pelas pessoas que os rodeiam, no âmbito de seu conhecimento". A virtude dessa paixão, ele a chamava emulação, o "desejo de superar os outros", e o seu vício ele qualificava como ambição, porque "ele aspirava ao poder como um meio de distinção"[155].

E na sequência desse trecho Arendt afirma que, "do ponto de vista psicológico, esses são efetivamente os principais vícios e virtudes do homem político". Mas quando a vontade de poder aparta-se do desejo de distinção, tal como é o caso do tirano, não se trata mais de um vício, mas uma "condição que tende a destruir toda a vida política, com seus vícios e suas virtudes". A Vontade, uma vez isolada, é um *eu-quero* que pode vir a transformar-se em um *eu-posso* soberano, uma *vontade de poder* solipsista que busca realizar-se contra tudo e contra todos. A liberdade, nesse caso, é compreendida como a liberdade de exercer um querer sem limites[156].

---

154. H. Arendt, "What is Freedom?", *op. cit.*, p. 151.
155. H. Arendt, *Da Revolução*, São Paulo, Ática, 1990, p. 95 (*On Revolution, op. cit.*, p. 119).
156. H. Arendt, *On Revolution*, p. 119.

Arendt ocupou-se das atividades do espírito porque estava interessada na constituição de um *nós*, ao qual não se chega através do diálogo íntimo, tal como em Jaspers ou através do *Eu-Tu* de M. Buber, como já mencionado. Um *nós* que é o "verdadeiro plural da ação" e que "sempre precisa de um começo", tanto no que diz respeito à espécie humana, como às diferentes sociedades humanas. Para Arendt, embora nada pareça "mais oculto na escuridão e no mistério do que este 'No princípio'", este começo aparece nas duas principais lendas da civilização ocidental, a romana e a hebraica, tão diferentes entre si, com exceção do fato de "que ambas surgiram em meio a um povo que pensava o seu passado como uma história, cujo começo era conhecido e podia ser datado"[157]. Arendt nota que as duas lendas sustentam que

o princípio inspirador para a ação é o amor pela liberdade, tanto no sentido negativo de liberação da opressão quanto no positivo de estabelecimento da Liberdade como uma realidade estável e tangível[158].

---

157. H. Arendt, "Willing", *op. cit.*, p. 203.
158. *Idem, ibidem.*

CAPÍTULO 5

O Amor ao Mundo

> *Essas coisas belas individuais, que participam da beleza suprema, ora nascem ora morrem; mas essa beleza jamais aumenta ou diminui nem sofre alteração de qualquer espécie.*
>
> Sócrates, *O Banquete*.

Em carta de 20.3.1971 enviada a Heidegger, ao informar a este que se dedicava, então, ao estudo das atividades do espírito para "uma espécie de segundo volume de *Vita Activa*", Arendt perguntou: "caso chegue a tanto [publicá-lo], posso dedicá-lo a você?"[1]. Em resposta Heidegger afirmou: "você sabe que vou me alegrar com a sua dedicatória"[2].

Nem terminado nem dedicado a Heidegger, o livro póstumo traz na abertura do primeiro capítulo uma epígrafe com ideias desse pensador, reproduzida a seguir, que antecipa uma das principais questões de *A Vida do Espírito*: as relações entre pensamento e ação, tema que se encontra no centro das críticas que Arendt faz a Heidegger nessa mesma obra.

---

1. H. Arendt, *Hannah Arendt-Martin Heidegger: Correspondência 1925-1975*, Rio de Janeiro, Relume Dumará, 2001, p. 150 (carta 128, de 20.3.1971).
2. *Idem*, p. 151 (carta 129, de 26.3.1971).

O pensamento não traz conhecimento como as ciências.
O pensamento não produz sabedoria prática utilizável.
O pensamento não resolve os enigmas do universo.
O pensamento não nos dota diretamente com o poder de agir[3].

Arendt conclui "O Pensar" reafirmando a ideia de que essa atividade "não nos leva a agir", conforme está na epígrafe. Apenas na segunda parte de *A Vida do Espírito,* no último capítulo de "O Querer", dedica-se a examinar o pensamento de Heidegger e trata, então, do que se convencionou chamar a reviravolta heideggeriana – a *Kehre* heideggeriana –, anunciada pelo próprio Heidegger pela primeira vez em 1949, em *Carta sobre o Humanismo.* A origem dessa reviravolta, nota Arendt, tem sido identificada como uma mudança de disposição em relação à Vontade, ocorrida na passagem do volume I para o volume II do livro sobre Nietzsche, que foi elaborado a partir das conferências de cursos ministrados entre 1936 e 1940.

Essa mudança de disposição de Heidegger em relação à Vontade encontra-se associada à recusa ao *querer* – uma adesão ao *querer--não-querer* –, um posicionamento de Heidegger contra o subjetivismo da Era Moderna e o poder destrutivo que se manifesta no desenvolvimento tecnológico moderno, enquanto expressão da "vontade de querer, isto é, a sujeição do mundo todo à sua dominação e jugo, cujo fim natural pode ser apenas a destruição total"[4].

Heidegger tinha consciência da oposição entre faculdade de querer e faculdade de pensar, uma oposição que, como se viu, Arendt procurou explicitar a partir da desconstrução do processo histórico hegeliano. E é por conta da reviravolta heideggeriana que o *querer--não-querer* se faz acompanhar da exaltação da serenidade, do deixar-ser e da disponibilização do pensar para o chamado do Ser, "um pensamento que não é uma vontade".

---

3. A epígrafe pertence à obra *Was Heisst Denken?*, de M. Heidegger.
4. H. Arendt, "Willing", *op. cit.*, p. 178.

A disposição que permeia o deixar-ser do pensamento é oposto à disposição de finalidade no querer; mais tarde, em sua reinterpretação da "reviravolta", Heidegger a chama de *Gelassenheit*, uma serenidade que corresponde ao deixar-ser e que "nos prepara para um pensamento que não é uma vontade"[5].

A serenidade, Heidegger a encontra e a teoriza, segundo Arendt, apenas depois da experiência que vivenciou após a derrota da Alemanha, quando foi submetido ao silêncio e encontrou fechadas as portas da academia, uma consequência do posicionamento político que assumiu no início do regime nazista. Essa interrupção é, para Arendt, o fato realmente radical que marcou a vida e o pensamento de Heidegger e que pode ser evidenciado em *A Sentença de Anaximandro* (1946): haveria aí uma novidade no pensamento heideggeriano que não prosperou, todavia, nas obras subsequentes. Trata-se de alterações a que Heidegger teria submetido as relações entre Ser e Homem, um tema central do pensamento heideggeriano[6].

Ele [Heidegger] estivera reconsiderando, durante anos, os próprios pontos de vista sobre toda a história, dos gregos até o presente, enfocando especialmente não a Vontade, mas a relação entre Ser e Homem[7].

As novas ideias em *A Sentença de Anaximandro* estariam associadas às esperanças de Heidegger diante do que viria no pós-guerra: surgiria "uma nova aurora"? É essa esperança que teria levado Heidegger a colocar o Ser no âmbito da História, bem como a refletir a respeito dos cortes epocais na temporalidade histórica[8]. E Arendt

---

5. *Idem, ibidem.*
6. Muito preciosa é a confidência feita pelo irmão de Martin Heidegger – Fritz Heidegger – a J. Glen Gray: "Martin, quando jovem, era 'normal como todos os outros', isto é, gostava de esportes, garotas e bebidas, até que descobriu o método fenomenológico de Husserl e depois disso estava sempre circulando ao redor do 'Ser' como um gato ao redor do mingau quente' (*wie eine Katze um den heissen Brei*)". E. Young-Bruhel, *Hannah Arendt: Por Amor ao Mundo, op. cit.*, p. 387.
7. H. Arendt, "Willing", *op. cit.*, p. 173.
8. Para André Enegrén, Arendt está equivocada quanto a essa interpretação. Segundo ele, "onde Arendt [descobre] uma variação, um giro para a questão do Ser, repatriado para o

chama a atenção: quando relacionada à questão do Ser e do Homem, a reviravolta heideggeriana encontra-se referida às ideias contidas em *Ser e Tempo* e não à Vontade, de modo que em *Anaximandro* o tema específico de Heidegger é *o vir-a-ser, bem como o desaparecer de tudo o que é*.

Diferentemente, porém, do que ocorria em *Ser e Tempo*, o esquecimento do Ser não se encontra relacionado agora à inautenticidade do "Eles" e, sim, à História que se inicia a partir do desvelamento do Ser nos seres e que marca o começo de uma nova era de errância. O Ser se oculta e volta a desvelar-se apenas no limiar de uma nova época, de modo que o esquecimento do Ser é a condição mesma da história.

Nesse esquema, diz Arendt, não há lugar para a "História do Ser" (*Seinsgeschichte*), isto é, do Ser que comanda os destinos da humanidade por trás dos homens de ação – tal como em Hegel; além disso, ao fragmentar a continuidade do tempo em diferentes eras, o esquema de Heidegger teria privilegiado "o momento de transição de uma época para outra, de destino a destino, quando o Ser como Verdade interrompe a continuidade do erro, quando a essência epocal do Ser chama a si a natureza estática do *Da-sein*"[9]. Esse tema será retomado na última seção deste capítulo.

---

campo de uma história mais humana, nós não vemos mais que uma variante, pois mesmo nesse texto a retirada parece comandar de parte a parte a abertura do Ser do extravio do Ser na história". A. Enegrén, *La pensée politique de Hannah Arendt*, Paris, Presses Universitaires de France, 1984, p. 244. Nesse mesmo sentido argumenta D. Villa: ao contrário do que afirma Arendt, no *Anaximandro* de Heidegger não existiriam poderes redentores, "há apenas 'erro', alienação, desabrigo". D. Villa, *Arendt and Heidegger: The Fate of the Political*, Princeton (New Jersey), Princeton University Press, 1996, p. 239. Enquanto esses autores sublinham a errância e o ocultamento do Ser, Arendt ocupa-se em ressaltar a novidade heideggeriana: o surgimento do Ser a partir dos seres e do Nada.

9. H. Arendt, "Willing", *op. cit.*, p. 192. É interessante a afirmação de Gadamer: Hegel, o "último grego", como Heidegger o denominava, sempre foi para este, desde a juventude e durante toda a sua vida, um desafio. Para Heidegger, Hegel "havia unido especulativamente a experiência grega do ser através do *logos* com o modo cristão de pensar, a vida e o espírito no espírito absoluto que é presente a si mesmo". Hans-Georg Gadamer, *Los caminos de Heidegger*, Barcelona, Herder, 2002, p. 305. A interpretação que Arendt faz de *A Sentença de Anaximandro* leva a supor que Heidegger nega a história como processo quando enfatiza o aparecimento do Ser a partir do Nada.

A principal crítica de Arendt a Heidegger em "O Querer" encontra-se na identificação entre pensar e agir, decorrente das mudanças que se seguiram à recusa da vontade e às condições de isolamento a que Heidegger foi submetido. As últimas palavras de Heidegger em *A Sentença de Anaximandro* já estariam apontando nessa direção, pois esse pensador encerrou o texto afirmando "algo que não havia dito em nenhum outro lugar":

> Se a essência do homem consiste em pensar na verdade do Ser [note-se bem: agora um Ser que se retirou, que se esconde e se oculta], então o pensar deve poetizar o enigma do Ser[10].

É o pensador que traduz o Ser em linguagem e constrói, assim, a morada do Ser: a linguagem. O pensador é o agente: "há um Alguém que transforma em ação o significado oculto do Ser, originando no curso desastroso dos eventos uma contracorrente salutar"[11]. Trata-se do pensador que "age sem nada fazer", um agir que não implica o retorno ao mundo das aparências, pois apesar do solipsismo espiritual em que vive, o filósofo carrega a História do Ser, de modo que o destino do mundo passa a depender dele. Para ilustrar essas ideias Arendt cita as palavras de Heidegger em *Die Technik und die Kehre* (1962):

> Se agir significa dar auxílio à essência do Ser, então pensar é verdadeiramente agir. Isto é preparar-se [construir uma morada] para a essência do Ser em meio aos entes através dos quais o Ser se transpõe com sua essência, a fala. [...] A fala é a dimensão original na qual o ser humano é capaz de responder ao

---

10. H. Arendt, "Willing", *op. cit.*, p. 192. A poesia é uma referência à impossibilidade, alegada por Heidegger, de encontrar palavras para apreender o significado do Ser, o motivo que o teria impedido de dar continuidade à ontologia fundamental prometida em *Ser e Tempo*. A esse respeito Gadamer, que também foi aluno de Heidegger, mas percorreu caminhos diferentes daqueles que Arendt seguiu e tem o pensamento fundado na Hermenêutica, afirmou que "no progresso de seu pensamento [de Heidegger] todo o esforço [...] estava destinado ao propósito de resistir à tentação de adaptar-se à linguagem da metafísica e de suportar a penúria linguística a que se viu submetido devido à pergunta pelo Ser". Hans-Georg Gadamer, *Los caminos de Heidegger*, *op. cit.*, p. 171.
11. H. Arendt, "Willing", *op. cit.*, p. 187.

chamado do Ser e, respondendo, pertencer a ele. O pensamento é a realização dessa correspondência original[12].

Esse é o motivo pelo qual Heidegger jamais tratou da ação, nota Arendt[13]. No entanto, é na junção entre pensar e agir que se encontra a superação entre teoria e práxis para Heidegger. Em entrevista à revista *Der Spiegel* de 23 de setembro de 1966 – que Arendt não chegou a ler, uma vez que esta foi publicada apenas em maio de 1976, após o falecimento do próprio Heidegger e tal como este havia combinado com a revista –, afirmou:

> Sem pretensões proféticas, [trata-se de] pensar o futuro a partir dos traços decisivos da época atual, apenas pensados. O pensar não é passividade, senão, em si mesmo, a ação que está no diálogo com o destino do mundo[14].

Em *A Vida do Espírito*, Arendt afirmou que se ocuparia do "problema da teoria e da prática" na parte que infelizmente não chegou a escrever. Na última seção deste capítulo estará sob sondagem o caminho que essa pensadora possivelmente seguiria para tratar desse tema. Desde logo é possível adiantar que as relações entre teoria e prática estão associadas, nesse caso, às análises que Arendt empreendeu a respeito da morada do filósofo e se encontram em desacordo com as ideias de Heidegger a esse respeito.

O afastamento do filósofo das comunidades políticas já era uma preocupação antiga de Arendt; foi pensando na morada do filósofo e em Heidegger que, por meio de uma história espirituosa intitulada *Heidegger a Raposa* (1953), expressou aquela preocupação. Conhecida como ótima contadora de histórias, Arendt inicia afirmando que Heidegger tinha muito orgulho quando as pessoas lhe diziam que

---

12. *Idem*, p. 180.
13. Em *O Que é Filosofia da Existenz?* (1946) Arendt já havia tratado da desconsideração da atividade da ação em *Ser e Tempo*.
14. Martin Heidegger, "Conversación de *Spiegel* con Martin Heidegger", em Martin Heidegger. Trad. Madrid, Tecnos, 1996, p. 77.

ele era uma raposa. A raposa, porém, "havia perdido sua pele" e, portanto, sua natural proteção contra os sofrimentos da vida de raposa. Isso havia acontecido quando, na mocidade, andou rondando as armadilhas colocadas por outras pessoas, tendo sido esse o motivo pelo qual acabou decidindo retirar-se "completamente do mundo das raposas e construir uma toca para si mesmo". Porque não sabia diferenciar armadilhas de não-armadilhas construiu uma armadilha como morada. Fez isso "não por esperteza, mas porque pensava que as armadilhas dos outros eram tocas". Na armadilha que construiu, porém, ninguém caía e esse fato o levou a decorá-la belamente, avisando: "Venham todos; esta é uma armadilha, a mais bela armadilha do mundo". Recebeu, então, muitas visitas, e "todos, exceto nossa raposa, é claro, podem sair dela"[15]. Arendt conclui:

> [...] mas a raposa que mora na armadilha disse orgulhosamente: "todos me visitam em minha armadilha porque eu tornei-me a melhor de todas as raposas". E há alguma verdade nisso também. Ninguém conhece a natureza das melhores armadilhas, senão aquele que senta em uma armadilha durante a sua inteira e longa vida[16].

Nessa pequena história, escrita numa época em que Arendt mantinha correspondência com Heidegger e visitava-o quando ia a Europa a trabalho ou em férias, é o solipsismo e a desilusão política de Heidegger que está em questão. Na mocidade, Heidegger esteve visitando "armadilhas colocadas por outras pessoas". Quando se afasta dessas armadilhas constrói a sua própria, uma armadilha em que se enredam aqueles que fazem do pensar uma única ocupação e consideram tal ocupação superior às demais, uma decorrência da consideração da superioridade da atividade do pensar em relação às demais atividades humanas[17].

---

15. H. Arendt, "Heidegger the Fox", em H. Arendt, *The Portable Hannah Arendt*, New York, Penguin Books, 2000, p. 543.
16. *Idem*, p. 544.
17. Arendt critica Heidegger por fazer do pensar uma morada para si próprio. Mas parece um exagero afirmar, como faz Thereza Calvet, que "é justamente porque Heidegger fez

Mas Arendt não havia vivido, ainda, os acontecimentos que a levariam à "cura posterior" e à reconsideração da importância política da faculdade de pensar. Em discurso comemorativo dos oitenta anos de Heidegger suas palavras serão mais doces, embora mantenha a crítica ao afastamento do filósofo. É de notar, contudo, que ao afirmar que Heidegger pensava que as armadilhas fossem moradas referia-se, por um lado, à ingenuidade do pensador e ao equívoco político heideggeriano.

Segundo Y.-Bruhel, J. Glen Gray e Arendt concordavam entre si a respeito de Heidegger: "carecia tanto de julgamento político quanto de discernimento sobre as pessoas"[18]. E isso está de acordo com as relações que Arendt estabelece entre fazer do pensar uma ocupação única e a competência para julgar, um dos temas a ser tratado neste capítulo.

Mas é de perguntar: por que H. Arendt, tendo criticado Heidegger em *A Vida do Espírito*, quereria dedicar esse livro a ele? Teria em mente, mais uma vez, afirmar sua dívida intelectual com Heidegger, tal como quando enviou a tradução alemã de *A Condição Humana*? Nessa ocasião, escreveu a Heidegger que o livro "surgiu imediatamente a partir dos primeiros dias de Marburg [época em que frequentara pela primeira vez as aulas de Heidegger] e deve assim quase tudo a você em todos os aspectos"[19]. Ou, quem sabe, mandaria dessa vez o bilhete escrito na época em que publicou *A Condição Humana* – que parece nunca chegou a ser enviado – e no qual havia escrito ter sido, nesse mesmo livro, fiel e infiel a Heidegger?

Richard Bernstein, em *Provocação e Apropriação: A Resposta de H. Arendt a Heidegger*, parece ter dado explicação apropriada

---

do pensamento a sua casa ou morada exclusiva, enquanto Arendt aprendia, e isso a seu próprio custo e preço de uma morada inteiramente diferente – o mundo comum – que ela não podia e nem pode ser considerada como discípula de Heidegger". Theresa C. Magalhães, "Hannah Arendt e a Desconstrução Fenomenológica da Atividade do Querer", em *Transpondo o Abismo, op. cit.*, p. 14.

18. E. Young-Bruhel, *Hannah Arendt: Por Amor ao Mundo, op. cit.*, p. 387.
19. H. Arendt, *Arendt-Martin Heidegger: Correspondência 1925-1975, op. cit.*, p. 108 (carta de 28.10.1960).

para as palavras de Arendt naquela ocasião, considerando-se a originalidade de *A Condição Humana* e ao mesmo tempo a influência de temas heideggerianos na obra de Arendt. Referindo-se ao bilhete, R. Bernstein afirmou:

> Numa maneira quase nietzschiana, Arendt foi fiel a Heidegger. Mas ela também foi infiel (que é um outro caminho do ser fiel) porque produziu um pensamento independente (*selbstdenken*) – um pensamento contrário ao de Heidegger. O pensamento político de Arendt é uma resposta profunda para a provocação de Heidegger. Ela tinha sido capaz de iluminar o que Heidegger nunca entendeu – o rico e variado significado da pluralidade, ação e tangível mundanidade da liberdade pública[20].

A provocação de Heidegger, nos primeiros dias de Marburg, Arendt revelou no discurso comemorativo aos oitenta anos de Heidegger: naquele tempo, pouco depois de ter esse pensador começado a lecionar, muitos acorriam às aulas deste, pois havia um rumor: "há um professor, talvez se possa aprender a pensar". Como observa André Duarte, "Heidegger foi o filósofo contemporâneo que se dedicou a pensar 'o que significa pensar' e, acima de tudo, o 'mestre' com quem ela própria aprendera não o 'que' pensar, mas 'como' pensar"[21]. Nas palavras de Jacques Taminiaux,

---

20. R. Bernstein, *Provocation and Appropriation: Hannah Arendt's Response to Martin Heidegger*, op. cit., p. 169. André Duarte chama a atenção para o respeito que Arendt devotava a Heidegger. Este estudo concorda com A. Duarte quando ele afirma: "Elzbieta Ettinger não conseguiu compreender e nem poderia ter compreendido, a partir do instante em que julgou o respeito devotado de Arendt por Heidegger como um sinal de sua incapacidade para se libertar do charme intelectual do 'pequeno mágico da floresta negra'. Ettinger não percebeu que, para além do respeito pessoal de Arendt por Heidegger, o engajamento político do filósofo se transformara em um 'caso' particular das difíceis relações entre filosofia e política, tema sobre o qual Arendt refletiria até sua morte". A. Duarte, *O Pensamento à Sombra da Ruptura: Política e Filosofia em Hannah Arendt*, p. 338 (refere-se ao livro de E. Ettinger, *Hannah Arendt, Martin Heidegger*).
21. A. Duarte, *O Pensamento à Sombra da Ruptura: Política e Filosofia em Hannah Arendt*, op. cit., p. 33.

A homenagem [...] excede todo o conteúdo doutrinal: Heidegger ensinou aos alunos a pensar e ele é digno de admiração por ter feito do pensar sua paixão e sua morada. [...] Despertando o que, para Arendt, se produziu no surgimento sinistro da Primeira Guerra Mundial, no princípio destes "tempos sombrios" como Brecht bem chamou, e que sinalizou primeiro a esses que eram capazes de ver a ruína da tradição, tornando, assim, patética a manutenção inerte da tradição acadêmica nas faculdades de filosofia das universidades alemãs então[22].

Heidegger ensinou a Arendt, lembra Silvye C.-Denamy, que o pensamento podia ser vivo, isto é, poderia fazer "'falar tesouros culturais do passado que, considerados mortos, reaparecem sugerindo coisas distintas de tudo aquilo em que, mesmo desconfiados, acreditávamos'. O que o 'rei secreto' propunha não era pensar sobre alguma coisa, mas pensar alguma coisa, abrir caminhos, estabelecer marcos"[23].

O certo é que a publicação de *A Condição Humana* foi o motivo para a interrupção da correspondência entre Arendt e Heidegger. Este permaneceu silencioso em relação ao livro e Arendt não recebeu os elogios ou críticas que esperava. Apenas mais tarde voltaram a se comunicar e foi, talvez, por temer um novo rompimento ou ofender o ex-professor que Arendt demorou a convencer-se de que deveria, como julgava necessário, tecer críticas às ideias de Heidegger em "O Querer". Decidiu fazê-lo, apenas, quando "concluiu, em 1975, que Heidegger, aos oitenta e cinco anos, cada vez mais surdo e doente, provavelmente não viveria para ler sua crítica e ainda ofender-se"[24].

Em homenagem aos oitenta anos de Heidegger, em 26.9.1969, Arendt voltou a tratar da morada do filósofo, usando para isso uma afirmação que este mesmo fizera: a necessidade de acolher o "espanto como morada":

---

22. J. Taminiaux, *Arendt, Discípula de Heidegger?*, op. cit., p. 128.
23. Silvye Courtine-Denamy, *O Cuidado com o Mundo*, op. cit., 165.
24. E. Young-Bruhel, *Hannah Arendt: Por Amor ao Mundo*, op. cit., p. 399.

A morada da qual fala Heidegger fica, para usar linguagem metafórica, afastada das moradias dos homens, e por mais que também neste lugar tudo possa acontecer de maneira intensamente tempestuosa [...] a morada do pensamento é um "lugar de silêncio"[25].

Mas isso não foi tudo. Comparou Heidegger a Platão, quando afirmou que este "se deixou levar certa vez pela tentação de mudar a sua morada e de se 'interligar' com o mundo das coisas humanas – como se dizia outrora". Para Heidegger, porém, as consequências haviam sido piores "porque o tirano e suas vítimas não se encontravam no além-mar, mas na sua própria terra". Além disso, prosseguiu, ele era jovem demais quando foi lançado novamente para a sua morada. O mais importante, contudo, foi Arendt não ter deixado passar em branco o fato de que tanto Platão quanto Heidegger acabaram por encontrar "abrigo junto a tiranos e líderes" e de ter dado como explicação para isso "o que os franceses chamam uma *déformation professionnelle*": a tirania é uma tendência que pode ser encontrada em "quase todos os grandes pensadores (Kant é a grande exceção); e, se essa tendência não é comprovável por meio da descrição do modo como eles agiram, isso se deve apenas ao fato de que muito poucos dentre eles possuíam a 'capacidade de espantar-se diante do simples' ou, mais ainda, porque apenas poucos entre eles estavam preparados para 'acolher este espanto como morada'"[26].

Para salvar o homem público Arendt não poupou o pensador solitário, uma maneira de, sem abrir mão das críticas à adesão de Heidegger ao regime nazista, afirmar a convicção da importância de tornar-se, o filósofo, um espectador daquilo que ocorre no âmbito da política. Dessa vez Heidegger agradeceu. Em carta de 27.11.1969, afirmou:

> Os meus agradecimentos pela sua rica homenagem ao meu octogésimo aniversário [...] Você tocou antes de todos os outros o movimento interno de

---

25. H. Arendt, *Hannah Arendt-Martin Heidegger: Correspondência 1925-1975*, op. cit., p. 136 (carta n.116, de 26.9.1969).
26. *Idem, ibidem*.

meu pensamento e de minha atividade docente. Ele permaneceu o mesmo desde a preleção sobre o Sofista[27].

Em entrevista a G. Gaus, ao narrar as próprias experiências às vésperas da fuga da Alemanha, Arendt afirmou: "comecei a ler atentamente os jornais e formei uma opinião. Mas não me filiei a qualquer partido nem senti necessidade disso. Desde 1931 [contando, então com 22 anos], eu estava intimamente convencida de que os nazistas iriam tomar o poder e fui sendo convencida por outras pessoas sobre esses problemas"[28]. Não era surpresa para Arendt, portanto, que Hitler chegasse ao poder em 1933: "eu vivia em um ambiente intelectual, mas conhecia também outras pessoas e pude constatar que aderir ao movimento era, por assim dizer, a regra entre os intelectuais, ao passo que não acontecia o mesmo em outros meios. E jamais pude esquecer isso. [...] Minha opinião era a de que isso fazia parte do ofício do intelectual. Falo do passado, mas hoje estou mais fundamentada"[29].

Para Arendt, os intelectuais construíram teorias sobre Hitler e foram vítimas de suas próprias construções: "era isso o que se passava de fato, e que, na época, eu não entendia"[30].

Contra essas teorias Arendt invocou o vento do pensamento.

Da Teoria Política à Vida do Espírito

Se as noções de *mal radical* e de *mal absoluto* não coincidem com o conceito de *banalidade do mal*, então algo de novo deve ter surgido na obra de H. Arendt após o julgamento de Eichmann.

---

27. M. Heidegger, *Hannah Arendt-Martin Heidegger: Correspondência 1925-1975*, op. cit., p. 141 (carta n. 118, de 27.11.1969.)
28. H. Arendt, "What Remains? The Language Remains: A Conversation with Günter Gaus", *op. cit.*, p. 4.
29. *Idem*, p. 10.
30. *Idem*, p. 11.

Ao terminar *Origens do Totalitarismo*, Arendt voltou-se para o estudo do pensamento marxista. Os críticos costumam apontar como ponto frágil dessa obra a indistinção econômica e ideológica entre nazismo e socialismo oculta pelo termo "totalitarismo"[31]. Arendt tinha consciência desse problema e esse foi um dos motivos que a fez debruçar-se sobre as ideias marxistas assim que terminou aquela obra no início da década de 1950. Considerou, na época, que "a lacuna mais séria de *Origens do Totalitarismo* era a falta de uma análise histórica e conceitual da moldura ideológica do bolchevismo"[32]. Mas esse não era o único motivo; Arendt era contemporânea do Totalitarismo: este continuava vivo na União Soviética e o pensamento marxista, de outra parte, havia tomado um novo fôlego após a Segunda Guerra.

Durante a década de 1950, Marx tornou-se o interlocutor privilegiado de H. Arendt. As análises de *A Condição Humana* fazem referência contínua às ideias desse pensador e em vários textos que escreveu no período ocupou-se da crítica aos conceitos marxistas de ação e de liberdade, ao conceito de história como processo e ao insucesso de Marx quando intentou inverter o pensamento hegeliano – o quadro conceitual inaugurado pela tradição de pensamento manteve-se intacto no pensamento de Marx. Criticou, também, a valorização da condição humana da vida – das atividades associadas à sobrevivência e à manutenção da espécie –, como a condição humana mais importante da teoria e da utopia marxista e o esquecimento da condição da pluralidade humana na obra de Marx.

A seguinte afirmação é uma indicação preciosa da prioridade que Arendt concedeu ao estudo das ideias de Marx no início da década de 1950:

---

31. Sobre esse tema ver, por exemplo, M. Canovan, *Hannah Arendt: A Reinterpretation of Her Political Thought*, op. cit. / R. Wollin, *Labirintos: Em Torno a Benjamin, Habermas, Schmitt, Arendt, Derrida, Marx, Heidegger*, op. cit.
32. Carta à Fundação Guggenheim, inverno de 1952 (Arendt Papers Library of Congress, Washington, D. C.) – H. Arendt, "Project Totalitarian Elements of Marxism", em E. Young-Bruhel, *Hannah Arendt: Por Amor ao Mundo*, op. cit., p. 253.

Dispus-me a escrever um pequeno estudo sobre Marx, mas, mas... assim que uma pessoa capta Marx, percebe que não se pode lidar com ele sem levar em conta toda a tradição da filosofia política. A síntese disso é que sou como alguém que tentou um pequeno furto, pelo qual poderia supor pegar no máximo dois anos; mas que, então, vai a julgamento diante de um juiz com uma opinião inteiramente diferente e ganha uma sentença de prisão sabe Deus de quanto tempo. [...] O que não fazemos por nossa própria vontade![33]

Ainda que seja possível encontrar referências ao pensamento de Marx na maior parte dos estudos de H. Arendt, inclusive em *A Vida do Espírito*, é possível constatar que após o julgamento de Eichmann as ideias marxistas perderam espaço na obra de Arendt, enquanto as filosofias da história ganharam um novo tratamento. As críticas mais contundentes às ideias desse pensador são anteriores àquele julgamento e encontram-se nas seguintes obras: *A Tradição e a Época Moderna* (1954), *Trabalho Obra e Ação* (1956), *História e Imortalidade* (1957), *A Condição Humana* (1958), *O Conceito de História Antigo e Moderno* (1958), *Da Revolução* (1959-1963).

Arendt escrevia *Da Revolução* quando decidiu viajar como correspondente da *New Yorker* para cobrir o julgamento de Eichmann em 1961. Era a esse livro que ela se referia, em 1960, ao solicitar à Fundação Rockefeller prorrogação dos prazos para o término das pesquisas:

Compreenderão, penso, por que devo cobrir esse julgamento. Perdi os julgamentos de Nuremberg. Nunca vi essas pessoas em carne e osso e esta, provavelmente, é minha única oportunidade[34].

Em *Da Revolução* encontram-se as últimas críticas mais contundentes à teoria política de Marx e pela primeira vez Arendt fez

---

33. H. Arendt, carta de 16.11.1953 a Kurt Blumenfeld, em E. Young-Bruhel, *Hannah Arendt: Por Amor ao Mundo, op. cit.*, p. 256.
34. H. Arendt, carta de 20.12.1960 a Thompson Rockefeller Foundation, em E. Young-Bruhel, *Hannah Arendt: Por Amor ao Mundo, op. cit.*, p. 296.

questão de sublinhar as diferenças entre as ideias do jovem e do velho Marx; é possível que esse tratamento fosse já uma influência das ideias surgidas a partir daquele julgamento. Arendt ressaltou que esse pensador teria submetido a liberdade à necessidade apenas depois do Manifesto Comunista, tendo vislumbrado, nessa ocasião, as "leis implacáveis da necessidade histórica agindo por trás de cada violência, de cada transgressão e de cada violação". Os ideais de instituição da liberdade do jovem Marx teriam sido substituídos, então, pela necessidade histórica de "libertação do processo vital da sociedade"[35].

Quando Arendt cunhou o conceito de *banalidade do mal*, associando-o à irreflexão, a ideologia perdeu, tal como já mencionado, a antiga força explicativa que havia alcançado em *Origens do Totalitarismo*. Ao constatar que Eichmann não tinha quaisquer convicções ideológicas – aqueles que não tinham o hábito de refletir eram refratários até mesmo às ideologias –, passou a considerar as filosofias da história menos poderosas, enquanto instrumentos ideológicos, do que supunha.

As filosofias da história continuavam, contudo, incomodando H. Arendt. Subsumiam aos desígnios do processo histórico a capacidade humana de agir e de julgar – a História era "o último juiz". Esse é o motivo pelo qual passou a diferenciar as considerações do jovem e do velho Marx e é interessante lembrar aqui, novamente, que em "O Querer", embora não mencione Marx, Arendt faz referência às famosas afirmações desse pensador nas *Teses sobre Feuerbach* (1845) ao criticar os filósofos que se afastam das comunidades políticas: "os filósofos limitaram-se a interpretar o mundo [...]. O que importa é transformá-lo"[36].

Antes mesmo do julgamento de Eichmann, porém, a faculdade do juízo já ocupava as reflexões de Arendt. Se foi após esse julgamento que ministrou as aulas sobre a filosofia política de Kant (con-

---

35. H. Arendt, *On Revolution*, op. cit., p. 64. Tratei desse tema em E. S. Wagner, *Hannah Arendt e Karl Marx: O Mundo do Trabalho*, São Paulo, Ateliê Editorial, 1999.
36. K. Marx e F. Engels, *Teses sobre Feuerbach* (*A Ideologia Alemã*).

sideradas como o mais importante material para o estudo das ideias arendtianas sobre a faculdade de julgar), já em 1957, em carta a Jaspers, Arendt usava as mesmas palavras que pronunciaria anos mais tarde naquelas aulas: na terceira crítica kantiana encontra-se a verdadeira filosofia política de Kant. Na carta a Jaspers afirmou:

> Eu leio nesse momento com um entusiasmo crescente a *Crítica do Juízo*. É lá que se esconde a verdadeira filosofia política de Kant e não a *Crítica da Razão Prática*. Os elogios endereçados ao "senso comum", tão desdenhado, como fenômeno do gosto trata seriamente do fenômeno fundamental do julgamento – que é provavelmente real em todas as aristocracias –, "a extensão do modo de pensar" que é uma parte do julgamento, de forma que se pode pensar no lugar de todos os outros. A exigência da comunicabilidade. As experiências feitas pelo jovem Kant na sociedade; e o velho homem as devolve no fim da vida. Eu sempre preferi este livro à maioria das críticas, mas ela jamais falou como agora, depois que eu li o seu capítulo sobre Kant[37].

Em *O Que é Política?*, fragmento escrito na mesma ocasião, Arendt explicava o papel do preconceito no âmbito social. Não é possível estar alerta e julgar tudo sempre de novo na vida cotidiana, de modo que o preconceito acompanha, efetivamente, a vida de todas as pessoas na sociedade. De outra parte, não é possível usar preconceitos para julgar e decidir sobre assuntos jurídicos ou políticos. Arendt diferenciava, então, tal como Kant havia feito no início da terceira crítica, os dois significados que assume a palavra julgar:

> Significa, por um lado, o subordinar do indivíduo e do particular a algo geral e universal, o medir normalizador com critérios nos quais se verifica o concreto e sobre os quais se decidirá. [...] Mas julgar também pode significar outra coisa bem diferente e, na verdade, sempre quando nos confrontamos com alguma coisa que nunca havíamos visto antes e para a qual não estão à nossa disposição critérios de nenhum tipo[38].

---

37. H. Arendt, carta a Karl Jaspers, de 26.7.1957, em *Hannah Arendt / Karl Jaspers: correspondence 1926-1969*, Paris, Ed. Payot & Rivages, 1995, p. 439.
38. H. Arendt, *Qu'est-ce que la politique?*, op. cit., p. 41.

Antes mesmo de cunhar o conceito *banalidade do mal*, Arendt ocupava-se do juízo estético kantiano em *O Conceito de História – Antigo e Moderno* (1958) e em *Crises da Cultura* (1960). Se depois de usar aquele conceito dedicou-se a salientar as relações entre a faculdade de pensar e a faculdade kantiana de julgar, qual teria sido o interesse de H. Arendt nesta última faculdade antes do julgamento de Eichmann? Em *O Que é Política?*, tal como em *Origens do Totalitarismo*, Arendt se mostra preocupada com a ideologia, com as "pseudoteorias" que tudo explicam "e funcionam ainda melhor do que os preconceitos e hábitos"; estas cumpririam a tarefa de proteger os indivíduos contra toda a experiência. Mas há algo mais que incomodava Arendt: o niilismo moderno. Arendt afirma:

> Essa falha dos parâmetros no mundo moderno – a impossibilidade de julgar o que aconteceu e o que acontece de novo todos os dias, segundo critérios fixos e reconhecidos por todos, de subordiná-lo a um esquema geral bem conhecido, assim como a dificuldade, estreitamente ligada a isso, de indicar princípios de ação para o que irá acontecer – foi descrita como um niilismo inerente à época, como uma desvalorização de todos os valores, uma espécie de crepúsculo dos deuses e catástrofe da ordem mundial moral[39].

A atenção de Arendt dirigia-se, então, às interpretações que "pressupõem, de forma tácita, que só se podem exigir juízos dos homens onde eles possuam parâmetros; que a capacidade de discernimento não é nada mais do que a capacidade de agregar, de modo correto e adequado, o isolado ao geral que lhe corresponde e sobre o qual se chegou a um acordo". Firmada no juízo reflexivo kantiano, Arendt observa que o niilismo é na verdade um preconceito associado à crença de que é necessário um imperativo associado ao juízo para que se possa julgar. Afirmava, então, que julgar sem parâmetros é uma forma comum de julgamento – "nas decisões de todo tipo, tanto de natureza pessoal como pública, e no chamado 'juízo de

---

39. *Idem*, p. 43.

gosto'" –, uma forma de julgar que não costuma ser levada a sério, diz ela, porque "jamais pode forçar os outros a uma concordância no sentido de uma conclusão lógica e inevitável; pode apenas e tão somente convencer"[40].

Arendt explicitou o que a preocupava: se os seres humanos só pudessem julgar por meio da aplicação de regras e de critérios existentes seria realmente uma verdadeira "catástrofe do mundo moral", pois isso seria admitir que não é o mundo, mas sim o ser humano que deve mudar. A convicção de que é o ser humano e não o mundo que deve mudar, Arendt distinguiu, em seu próprio tempo, na substituição do estudo da história dos acontecimentos humanos por ciências ocupadas com a conduta humana.

> [O ser humano] só pode tornar-se objeto de uma pesquisa sistemática quando se exclui o homem atuante, o autor dos acontecimentos mundiais demonstráveis, degradando-o a um ser que só reage, que pode ser submetido a experiências e do qual até pode-se esperar ter definitivamente controle[41].

Quando, em 1960, Arendt ministrou aulas em Chicago – época em que escrevia *Da Revolução* –, Salvador Giner conta que "seu curso sobre as revoluções (francesa e americana) queria fazer-nos entender o que significava na modernidade intentar instaurar um *novus ordo saeculorum*, criar um 'homem novo' e submeter a história a uma ideia predeterminada de progresso"[42].

Arendt havia lançado mão do juízo reflexivo kantiano, nessa ocasião, para afirmar a capacidade humana de julgar sem parâmetros, opondo o juízo reflexivo às filosofias da história que intentavam fazer da História o único juiz, bem como ao niilismo, fundado nas perdas modernas: tradição, religião e autoridade. Estava ciente desde então da impossibilidade da adoção de um "valor último" para

---

40. *Idem, ibidem*.
41. *Idem*, p. 44.
42. S. Giner, "Hannah Arendt. Uma Recordação Pessoal", *Hannah Arendt: El orgullo de pensar, op. cit.*, p. 20.

julgar. Mantinha essa mesma opinião quando, em 1972, questionada por H. Jonas sobre o assunto, respondeu:

> Se nosso futuro dependesse disso que você afirma – ou seja, de que alcançássemos um valor último que do alto decidisse por nós (então a questão seria, naturalmente, Quem reconheceria este absoluto [*ultimatum*]? e Quais as regras para reconhecê-lo? – nos encontraríamos aqui com uma regressão infinita – eu sou totalmente pessimista. Se este é o caso estamos perdidos. Porque isso realmente exige o surgimento de um novo deus. [...]
>
> [Na catástrofe totalitária] não havia princípios últimos para os quais apelar com validade. Não se podia apelar a ninguém. [...]
>
> Aqueles que estavam firmemente convencidos dos denominados velhos valores foram os primeiros dispostos a substituí-los por um conjunto de valores novos, à condição de ter um. Isto me amedronta, uma vez que penso que, no momento em que se dá a alguém um novo conjunto de valores [...] é possível mudá-lo imediatamente. A única coisa a que o indivíduo chega a se acostumar é a ter um "corrimão" [um apoio] e um conjunto de valores, não importa quais. Não creio que possamos estabilizar de modo definitivo a situação em que nos achamos desde o século XVII[43].

Após o julgamento de Eichmann, Arendt passou a considerar algo novo em suas análises: "um pouco mais do que imaginava Sócrates e um pouco menos do que acreditava Platão" algumas pessoas não tinham o hábito de pensar. As manifestações sociais, ao contarem com a possibilidade de adesão daqueles que não tinham quaisquer convicções políticas, poderiam ser potencializadas sem representar, contudo, as opiniões da comunidade política. Arendt passou a considerar tais manifestações de um ponto de vista ético-moral. E foi isso o que ela afirmou em carta a Meyer-Cronemeyer, em 1963:

---

43. H. Arendt, colóquio publicado por Melvyn Hill, *Hannah Arendt: The Recovery of the Public World*, citado por R. Beiner, *Interpretative Essay*, em *Lectures on Kant's Political Philosophy*, Chicago, University of Chicago Press, 1992, p. 115.

O escrito [*Eichmann em Jerusalém*] foi de certo modo uma cura posterior para mim. E é verdade que foi [como você diz] uma maneira de chegar às bases da criação de uma nova moral política – ainda que eu jamais, tolhida pela modéstia, usasse tal formulação[44].

Arendt poderia contribuir, agora, de outra maneira: através da proposição do que ela chamou de as bases de "uma nova moral política". Isso não quer dizer que tenha mudado de tema: a liberdade é o tema arendtiano por excelência e isso significa que toda a obra anterior de H. Arendt é fonte inestimável para aqueles que desejam se aproximar das últimas reflexões arendtianas sobre a faculdade do juízo.

Antes de dedicar-se sistematicamente às conferências que conformariam *A Vida do Espírito* e referindo-se, em *Sobre a Violência* (1970), aos militantes e intelectuais que levantavam a bandeira do marxismo, Arendt afirmou:

> [...] seus argumentos teóricos comumente não contêm mais do que uma mistura de todo tipo de reminiscências marxistas. Isto é, de fato, bastante frustrante para quem quer que conheça as ideias de Marx ou Engels. Quem poderia chamar uma ideologia de marxista, se ela deposita sua fé em marginais, acredita que "a rebelião encontrará no *lumpenproletariat* a sua ponta de lança urbana" e que "gângsteres iluminarão o caminho para o povo"?
> [...]
> A questão, tal como Marx a via, é a de que sonhos nunca se tornam realidade. É notável a escassez de rebeliões de escravos e de levantes entre deserdados e humilhados; nas poucas ocasiões em que ocorreram foi precisamente a "fúria louca" que transformou o sonho em pesadelo para todo mundo. [...] Identificar os movimentos de libertação nacional com tais explosões é profetizar o seu fim – sem considerar que sua vitória improvável não resultaria em uma mudança do mundo (ou do sistema), mas apenas de pessoas[45].

---

44. H. Arendt, carta a Meyer-Cronemeyer em 1963, em B. Assy, "Introdução à Edição Brasileira", em *Faces Privadas em Espaços Públicos por uma Ética da Responsabilidade*, op. cit., pp. 33-34.
45. H. Arendt, *On Violence*, op. cit., p. 23.

Arendt se refere claramente à deturpação da teoria marxista. A ideia de revolução firmada na consciência de classe dos trabalhadores, tal como Marx a havia pensado, era substituída, então, por utopias ou projetos políticos firmados na desorientação de contingentes marginalizados e alienados. Esse aspecto, que não tem sido ressaltado, é importante para compreender as preocupações de Arendt com uma ética política. Era convicção dessa pensadora que os discursos que enalteciam a violência e que buscavam a adesão daqueles que não tinham o hábito de pensar poderiam contribuir para detonar o estopim totalitário, na medida em que procuravam uma força sem compromisso com o mundo comum para a realização de projetos que, elaborados por um grupo de indivíduos, idealizavam como o mundo deveria ser.

Arendt estava preocupada, também, com as reivindicações de minorias que na década de 1960 ocuparam o cenário político. Posicionava-se favoravelmente à Desobediência Civil e à condição geral de mudança a que o mundo está sujeito, mas temia a violência; temia que grupos ideológicos instigassem a participação alienada daqueles que, por não se dedicarem à reflexão, eram incapazes de julgar[46].

É por isso que, ao discorrer sobre a atitude daqueles que não tinham compactuado com os crimes nazistas, Arendt afirmou:

[...] estamos interessados aqui no comportamento das pessoas comuns, não dos nazistas ou bolcheviques convictos, não estamos interessados em santos e heróis nem em criminosos natos[47].

---

46. A desobediência civil "pode servir tanto para a necessária e desejada mudança como para a necessária e desejada preservação ou restauração do *status quo*"; está associada à perda da autoridade da lei enquanto a desobediência criminosa, à perda da competência policial. Dependendo do rumo dos acontecimentos a desobediência civil pode redundar em um novo começo ou colocar em risco a comunidade ou impedir a mudança. H. Arendt, "Civil Disobedience", em *Crises of the Republic*, New York, Harcourt Brace & Company, 1972, pp. 74-75.
47. H. Arendt, "Algumas Questões de Filosofia Moral", *op. cit.*, p. 354 ("Some Questions of Moral Philosophy", *op. cit.*, p. 278).

É necessário levar em conta que Arendt era pensadora de seu próprio tempo. Os problemas que colocava sob reflexão eram aqueles que estavam em debate e/ou surgiam no horizonte político. Ela mesma era um exemplo de pensador não-profissional por não fazer da atividade de pensar ocupação única. Atenta aos acontecimentos e teorias surgidas em sua própria época, afastava-se das discussões e dos problemas contemporâneos o tempo suficiente para refletir sobre eles.

No pós-guerra, não apenas o pensamento marxista ganhara nova força, como novas interpretações e adaptações da teoria marxista concorriam entre si, oferecendo-se como solução para instaurar um mundo novo. As relações entre teoria e práxis estavam na ordem do dia e os estudos que se ocupavam da ética começavam a aparecer tal como Arendt havia previsto[48].

A Vida do Espírito encontra-se situada no âmbito das perplexidades vividas por Arendt, das preocupações surgidas com o julgamento de Eichmann, bem como no contexto das discussões sobre as relações entre teoria e prática e sobre ética que lhe eram contemporâneas.

Se na primeira parte de *A Vida do Espírito* Arendt afirmou que o estudo da faculdade de pensar estava associado às questões surgidas com o julgamento de Eichmann e com a investigação de "outras questões morais" surgidas a partir daquele julgamento – as análises sobre a moralidade do indivíduo –, é no *post-scriptum* de "O Pensar" que essa pensadora afirma a relevância do estudo da faculdade do juízo para todo "um conjunto de problemas que assombra o pensamento moderno": [...] "o problema da teoria e da prática, bem como [...] uma teoria razoavelmente plausível da ética"[49].

---

48. Para uma aproximação às discussões da época sobre as relações entre teoria e prática e sobre ética ver, por exemplo, H. Marcuse, "Ética e Revolução", em *Cultura e Sociedade*, São Paulo, Paz e Terra, 1998, vol. 2; L. Althusser e E. Balibar, *Para Ler o Capital*, México, Siglo XXI, 1978; C. Delacampagne, *História da Filosofia no Século XX*, Rio de Janeiro, Jorge Zahar Editor, 1997; K. Popper, *A Miséria do Historicismo*, São Paulo, Cultrix/Edusp, 1980; A. Heller, *O Cotidiano e a História*, São Paulo, Paz e Terra, 2000; Karl-Otto Apel, *Transformação da Filosofia II: O A Priori da Comunidade de Comunicação*, São Paulo, Loyola, 2000; R. Musse, "Teoria e Prática", em *Capítulos do Marxismo Ocidental*, São Paulo, Unesp, 1998.
49. H. Arendt, "Thinking", *op. cit.*, p. 216.

Em *A Vida do Espírito* Arendt afirma, também, que irá ocupar-se "não pela primeira vez do conceito de história", de modo a resgatar o papel de juiz do historiador que havia se perdido no âmbito das filosofias da história; propõe-se a esse respeito escolher, até o final da obra, uma entre duas alternativas:

> [...] desde Hegel e Marx essas questões têm sido tratadas na perspectiva da história e sob a hipótese de que existe realmente isso que se chama Progresso da raça humana. Finalmente, ficaremos com a única alternativa possível para essas questões – ou bem dizemos com Hegel: *Die Weltgeschichte ist das Weltgericht* ["a História do mundo é o juízo do mundo"], deixando ao Sucesso o juízo final, ou bem mantemos, com Kant, a autonomia dos espíritos humanos e sua possível independência das coisas tais como são ou como vieram a ser[50].

Este estudo procurará discutir as questões que Arendt deixou por resolver, em "O Julgar", seguindo postura adotada desde o início: confiando, tal como Jaspers ensinou, no amor que Arendt sentia pelo tema, isto é, confiando na pensadora, pois nada há nas circunstâncias biográficas ou na obra de Arendt que leve a uma postura diferente. Assim, este estudo procurará aproximar-se das discussões que Arendt faria em "O Julgar", considerando as afirmações constantes no *post-scriptum* de "O Pensar", os textos, aulas e conferências que tratam da faculdade do juízo, antes e depois do julgamento de Eichmann, bem como os capítulos anteriores desta investigação que, firmados na teoria política arendtiana, constituem importante baliza para a interpretação de *A Vida do Espírito*.

Outras pistas, contudo, deverão ser seguidas. Segundo J. Glenn Gray, Arendt "'considerava o 'juízo' como o seu golpe de mestre e esperava que este lhe permitisse resolver o impasse que as reflexões sobre a vontade a haviam conduzido. [...] Esperava resolver os problemas concernentes ao pensamento e à vontade, meditando sobre a natureza de nossa capacidade de julgar'"[51]. Embora Arendt tenha

---

50. *Idem, ibidem.*
51. J. Glenn Gray, "The Abyss of Freedom – and Hannah Arendt", em Melvyn A. Hill (ed.),

primado pela modéstia, não há porque duvidar de J. Glenn Gray. Ainda que um eventual golpe de mestre permaneça até hoje na escuridão, este estudo confia que, tendo Arendt afirmado que daria um golpe de mestre, ela realmente o daria. Essa convicção é certamente o primeiro passo para encontrá-lo e este estudo intentará fazê-lo[52].

Além da promessa de um "golpe de mestre", Arendt deixou duas epígrafes na única página de "O Julgar" que chegou a escrever:

A causa vitoriosa agradou aos deuses, mas a vencida agrada a Catão.

CATÃO, o Jovem.

Se eu pudesse libertar meu caminho da magia, se eu pudesse desaprender totalmente seus sortilégios, confrontar-te, Natureza, simplesmente como homem, ser um humano valeria então o esforço.

FAUSTO, Goethe.

A primeira epígrafe Arendt já havia citado no *post-scriptum* de "O Pensar", logo após a menção de que faria uma opção por Hegel ou por Kant ao tratar do juízo do historiador. Na sequência dessas considerações citou Catão após afirmar que é possível, talvez, sem negar a história, mas rejeitando "o direito [da História] de ser o último juiz", resgatar nossa dignidade humana. A primeira epígrafe refere-se a esse resgate:

Hannah Arendt: The Recovery of the Public World, New York, St. Martin's Press, 1979, p. 225, citado por R. Beiner, *Interpretative Essay, op. cit.,* p. 89.

52. Este estudo não compartilha com Ane Amiel a convicção de que o coroamento da obra de Arendt perdeu-se para sempre e que é "temerário e pode ser presunçoso procurar deduzir dos textos conhecidos o que Arendt escreveria sobre o julgamento". Esse posicionamento de Amiel é uma consequência, talvez, da importância menor que essa autora concede aos textos que Arendt dedica à filosofia política de Kant. A esse respeito Amiel afirma: o texto sobre Kant, anexado a "O Julgar", em *A Vida do Espírito*, "pode induzir a erro se se confunde a leitura idiossincrática que Arendt faz de Kant com a sua própria concepção de julgamento e, não menos, se [...] [aquele texto é usado como] argumento para supervalorizar o papel e o peso de Kant na meditação arendtiana". A. Amiel, *La non-philosophie de Hannah Arendt: revolution et jugement, op. cit.,* p. 216.

Catão [...] deixou-nos uma frase curiosa que resume adequadamente o princípio político implícito na empresa de recuperação. Disse ele: *Victrix causa deis placuit, sed victa Catoni* ("A causa vitoriosa agradou aos deuses, mas a derrotada agrada a Catão")[53].

Para decifrar tantos enigmas é imprescindível estudar a faculdade do juízo tal como Arendt a resgatou em Kant.

Pensar como Condição para Julgar

Se a posse do conceito de *banalidade do mal* significou uma "cura posterior" para Arendt, é de supor que algo perdido acabou por ser resgatado, como se recupera a saúde após uma doença.

A "cura posterior" parece estar associada ao resgate da importância política da atividade de pensar – da importância política de "pensar sem 'corrimão'", *Denken ohne Geländer*, uma expressão que Arendt usava quando se referia ao pensar por si mesmo.

Pensar, de acordo com a compreensão kantiana do Iluminismo, significa *Selbstdenken*, pensar por si mesmo, "que é a máxima de uma razão nunca passiva". Entregar-se a uma tal passividade chama-se "preconceito", e o Iluminismo é, antes de mais nada, a liberação do "preconceito"[54].

---

53. H. Arendt, "Thinking", *op. cit.*, p. 216. Trecho de *Pharsalia de Lucano*, o relato épico da guerra civil entre César e Pompeu, que celebra o republicanismo anti-César de Catão, o Jovem. Segundo explicação da editora M. McArthy, Arendt teria se enganado e atribuído o texto ao velho Catão. Essa citação aparece muitas vezes em *Rahel Varnhagen*. É a frase preferida de Friedrich von Gentz (1764-1832), funcionário do estado prussiano e publicista, amigo íntimo de Rahel. Nessa obra Arendt considera que essa afirmação está associada ao republicanismo. Em *A Vida do Espírito* o sentido parece ser outro, ainda que esteja associado a uma escolha. H. Arendt, *Rahel Varnhagen: A Vida de uma Judia Alemã na Época do Romantismo*, Rio de Janeiro, Relume Dumará, 1994, p. 76.
54. H. Arendt, *Lições sobre a Filosofia Política de Kant*, *op. cit.*, p. 57 (*Lectures on Kant's Political Philosophy*, *op. cit.*, p. 43). Dada a excelente tradução feita por A. Duarte, este estudo usará a versão em português das *Lições sobre a Filosofia Política de Kant*, cotejando sempre com o original.

Quando considerou, em *Origens do Totalitarismo*, que as massas eram ideologicamente manipuladas e que não poucos intelectuais haviam aderido, ainda que na primeira hora, ao regime nazista, Arendt estava admitindo, embora não mencionasse isso, que as relações entre o discernimento político e a atividade de pensar não estavam garantidas. A partir de uma premissa dada, o pensamento poderia perder-se pelos caminhos da lógica em movimento e em meio a convicções teóricas impermeáveis aos acontecimentos políticos. A ideologia era o perigo maior para Arendt e esse foi o motivo pelo qual voltou suas reflexões para a *vita activa*: para a liberdade como razão de ser da política. Contra a ideologia apenas a pluralidade humana poderia antepor-se.

O conceito de *banalidade do mal*, de modo diverso, guarda o reconhecimento do perigo político representado pela associação entre irreflexão e incompetência para julgar. Arendt passou a enfatizar a importância política da atividade de pensar ao considerar a imprescindibilidade do julgamento daqueles que pensam em momentos críticos.

Isso não significa, é importante sublinhar, a redenção das teorias políticas e doutrinas tradicionais, que como filosofias morais se destinariam à busca de padrões para guiar a conduta humana. Arendt passou a olhar de uma outra perspectiva essas teorias, identificando como "falácias autênticas" aquilo que antes lhe parecia "erro lógico" ou construção destinada a salvar os filósofos de compromissos políticos. Passou a considerar a autenticidade dessas ideias, "derivando-as de experiências reais" do ego pensante e do ego volitivo, em condições de afastamento do filósofo das comunidades políticas.

A afirmação da importância do aparecimento daqueles que pensam para julgar os acontecimentos em momentos de crise tem gerado algumas dificuldades para a compreensão do que Arendt teria escrito em "O Julgar". Estaria H. Arendt afirmando que aqueles que pensavam deveriam ter enfrentado o regime totalitário? Estaria sugerindo que os intelectuais devem desincumbir-se da atividade da ação? Teria H. Arendt, após o julgamento de Eichmann, mudado de ideia, sustentando, agora, que a atividade de pensar é equivalente à atividade de agir, dando um passo na direção de Heidegger? Afinal, ao afirmar que "quando todos estão se deixando levar, impensadamente, por aquilo que os outros fazem e acreditam, aqueles que pensam devem aparecer, pois a recusa em aderir torna-se patente e torna-se, portanto, um tipo de ação"[55], o que Arendt realmente quis dizer?

Ao referir-se nessa citação a "um tipo de ação", Arendt não está se reportando à atividade de pensar, mas à recusa em aderir. Ao sublinhar, ao final da primeira parte de *A Vida do Espírito*, que "pensar não nos leva a agir" sustentava a diferença entre essa atividade e a atividade da vontade: "a faculdade de ser capaz de ocasionar algo novo". Tornando-se um espectador e exercendo o papel de juiz, aquele que pensa não age; toma parte, contudo, nos acontecimentos políticos. A recusa em aderir torna-se política porque dela depende, também, em momentos de crise, o desenrolar dos fatos.

A partir do julgamento de Eichmann, portanto, Arendt imputou uma nova importância aos espectadores. Cabe aos que pensam julgar moralmente as manifestações políticas, isto é, distinguir se o espetáculo é a ação que pretende ser um novo começo ou uma manifestação de cunho autoritário.

A substituição da palavra *fichas* por palavras como *cartas* ou *jogo*, pela editora Mary McArthy, amiga de Arendt, nos trechos em que esta se refere aos momentos de crise, pode ter colaborado, ainda que apenas parcialmente, para algumas dificuldades. A seguinte citação é um exemplo:

> A manifestação do vento do pensamento não é o conhecimento; é a habilidade de distinguir o certo do errado, o belo do feio. E isso, nos raros momentos em que as cartas estão postas sobre a mesa, pode sem dúvida prevenir catástrofes, ao menos para o eu[56].

---

55. H. Arendt, "Thinking", *op. cit.*, p. 192.
56. *Idem*, p. 193.

Embora Mary McArthy tenha tido o mérito de deixar registrada aquela substituição, o uso da palavra *fichas* é crucial nesse caso. Mary McArthy justificou a decisão tomada: "não podia deixar que Hannah Arendt, uma pessoa que eu admirava tanto", usasse

When the chips are down ["Quando as fichas estão na mesa"]: não posso dizer porque a expressão me desagrada, principalmente partindo dela, que duvido que tenha algum dia segurado uma ficha de pôquer. Mas posso vê-la (o cigarro na piteira) contemplando a mesa de roleta ou bacará; acabou então ficando "O jogo está feito" – que lhe cai melhor, fica mais do seu jeito. Será que ela teria se importado com esses pequenos exemplos de interferência em sua liberdade de expressão? [...] Tenho esperança de que teria condescendência com meus preconceitos[57].

O importante a considerar, naturalmente, é que quando as fichas estão sobre a mesa não se sabe efetivamente quais são as cartas que estão em jogo, embora seja possível fazer suposições a respeito através das fichas, isto é, das apostas que estão na mesa, inclusive sobre um possível "blefe". O momento em que aqueles que pensam devem aparecer – sejam filósofos ou não – é aquele que antecede a irreversibilidade das mudanças provocadas por uma ocorrência política. Trata-se do momento que anuncia um possível novo começo ou, talvez, uma catástrofe totalitária.

Em *Sobre a Violência*, Arendt afirmou que

não sabemos se essas ocorrências [tumultos nos guetos e rebeliões nos *campi*, que fazem "com que as pessoas sintam estar agindo em conjunto de uma maneira que só raramente podem fazer"] são o começo de algo novo [...] ou a morte agônica de uma faculdade que a humanidade está a ponto de perder[58].

---

57. M. McArthy, "Posfácio da Editora", em *A Vida do Espírito*, Rio de Janeiro, Relume Dumará, 1993, p. 388.
58. H. Arendt, *On Violence, op. cit.*, p. 83 (Arendt cita Herbert J. Gans, "The Ghetto Rebellions and Urban Class Conflict", em *Urban Riots*).

No caso do Totalitarismo, na Alemanha, o "momento de crise" a que Arendt se referiu é aquele que antecede a chegada de Hitler ao poder. Arendt crê que, se em tal ocasião aqueles que estavam habituados a pensar houvessem aparecido para julgar os acontecimentos, dando publicidade a esse julgamento, talvez houvesse alguma possibilidade de que os fatos tivessem sido outros. Encontra-se aqui a importância que Arendt concedeu à contingência e à liberdade.

Ao ressaltar a importância do julgamento em momentos de crise, Arendt antepõe-se às concepções de história como processo, que desqualificam a capacidade do ser humano de mudar o mundo por meio da ação e do julgamento, bem como às teorias que afirmam a mudança por meio da violência e da manipulação de alienados por um líder ou por um grupo.

Arendt não estava propondo uma saída individual do tipo "salve-se quem puder". Ao insistir que, quando as fichas estão postas sobre a mesa, o vento do pensamento pode prevenir catástrofes "ao menos para o eu", afirmava que a possibilidade de evitar tragédias políticas é a finalidade desse aparecimento. Como toda possibilidade, porém, esta poderia concretizar-se ou não; neste último caso, talvez fosse possível fugir, como fez Arendt, ou evitar compactuar com os tiranos, o que não foi possível a Heidegger e a outros. Arendt estava interessada em evitar catástrofes e acreditava, como afirmou Phillip Hansen, que era necessário antecipar a destruição de um mundo mal construído para a construção de um novo mundo. A faculdade de julgar tem, por isso, o sentido político de identificar a ação que pretende ser um novo começo[59].

O entendimento de que naquela passagem Arendt defende o "salvar a própria pele" deve-se, talvez, às antecipações que Arendt fez, no âmbito de "O Pensar" – do estudo da consciência moral –,

---

59. Phillip Hansen chama a atenção para o fato de que a ideia kafkiana de *fabricator mundi* se conecta com o pensamento arendtiano de antecipação da destruição de um mundo mal construído para a construção de um novo mundo. P. Hansen, *Politics, History and Citizenship*, Standford (Cal.), Standford University Press, 1993, p. 217.

de considerações que dizem respeito ao juízo reflexivo. Esse tipo de entendimento tem levado à crença de que Arendt tem uma ética negativa em *A Vida do Espírito* – uma ética fundada na consciência moral, que se ocupa apenas da recusa em fazer o mal e não trata da ação. Enquanto a atividade do *dois-em-um* do pensamento refere-se à moralidade e à conduta do indivíduo, a atividade de julgar está associada ao mundo público-político e "engloba mais do que [...] o abster-se de fazer o mal"[60].

Se considerarmos a moralidade como algo que engloba mais do que seu aspecto negativo, o abster-se de fazer o mal que pode significar abster-se de fazer qualquer coisa, teremos de considerar a conduta humana nos termos que Kant achava apropriados, apenas para a conduta estética, por assim dizer. E a razão pela qual ele descobriu certas regras moralmente significativas nessa esfera aparentemente tão diferente da vida humana foi que apenas nesse campo ele considerou os homens no plural; vivendo em comunidade[61].

A relação que Arendt estabeleceu entre a atividade de pensar e a atividade de julgar é dada pelo vento do pensamento e pelo pensar fundado na pluralidade humana: no *sensus communis* kantiano. Para que o julgamento da ação em momentos de crise seja imparcial, nota Arendt, aqueles que pensam, seja qual for o tipo de ocupação a que se dediquem, precisam abandonar teorias e preconceitos, pois o que está em julgamento é o inusitado. É o vento do pensamento que libera a faculdade de julgar, levando para longe todas as ideias preconcebidas.

60. Para André Duarte, Arendt tem uma ética negativa. Afirma, porém, que se Arendt possuísse uma ética, esta "não se pretenderia prescritiva, objetiva, já que seria dirigida ao homem de ação enquanto sujeito que pensa e julga". André Duarte afirma em caráter provisório que "tal ética só poderia atuar apelando a um possível interesse do sujeito no diálogo sempre renovado consigo mesmo. Não diria, portanto, o que deve ser feito, mas apenas alertaria para aquilo que não devemos fazer a fim de que não tenhamos que fugir à companhia dos outros e à nossa própria companhia. Um alerta que poderia ser assim enunciado: Lembra-te de que não estás a sós, nem no mundo, nem contigo mesmo". A. Duarte, "Dimensão Política da Filosofia Kantiana segundo Hannah Arendt", em *Lições sobre a Filosofia Política de Kant*, Rio de Janeiro, Relume Dumará, 1993, p. 139.

61. H. Arendt, "Algumas Questões de Filosofia Moral", *op. cit.*, p. 208. ("Some Questions of Moral Philosophy", *op. cit.*, p. 142.)

Em tais emergências, é o componente depurador do pensamento que se torna político (a *maiêutica* socrática, que traz à tona as implicações das opiniões não examinadas – que destrói valores, doutrinas, teorias e até mesmo convicções)[62].

A *maiêutica* socrática, que tal como um vento do pensamento destruía as crenças dos cidadãos atenienses e nada colocava no lugar, criava o vazio de ideias preconcebidas necessário ao julgamento daquilo que foge aos padrões dos ajuizamentos existentes.

Por tratar-se do julgamento do inusitado, além disso, Arendt identificou no juízo estético kantiano – voltado para o julgamento da obra de arte – o juízo do espectador. Se Kant associou, inicialmente, o juízo estético à obra de arte – na Crítica da Faculdade do Juízo –, nos textos históricos posteriores tratou do juízo do espectador também no âmbito dos acontecimentos humanos. É na terceira crítica, contudo, que se encontra a filosofia política kantiana "não escrita" e que interessa a este estudo.

O fato de Arendt ter identificado o juízo estético reflexivo com o juízo do espectador do acontecimento político tem gerado alguma polêmica. R. Beiner, que se propôs a "determinar se Arendt toma liberdades indevidas com os textos kantianos", considera que "não se pode negar que Arendt lida com a obra de Kant com grande liberdade, utilizando os escritos do filósofo de acordo com os seus próprio fins"[63].

---

62. H. Arendt, "Thinking", *op. cit.*, p. 144.
63. R. Beiner, *Interpretative Essay*, *op. cit.*, p. 142. Para Albrecht Wellmer, "o marco kantiano de conceitos de onde ela [Arendt] extrai o termo 'juízo', e em cujos termos intenta articular sua própria teoria do juízo, não lhe proporciona o espaço conceitual para interconectar os diferentes fios de sua teoria. [...] Certamente, não creio que o kantismo de Arendt proporcione uma explicação para os pontos mortos de sua teoria. Mais bem creio que se pode dizer que ela elege Kant – e todo mundo sabe que leva a cabo uma extrapolação livre de Kant –, porque em Kant encontra o que necessita para sua própria teoria do juízo. Apesar de tudo, creio que pode ser o kantismo de Arendt – isto é, seu kantismo ortodoxo latente – o que define os limites de sua teoria". Wellmer considerou, por isso, que "em sua teoria da ação [de Arendt] não haveria lugar para uma relação interna entre juízo político, discurso político e ação política". Albrecht Wellmer, "Hannah Arendt sobre o Juízo: A Doutrina não Escrita da Razão", em *Hannah Arendt: El orgullo de pensar*, *op. cit.*, p. 264.

É convicção neste estudo que as análises que buscam localizar os usos indevidos que Arendt faz da obra de um pensador (o que significa adotar, como ponto de partida, a interpretação própria sobre as ideias de determinado pensador) podem ser interessantes. Mas esse tipo de análise dificulta uma aproximação das ideias que possivelmente conformariam "O Julgar". É nesse sentido que, para as finalidades desta reflexão, interessa a interpretação que Arendt faz das ideias de Kant, mesmo porque, como se sabe, essa pensadora segue com Kant, mas tem em mente lançar luz sobre questões e acontecimentos históricos que Kant não viveu.

Para exemplificar as consequências daquele tipo de procedimento, as afirmações de Beiner sobre "O Julgar" são interessantes. Segundo ele, Arendt não se ocupa do juízo político. Essa é uma observação que cabe às ideias de Kant, mas não às ideias arendtianas.

> No que considero seus posicionamentos "tardios" [os estudos após o julgamento de Eichmann], não se detecta um interesse pelo julgar como característica da vida política[64].

Em "O Querer" Arendt afirmou, como este estudo vem insistindo, que estava interessada na articulação do *nós* que é o "verdadeiro plural da ação", um *nós* que "sempre precisa de um começo", tanto no que diz respeito à espécie humana como às diferentes sociedades humanas. Quando se toma Kant como ponto de partida para a compreensão das ideias de Arendt sobre o julgar, o ator aparece efetivamente em segundo plano; para esse pensador, o espectador é

---

64. R. Beiner, *Interpretative Essay, op. cit.*, p. 92. É interessante que, num momento de total descrença em relação às reflexões de Arendt sobre "O Julgar", R. Beiner chega a sugerir, para aqueles que se interessam pelo tema, que se voltem para a obra de Gadamer, não porque Arendt não tenha entendido Kant, mas porque Gadamer recorre a Aristóteles: "Quem queira indagar outras fontes para uma teoria do juízo político encontrará uma via muito prometedora na filosofia de Gadamer: a teoria do juízo hermenêutico que evita a Kant e recorre à ética de Aristóteles". *Idem*, p. 136 (Beiner se refere à obra de Gadamer: *Verdade e Método*). Constata-se mais uma vez que, tendo partido do pensamento kantiano para compreender Arendt, Beiner acaba distanciando-se do pensamento arendtiano até o ponto em que Arendt acaba saindo de cena.

mais importante que o ator: os desígnios da ação nunca poderiam se tornar públicos porque a ação era, para este, sinônimo de golpe de Estado, de modo que a publicidade de tais desígnios tornaria o empreendimento impossível de ser realizado. Para Kant, quando os objetivos de um empreendimento não podem vir a público não podem ser considerados justos.

Nas *Lições sobre a Filosofia Política de Kant*, Arendt não deixou de mencionar que este não estava interessado nos atores nem na ação e nem mesmo no julgamento moral, ainda que essa crítica fosse a concretização de um projeto kantiano de juventude que tinha a moralidade como tema. Arendt sublinhou que ela própria estava interessada na ação e no julgamento moral de ocorrências políticas em momentos de crise. Ora, tomando Kant como ponto de partida, a primeira questão que surge é: por que Arendt não utilizou *A Crítica da Razão Prática*? Pensando talvez nesse questionamento, Arendt esclareceu: Kant "desconhece tanto uma faculdade quanto uma necessidade para a ação. Desse modo, a questão kantiana 'Que devo fazer?' diz respeito à conduta do eu em sua independência frente aos outros"[65]; o juízo, diz ela, não é a razão prática, pois

> a razão prática raciocina e diz o que devo e o que não devo fazer; estabelece a lei e é idêntica à vontade, e a vontade profere comandos; ela fala por meio de imperativos. O juízo ao contrário provém de um prazer meramente contemplativo ou satisfação inativa[66].

É de perguntar, além disso, se estaria Arendt utilizando a expressão filosofia política em sentido depreciativo, tal como nos textos anteriores ao julgamento de Eichmann? Arendt justifica o fato de Kant não ter uma filosofia política escrita nos seguintes termos:

> Filosofar ou o pensamento da razão que transcende os limites daquilo que pode ser conhecido, os limites do conhecimento humano, é, para Kant, uma

---

65. H. Arendt, *Lições sobre a Filosofia Política de Kant*, op. cit., p. 26. (*Lectures on Kant's Political Philosophy*, op. cit., p. 19.)
66. *Idem*, p. 22. (*Lectures on Kant's Political Philosophy*, op. cit., p. 15.)

"necessidade" humana geral, a necessidade da razão enquanto faculdade humana. Ele não opõe a maioria à minoria. [...] Kant discorda de Aristóteles de que o modo filosófico de vida é o mais elevado. Com o abandono dessa hierarquia, que é o abandono de todas as estruturas hierárquicas, também desaparece a velha tensão entre política e filosofia. O resultado é que a política e a necessidade de escrever uma filosofia política, a fim de estabelecer leis para um "asilo insano", deixam de ser uma preocupação urgente para o filósofo[67].

Ao que parece, se Kant tem uma filosofia política não-escrita, essa não seria uma filosofia política destinada a "estabelecer leis para um asilo insano" nem seria a expressão de uma tensão entre filosofia e política. Se Arendt afirmou que Kant possivelmente não sentiu urgência em escrever uma filosofia política é de supor que ela acreditasse que, embora esse filósofo não levasse em conta a ação, de outra parte, não sentia aversão por esta ou algum temor quanto às possíveis consequências da ação. Nas palavras de André Duarte,

assentando o seu pensamento na ideia de uma "igualdade" fundamental entre todos os homens, Kant revelaria um estilo de pensamento aberto às preocupações políticas em um registro teórico alheio à "velha tensão entre política e filosofia"[68].

É importante esclarecer também que, por estar interessada no julgamento de um acontecimento político inusitado, em momento de crise, Arendt ocupa-se apenas da primeira parte da terceira crítica, a *Crítica da Faculdade de Juízo Estética*. Descarta a segunda parte porque esta, diferentemente da primeira, procura por um princípio de cognição.

---

67. Idem, p. 40. (*Lectures on Kant's Political Philosophy*, op. cit., p. 29.) Como mencionou E. J. de Moraes, na medida em que inexiste "a necessidade de fundar uma autoridade 'para' a política [...] desaparece por completo a urgência de elaborar uma filosofia política". Eduardo J. de Moraes, "Filosofia e Política", *Hannah Arendt: Diálogos, Reflexões, Memórias*, op. cit., p. 44.
68. A. Duarte, "A Dimensão Política da Filosofia Kantiana Segundo Hannah Arendt", op. cit., p. 114.

Não estamos preocupados, aqui, com essa parte da filosofia kantiana [Crítica da faculdade de juízo teleológica]; ela não lida com o julgamento do particular, estritamente falando, e seu tema é a natureza, embora, como veremos, Kant compreenda a história também como parte da natureza. [...] Sua intenção é encontrar um princípio de cognição e não um princípio para o juízo[69].

As reflexões arendtianas que se ocupam do espectador e do ator não estão associadas à ideia de esperança em um estado futuro, como acredita Paul Ricoeur. Em *Julgamento Estético e Julgamento Político Segundo Hannah Arendt*, Riccoeur se propõe a

colocar à prova a tese que Hannah Arendt expôs no terceiro volume (infelizmente inacabado e póstumo) de sua tríade [...], tese segundo a qual lhe será possível extrair do *corpus* kantiano, situada sob o título de filosofia da história, uma teoria do julgamento político que satisfaça aos critérios aplicados ao julgamento estético na terceira Crítica[70].

Partindo da leitura de Kant, Ricoeur vê como problemática a retrospecção do espectador frente à prospecção do ator, fundada na esperança que sempre pressupõe uma finalidade. Ricoeur crê, por isso, que Arendt deveria ter feito uso do juízo teleológico kantiano, uma vez que, de modo a ser coerente com as ideias de Kant, a análise de Arendt deveria levar em conta a preocupação kantiana com o estabelecimento de uma situação cosmopolita universal.

Por não identificar a ação com o novo começo para uma comunidade política, em uma situação-limite – para usar a noção jasperiana que equivale ao momento de crise arendtiano – Roberto Esposito crê que para dar conta do fato de que "os homens só podem experimentar a comunidade se aceitam sua lei", tal como acreditava Kant, Arendt deveria usar a segunda parte da *Crítica da Faculdade do Juízo*, uma vez que "o sublime constitui justamente a estreita e ar-

---

69. H. Arendt, *Lições sobre a Filosofia Política de Kant*, op. cit., pp. 21-22 (*Lectures on Kant's Political Philosophy*, op. cit., p. 14).
70. P. Ricoeur, "Jugement esthétique et jugement politique selon Hannah Arendt", em *Le Juste*, Paris, Éditions Esprit, 1995, p. 143.

riscada passagem entre o âmbito sensível do juízo estético e o ético-
-racional da lei"[71].

Se Arendt usa o juízo reflexivo kantiano para estudar o juízo do espectador no âmbito público é porque tem em vista o julgamento da ação que é novo começo e que não se faz acompanhar de um projeto a ser implementado no futuro nem está limitada por leis e costumes que caem, então, por terra. Como afirma C. Lefort, "para H. Arendt a revolução [era] o tempo do começo e do novo começo"[72].

Arendt ocupa-se do espectador até o ponto em que desvenda a filosofia política não-escrita de Kant, momento em que – na última aula, a décima terceira lição –, vislumbra o caminho para a consideração do ator na análise. É por isso que a sobreposição dos objetivos de Kant aos de Arendt dificulta a apreensão da análise arendtiana; a pergunta que um procura responder é diferente daquela que o outro se faz: *Como julgar uma ocorrência política?* é a pergunta que Arendt faz. *Como julgar uma obra de arte?* é a questão kantiana. Isso não significa, no entanto, que o espectador kantiano é apenas um caminho para o ator. Tanto quanto o ator, o espectador é crucial para as reflexões arendtianas.

Por indignar-se diante da arbitrariedade com que se discutiam questões que versavam sobre a beleza sem que se chegasse a quaisquer acordos, Kant resolveu estudar o juízo estético. Arendt afirma que esse mesmo tipo de arbitrariedade ocorre no tratamento das questões morais, independentemente da possibilidade de catástrofes iminentes. Arendt usa o juízo estético kantiano no âmbito político porque supõe que tal como no julgamento das obras de arte "o campo da interação e da conduta humanas e dos fenômenos com que nos confrontamos nessa área seja, de certo modo, da mesma natureza": julga-se, nesse caso, sem guias ou regras gerais demonstráveis ou evidentes por si mesmas[73].

---

71. R. Esposito, "Politas o comunitas?", em *Hannah Arendt: El orgullo de pensar, op. cit.*, p. 127.
72. C. Lefort, "Hannah Arendt y la cuestión de lo político", em *Hannah Arendt: El orgullo de pensar, op. cit.*, p. 131.
73. H. Arendt, "Algumas Questões de Filosofia Moral", *op. cit.*, p. 204. ("Some Questions of Moral Philosophy", *op. cit.*, p. 138.)

O espectador que julga o inusitado não usa a razão nem a cognição. Ainda que o pensamento seja a condição para julgar, no momento em que julga, o espectador não pensa. As atividades do espírito, tal como Arendt sublinhou, ocorrem de modo independente uma da outra. O pensamento, contudo, prepara "o eu para o papel de espectador"[74]. Em Kant, é o *senso de comunidade* que faz com que o egoísmo daquele que pensa seja superado, transformando-o em cidadão do mundo. O senso comunitário pertence à estrutura do espírito: não pertence nem tão somente à faculdade de pensar nem tão somente à faculdade de julgar e nem tão somente, ainda, à faculdade da vontade. A qualidade do senso comunitário depende da consideração das diferentes posições que outros ocupam no mundo – das diferentes opiniões.

Por isso o egoísmo não pode ser superado pela pregação moral que, ao contrário, sempre me manda de volta a mim mesma; mas, nas palavras de Kant: O egoísmo só pode ser contraposto pelo pluralismo, que é uma estrutura do espírito em que o eu em vez de ficar envolto em si mesmo, como se fosse o mundo inteiro, considera-se um cidadão do mundo[75].

O *sensus communis*, diferentemente do senso comum que é o sexto sentido e que sintetiza os outros cinco sentidos, é o terreno em que se firma a atividade de julgar e isso significa que o juízo tanto quanto o pensar estão conectados à própria comunidade. Arendt afirma que à pergunta: "como pode alguém julgar segundo o senso de comunidade, quando considera o objeto segundo seu senso privado?, Kant responderia que a comunidade entre os homens produz um senso de comunidade. A validade do *sensus communis* nasce na interação com as pessoas"[76].

---

74. H. Arendt, "Willing", *op. cit.*, p. 195.
75. H. Arendt, "Algumas Questões de Filosofia Moral", *op. cit.*, p. 209. ("Some Questions of Moral Philosophy", *op. cit.*, p. 142.)
76. H. Arendt, "Algumas Questões de Filosofia Moral", *op. cit.*, p. 207. ("Some Questions of Moral Philosophy", *op. cit.*, p. 141.) Para Gadamer, Kant não segue a grande tradi-

De um modo geral, podemos dizer que a falta de julgamento se mostra em todos os campos: nós a chamamos de estupidez em questões intelectuais (cognitivas), falta de gosto em assuntos estéticos, e obtusidade moral ou insensatez no que diz respeito à conduta. E o oposto de todos esses defeitos específicos, o próprio terreno em que nasce o julgamento sempre que é exercido, segundo Kant, é o *sensus communis*[77].

Esse é o motivo pelo qual a convivência humana é importante para todos e para todos os tipos de juízo, pois dela depende o pensamento alargado necessário à atividade de julgar.

Quanto maior for o número de posições de pessoas que posso tornar presentes no meu pensamento e, assim, levar em consideração no meu julgamento, mais representativo ele será. A validade desses julgamentos não seria nem objetiva nem universal nem subjetiva, dependendo do capricho pessoal, mas intersubjetiva ou representativa[78].

Ao referir-se às considerações de Arendt a respeito das relações entre pensar e julgar, D. Villa questionou a capacidade de Heidegger

---

ção moral-política do conceito de senso comum, de origem romana e que "é um sentido para a justiça e o bem comum, que vive em todos os homens, e mais, um sentido que é adquirido através da vida em comum e determinado pelas ordenações e fins desta". Gadamer afirma, por isso, que o sentido de comunidade não tem uma função na *Crítica do Juízo*. Hans-Georg Gadamer, *Verdade e Método I – Traços Fundamentais de uma Hermenêutica Filosófica*, Petrópolis/Bragança Paulista, Vozes/Ed. Universitária S. Francisco, 1997, pp. 85 e 59. Diferentemente do que afirma Gadamer, Arendt ressalta que Kant tem dois conceitos de *senso comum*: um (aquele que Kant escreve em latim) é o senso de comunidade (*gemeinschaftlicher Sinn*) e o outro, aquele que é o sexto sentido (*Menschenverstand*) Quanto ao fato de ser o *sensus communis* constituído ou não na comunidade, parece que Gadamer engana-se, pois como explicar que nem todos sejam, para Kant, detentores de um pensamento alargado, isto é, nem todos levem em conta o senso comunitário quando julgam, tomando em conta apenas o próprio julgamento, considerando-se que para Kant todos pensam? O exercício da comunicabilidade é, ele mesmo, fonte do pensamento alargado para Kant. Ane Amiel afirma que "é muito difícil não ver que o que descreve Gadamer é precisamente o esforço assumido por Arendt". Amiel refere-se provavelmente a Beiner pois Gadamer não cita Arendt. Ane Amiel, *La non-philosophie de Hannah Arendt*, op. cit., p. 244.

77. H. Arendt, "Algumas Questões de Filosofia Moral", *op. cit.*, p. 204. ("Some Questions of Moral Philosophy", *op. cit.*, p. 138.)
78. *Idem*, p. 207. ("Some Questions of Moral Philosophy", *op. cit.*, p. 141.)

para julgar⁷⁹. Colocou este pensador e Eichmann em pé de igualdade, salientando uma diferença: Heidegger não era um criminoso. Trata-se de uma simplificação que deixa de sublinhar a convicção arendtiana de que o pensar é condição mesma para evitar o cometimento do mal que é banal, tendo sido esse, provavelmente, um dos motivos que fez aquele pensador afastar-se do nazismo dez meses após a subida de Hitler ao poder, enquanto Eichmann seguiu cometendo crimes até ao final da guerra e negando-os até o momento da própria execução. O que pareceu a D. Villa uma incoerência de Arendt é consequência da pobreza do *senso de comunidade* no espírito daquele que se dedica às coisas do mundo e nunca para pensar⁸⁰.

Arendt alegou que Heidegger tinha teorias prontas que o impediram de perceber os acontecimentos na Alemanha de 1933. Não afirmou que este não sabia julgar esses acontecimentos. Mas as análises de Arendt levam a crer que aqueles que fazem do pensar uma única ocupação ficam privados do pensamento alargado. Este depende da representação, no espírito daquele que pensa, do maior número possível de posições existentes na comunidade política, ainda que, ao pensar, essas posições não sejam as reais, isto é, a reprodução exata daquelas que estão presentes na comunidade. O diálogo interior, assentado no pensamento alargado, permite àquele que pensa desconsiderar, segundo as próprias palavras de Kant, "as condições subjetivas privadas de seu próprio juízo, pelas quais tantos outros se

---

79. Ver D. Villa, "The Banality of Philosophy: Arendt on Heidegger and Eichmann", em *Hannah Arendt: Twenty Years Later*, Cambridge (Mass.), MIT Press, 1996, p. 192.
80. Um questionamento similar ao de D. Villa fez R. Bernstein quando comparou Sócrates e Heidegger. Bernstein afirma que, se Arendt elogiou Heidegger porque este "ensinava a pensar", que diferença haveria entre este pensador e Sócrates? R. Bernstein, "The Banality of Evil Reconsidered", em *Hannah Arendt & the Meaning of Politics, op. cit.*, p. 314. Essas mesmas preocupações levaram M. Canovan a afirmar que "o espectro de Heidegger, o Nazista, assombra as reflexões de Arendt", de modo que, tal qual Penélope, essa pensadora se via "sempre forçada de novo a destruir suas tentativas e resoluções". Canovan se refere, nesse caso, ao caminhar de Arendt com Sócrates e às comparações que estabelece entre Heidegger e Platão, que estariam permeadas de indecisões e contradições. M. Canovan, "Socrates or Heidegger? Hannah Arendt's Reflections on Philosophy and Politics", *Social Research*, New York, vol. 57, n. 1, Spring 1990, p. 162.

veem confinados, e a refletir a partir de um ponto de vista geral"[81]. É a comunidade que provê o pensamento alargado.

Na já mencionada entrevista à revista *Der Spiegel* de 1966, Heidegger, sem esclarecer devidamente as convicções políticas que tinha na época do nazismo e sem admitir que houvesse se equivocado, afirmou que errados estavam os outros – manifestação provável de um *Eu-Eles* solipsista, tal como Arendt havia identificado quando se referiu àqueles que fazem do pensar ocupação única. Alegando que o nacional socialismo rumava, na época em que Hitler subiu ao poder, para o estabelecimento de "uma relação satisfatória [do homem] com a essência da técnica", afirmou:

> O nacional socialismo ia sem dúvida nessa direção; mas essa gente era pouco esperta no pensamento para estabelecer uma relação explícita com o que hoje acontece e o que está em marcha desde três séculos [isto é, as relações problemáticas entre o homem e a técnica][82].

Referenciado pelo senso comunitário, o juízo reflexivo não é subjetivo: considera a comunidade da qual o espectador faz parte. Ao afirmar que algo é belo, o espectador não estará expressando o que particularmente lhe agrada, mas estará reivindicando a validade geral para esse julgamento, uma vez considerado o juízo dos demais julgadores. A interpretação arendtiana da validade geral do juízo reflexionante em Kant – ao contrário da noção kantiana de "validade universal" – se deve, como Arendt afirma em A *Crise na Cultura: Sua Importância Social e Política* (1960), ao fato de que o juízo tem validade apenas em relação ao lugar em que "a pessoa que julga colocou suas considerações"[83]. A validade do juízo para Arendt é localizada: diz respeito apenas aos sujeitos julgadores, diferentemente, portanto,

---

81. H. Arendt, *Lições sobre a Filosofia Política de Kant, op. cit.*, p. 92 (*Lectures on Kant's Political Philosophy, op. cit.*, p. 14).
82. M. Heidegger, "Conversación de *Spiegel* con Martin Heidegger", *op. cit.*, p. 77.
83. H. Arendt, "The Crisis in Culture", em *Between Past and Future, op. cit.*, p. 221.

da validade universal do julgamento de obras de arte, pois nesse caso todos são potencialmente sujeitos julgadores[84].

A seguinte passagem, na qual Arendt comenta as palavras de Pavel Kohut sobre a necessidade de "um novo exemplo" para o mundo, revela as expectativas de Arendt quanto ao alcance da ação como um novo começo:

> Este novo exemplo dificilmente será estabelecido pela prática da violência. [...] Tal como estão as coisas hoje, quando vemos quão atoladas estão as superpotências sob o peso monstruoso de sua própria grandeza, parece que o estabelecimento do "novo exemplo" terá uma chance, se tanto, em países pequenos, ou em setores pequenos e bem definidos nas sociedades de massa das superpotências[85].

O juízo estético reflexivo traduz os sentimentos anímicos despertados por aquilo que está sob julgamento. É a operação de reflexividade que permite essa tradução por meio da imaginação e do senso comum. Ao criar a representação daquilo que é contemplado, a imaginação cria um distanciamento em relação ao julgado que permitirá a imparcialidade do julgar – é como se todos os sentidos se fechassem para o que está ocorrendo em meio ao mundo comum. Submetida "a uma espécie de *não-sentido* interior", denominado *sentido do gosto*, à representação será reputado o sentimento de prazer ou desprazer – esse é o motivo pelo qual a terceira crítica foi denominada inicialmente por Kant, até 1787, de *Crítica da Faculdade do Gosto*.

---

84. Para André Duarte trata-se de uma "violência hermenêutica" e se deve ao fato de que "para Arendt, tais enunciados [dos juízos reflexionantes estéticos e, por extensão, aos enunciados dos juízos políticos] podem apenas 'cortejar' persuasivamente a concordância potencial de todos, mas 'nunca podemos forçar ninguém a concordar com nossos juízos' uma vez que não temos à disposição a regra universal *a priori* que preside à subsunção do caso particular". A. Duarte, *O Pensamento à Sombra da Ruptura: Política e Filosofia em Hannah Arendt*, op. cit., p. 359. Arendt afirma, no entanto, que, em relação aos juízos estéticos reflexivos, não é possível convencer ou persuadir apenas brigar, pois trata-se do julgamento entre o certo e o errado, o feio e o belo.
85. H. Arendt, *On Violence*, op. cit., p. 83.

[Aquilo que é julgado] encarna uma "legalidade sem lei", que pode ser experienciada apenas em um julgamento individual, isto é, em um julgamento individual de gosto. Esta validade universal é então fundamentalmente diferente daquela de um julgamento lógico[86].

Se é surpreendente que o sentido do gosto, um sentido tão idiossincrático, tenha sido o escolhido, desde Graciano, como aquele capaz de traduzir os sentimentos envolvidos na contemplação de objetos de arte, nota Arendt, isso se deve ao fato de que o gosto é o mais privado dos sentidos, igualando-se apenas ao olfato. Esses são os sentidos discriminadores por excelência e referem-se, por isso mesmo, ao "particular *qua* particular" – não permitem que as propriedades de um particular possam ser compartilhadas com outros particulares, tal como ocorre com os sentidos objetivos: o tato, a visão e a audição. O juízo reflexivo afirma apenas que algo agrada ou desagrada ou, de outro modo, que concordo ou discordo.

A questão é que eu sou diretamente afetado. Por essa mesma razão, não pode aqui haver discussão acerca do certo e do errado. *De gustibus non disputandum est* – não pode haver discussão sobre questões de gosto. Nenhum argumento pode persuadir-me a gostar de ostras, quando não gosto delas. Em outras palavras, o problema, em questões de gosto, é que eles não são comunicáveis[87].

Uma vez definido, o juízo de gosto é remetido ao senso de comunidade, pois o juízo reflexivo interessa apenas em sociedade. E a razão para que isso ocorra é muito simples para Kant: porque quando se é humano não é possível viver sem companhia. A intersubjetividade garantida pelo senso comum é aquilo que torna o juízo reflexivo não-subjetivo. É por isso que o espectador pode manifestar um juízo diferente daquele expresso pelo sentido de gosto e o critério usado, nesse caso, é a comunicabilidade. Nas palavras de Gadamer,

---

86. K. Jaspers, "Kant", *op. cit.*, p. 78.
87. H. Arendt, *Lições sobre a Filosofia Política de Kant*, *op. cit.*, p. 85 (*Lectures on Kant's Political Philosophy*, *op. cit.*, p. 66).

o gosto não é uma propriedade privada, porque "o gosto [...] sempre quer ser bom gosto"[88]. Arendt repete um exemplo dado por Kant: a alegria do filho de um pai avarento quando este morre será ocultada em público.

"No gosto", diz Kant, "o egoísmo é superado" – mostramos consideração no sentido original da palavra, consideramos a existência dos outros e devemos tentar ganhar a sua concordância[89].

A competência para julgar é tanto maior quanto mais alargado é o pensamento do espectador, isto é, quando aquele que pensa leva em conta os juízos alheios e não se limita às condições subjetivas de seu próprio juízo. É por isso que Arendt afirma que o juízo realiza o pensamento e atesta o modo de pensar. Pelo juízo é possível perceber o modo de pensar daquele que julga: o pensar que considera ou que desconsidera os demais.

É na comunicabilidade, "a vocação natural da humanidade para comunicar e exprimir o que se pensa, especialmente em assuntos que dizem respeito ao homem enquanto tal", que se dá o atestamento do modo de pensar. Trata-se da comunicação entre os "sujeitos julgadores"[90], da "comunicabilidade de sentimentos que se ligam a uma dada representação" e essa é a definição mesma do gosto como faculdade de julgar *a priori*.

Nesse sentido, cabe perguntar: o que teria despertado o interesse de Arendt por uma faculdade que tem como atividade a comunicabilidade de um sentimento e, mais do que isso, de "todo o nosso aparato anímico"?

---

88. H. Gadamer, *Verdade e Método I – Traços Fundamentais de uma Hermenêutica Filosófica*, op. cit., p. 76.
89. H. Arendt, "Algumas Questões de Filosofia Moral", op. cit., p. 208. ("Some Questions of Moral Philosophy", op. cit., p. 142.)
90. *Lições sobre a Filosofia Política de Kant*, op. cit., p. 53 (*Lectures on Kant's Political Philosophy*, op. cit., p. 40).

Liga-se a ela a noção de que "sentimentos e emoções [*Empfindung*] são valorizados apenas porque podem ser geralmente comunicados"; ou seja, vincula-se ao juízo todo o nosso aparato anímico, por assim dizer[91].

Parece que o interesse de Arendt está associado à impossibilidade de, em momentos críticos, distinguir por meio da cognição e da razão – do afastamento provisório para pensar – o sentido daquilo que é inédito. Trata-se de apreender o que está em execução – daquilo que nos afeta – através do sentimento, levando em conta, também, o possível sentimento dos demais.

Usar o juízo estético, nesse caso, equivale a apreender um possível sentimento de humanidade – *Humanität* – que possa estar presente no desempenho dos atores[92]. Encontra-se aí a igualdade entre espectador e ator arendtianos e entre espectador e gênio (produtor da obra de arte) kantianos, pois se o primeiro é capaz de apreender o sentimento de humanidade presente no desempenho do segundo é porque compartilha com este o mesmo sentimento. A hierarquia entre espectador e ator desaparece.

Essa passagem traz à lembrança as considerações que Arendt fazia já em 1954 a respeito de Sócrates:

> [...] a propriedade do mundo de ser o "mesmo", o seu caráter comum (*koinon*, como diziam os gregos, qualidade de ser comum a todos), ou "objetividade", [...] reside no fato de que o mesmo mundo se abre para todos e que a despeito de todas as diferenças entre os homens e suas posições no mundo – e consequentemente de suas *doxai* (opiniões) – "tanto você quanto eu somos humanos"[93].

---

91. Idem, p. 95 (*Lectures on Kant's Political Philosophy, op. cit.*, p. 74).
92. É esse sentimento de humanidade (*Humanität*) que permite a Arendt associar o belo e o certo e o feio e o errado, uma questão que para Bernstein Arendt nunca respondeu. Segundo esse autor, "ironicamente é a própria Arendt que parece querer acreditar que há o que ela chama faculdade de julgamento". R. H. Bernstein, "The Banality of Evil Reconsidered", em *Hannah Arendt & the Meaning of Politics, op. cit.*, pp. 315 e 318.
93. H. Arendt, "Philosophy and Politics", *op. cit.*, p. 433.

Aos espectadores cabe apoiar a ação enquanto manifestação do sentimento de humanidade e repudiar as ocorrências impregnadas de violência e guiadas por convicções deterministas e autoritárias.

Mas o juízo estético, como afirmou Kant, "comporta grandes dificuldades". E a dificuldade maior está em descobrir o princípio próprio à faculdade do juízo, aquele que cumpre o papel de uma regra exclusiva para o julgar.

> Descobrir um princípio peculiar que lhe é próprio [à faculdade do juízo reflexivo] (pois algum ela terá de conter *a priori*; porque do contrário ela não se exporia como uma faculdade de conhecimento especial mesmo à crítica mais comum), que todavia não tem de ser deduzido de conceitos *a priori*, pois estes pertencem ao entendimento e à faculdade do juízo, concerne somente a sua aplicação. Portanto, ela própria deve indicar um conceito pelo qual propriamente nenhuma coisa é conhecida, mas que serve de regra somente a ela própria, não porém como uma regra objetiva à qual ela possa ajustar seu juízo, pois então se requereria por sua vez uma outra faculdade para poder distinguir se se trata do caso da regra ou não[94].

Independentemente de quaisquer descobertas a respeito de um princípio capaz de subsumir o juízo, essa faculdade é usada cotidianamente, ainda que dela não se tome consciência, quer para julgar quer para comunicar os sentimentos diante do novo. Se é assim, por que Kant e posteriormente Arendt estiveram interessados em descobrir um tal princípio? É na descoberta desse princípio que se encontra a possibilidade "de uma teoria razoavelmente plausível da ética" no pensamento arendtiano, bem como o próprio sentido do empreendimento arendtiano em "O Julgar" e em *A Vida do Espírito*.

O Amor à Liberdade como Amor ao Mundo

Arendt ressalta em *Lições sobre a Filosofia Política de Kant* que, em se tratando de questões políticas, a teoria kantiana leva em conta

---

94. Kant, *Crítica da Faculdade do Juízo*, Rio de Janeiro, Forense Universitária, 2002, p. 13.

o progresso perpétuo associado à ideia de união entre as nações. Em *A Paz Perpétua*, Kant almeja, segundo Arendt, imputar uma realidade política à ideia de humanidade – *Humanität* –, um objetivo distinto daquele que o levou a analisar a primazia do espectador nos eventos que constituíram a Revolução Francesa, mas análogo àquele que se encontra na terceira crítica.

O elo entre *A Paz Perpétua* e a terceira crítica é a preocupação kantiana com a ampliação da mentalidade alargada. Kant preocupava-se com a comunicabilidade entre as nações e buscava, para tanto, um pacto para a humanidade.

A ideia de comunicabilidade pode constituir o alicerce de um pacto original porque está associada à ideia de *sensus communis* que é, em Kant, a manifestação mesma da humanidade do homem. Através do *sensus communis* a humanidade se revela na forma de um impulso para a sociedade. A convivência entre os seres humanos (a sociabilidade, para Kant) é, nesse sentido, "uma propriedade própria ao ser humano e à humanidade [*Humanität*]". A convivência humana não é, portanto, uma finalidade, mas "a própria essência dos homens na medida em que pertencem a este mundo"[95].

Essa é, para Arendt, a diferença "radical" entre a teoria de Kant e todas as outras teorias que veem a interdependência como uma exigência proveniente das necessidades humanas. Em Kant o ser humano leva em conta todos os outros porque em seu espírito detém uma faculdade – o juízo – firmada no sentido de comunidade – o *sensus communis*. A convivência humana (a sociabilidade) é aquilo que cada um deseja para comunicar os próprios sentimentos a todos os demais.

A partir da ideia de comunicabilidade, Kant ressalta a importância de um princípio capaz de inspirar o juízo e a ação humanos, pois "[se cada qual] espera e exige de todos os outros essa referência à comunicabilidade geral do prazer, da satisfação desinteressada, então alcançamos um ponto em que é como se existisse um pacto original ditado pela

---

95. H. Arendt, *Lições sobre a Filosofia Política de Kant*, op. cit., p. 95 (*Lectures on Kant's Political Philosophy*, op. cit., p. 74).

própria humanidade"⁹⁶. É nesse ponto, nota Arendt, que se encontra a verdadeira filosofia política não-escrita de Kant, pois a máxima do ator e a máxima ("padrão") do espectador se tornam a mesma.

Mas se o juízo estético não é uma atividade cognitiva, como poderia aquele que julga identificar um princípio capaz de inspirar o julgamento? Entre as possíveis soluções apontadas por Kant, Arendt identificou a exemplaridade como a mais adequada solução para o problema. É importante reproduzir as palavras de Arendt a respeito, pois elas traduzem os esforços que este estudo fará, logo na sequência, para encontrar um tal exemplo.

"Exemplos são os apoios do juízo." Vejamos o que é isso. Cada objeto particular – por exemplo, uma mesa – tem um conceito correspondente pelo qual reconhecemos uma mesa como mesa. Isso pode ser concebido como a ideia "platônica" ou como o esquema kantiano; ou seja, temos diante dos olhos do espírito a forma de uma mesa esquemática ou meramente formal, à qual toda mesa deve conformar-se de alguma maneira. Ou procedemos inversamente: das muitas mesas que vimos na vida, retiramos todas as suas qualidades secundárias, e o que permanece é uma mesa-em-geral, contendo as propriedades mínimas comuns a todas as mesas: a mesa abstrata. Resta uma outra possibilidade, e essa possibilidade entra em juízos que não são cognições: podemos encontrar ou pensar uma mesa que se julga ser a melhor mesa possível e tomá-la como exemplo de como as mesas deveriam efetivamente ser: a mesa exemplar (exemplo vem de *eximere*, "selecionar um particular"). Esse exemplar é e permanece sendo um particular que em sua própria particularidade revela a generalidade que, de outro modo, não poderia ser definida. A coragem é como Aquiles etc.⁹⁷

Não poucas têm sido as suposições a respeito de um tal exemplo. Jerome Kohn, embora não chegue a afirmar que Jesus teria sido o exemplo escolhido por Arendt, mostra sua simpatia pelo desprendimento de Jesus: "não houve maior virtuoso da ação que Jesus"⁹⁸ e

---

96. Idem, p. 96 (*Lectures on Kant's Political Philosophy, op. cit.*, p. 74).
97. Idem, p. 98 (*Lectures on Kant's Political Philosophy, op. cit.*, p. 76).
98. J. Kohn, "Introduction", em H. Arendt, *Responsibility and Judgment, op. cit.*, p. xxiii.

estaria certo se estivesse se referindo apenas ao perdão, pois o perdão é, para Arendt, uma forma muito especial de ação que Jesus transpôs para o âmbito da ação. Mas, como se viu neste estudo, Jesus não atuava no espaço público ou privado e, sim, em uma esfera intermediária em que se dão as relações entre "homem e homem", de modo que Jesus não parece ser o exemplo escolhido por Arendt. Além disso, esta acreditava, tal como Maquiavel, que o espaço político não é o lugar da bondade e é como um exemplo de bondade que Jesus é conhecido.

Eichmann e Auschwitz foram apontados, também, como possíveis exemplaridades. A negatividade de tais exemplos parece incompatível, porém, com a positividade da expressão "a coragem de Aquiles" que Arendt deixou como pista. Além disso, se o princípio ao qual o exemplo procurado deve estar referido é um princípio inspirador da ação, o medo não parece ser o melhor móvel para a ação que quer ser um novo começo. Sócrates também tem sido aventado por sua condição de filósofo-cidadão, mas essa suposição não tem levado a um princípio.

A partir dos enigmas que Arendt deixou parece não ser possível chegar ao empreendimento arendtiano em "O Julgar". Este estudo supõe que para apontar o exemplar capaz de referenciar o juízo do espectador é necessário, em primeiro lugar, encontrar o princípio que inspiraria o que está sob julgamento: a ação. Para tanto, este estudo fará um exercício assentado na teoria política de H. Arendt. Uma vez encontrado um princípio para a ação, a posterior decifração dos enigmas atestará, possivelmente, a qualidade do princípio encontrado.

A ação é sempre um novo começo e na Era Moderna, uma vez associada à noção de tempo retilíneo da história, é um empreendimento capaz de fundar um novo começo temporal e espacialmente localizado que fará parte do "grande livro da História". Ainda que a filosofia possa "conceber a terra como pátria do gênero humano e imaginar uma única lei não-escrita, eterna e válida para todos", Arendt não crê em um novo começo para a humanidade nem em um novo começo global – tal como um dilúvio – e, sim, que a política lida com homens naturais de muitos países e herdeiros de muitos passados; as suas leis são as vedações positivamente estabelecidas que cercam, protegem e limitam o espaço no interior do qual a liberdade não é um conceito, mas uma realidade viva e política. A instauração de um Estado mundial soberano, longe de ser o pré-requisito para a cidadania mundial, representaria o fim de toda a cidadania. Não seria o clímax da política mundial, mas literalmente o seu fim[99].

A busca individual de distinção atualiza o impulso para a liberdade de cada ator e em concerto os atores atualizam a liberdade como um princípio: a origem da humanidade na medida em que fundam um novo começo para a liberdade, tal como registram as lendas hebraica e romana. É nesse sentido que a ação é um fim em si mesmo: a liberdade se realiza como liberdade, como fundação da liberdade e é nesse sentido, também, que Arendt pode afirmar que os seres humanos são livres apenas "enquanto agem, nem antes nem depois, pois ser livre e agir é o mesmo"[100].

Embora voltada para o futuro, a ação não se dá como um projeto previamente concebido pelos atores para instaurar um novo mundo (comunidade). Isso impediria a inauguração de um novo começo, na medida em que os projetos são sempre elaborados a partir da experiência passada – das ideias prévias de uma pessoa ou grupo – e o momento crítico em que vive a comunidade exige um começo absolutamente novo, isto é, a construção pública da comunidade política pela comunidade política. Trata-se da construção do espaço da convivência humana através do exercício mesmo dessa convivência; a construção de uma nova morada para todos. A participação desinteressada, a ausência de interesses privados dos atores é condição prévia para a ação que é um novo começo.

---

99. H. Arendt, "Karl Jaspers: Cidadão do Mundo?", em *Homens em Tempos Sombrios, op. cit.*, p. 99. Esse tipo de consideração levou Dora E. G. González a afirmar a importância do pensamento arendtiano para os estudos interessados na multiculturalidade. Ver Dora E. G. González, *Del poder político al amor al mundo, op. cit.*
100. H. Arendt, "What is Freedom?", em *Between Past and Future, op. cit.*, p. 153.

Assim como cada ser humano é único e desconhecido em sua singularidade quando nasce, o novo começo que é a própria ação é imprevisível quanto aos desdobramentos futuros e esse é o receio que a ação provoca. A contingência, porém, encontra-se associada a tudo o que os seres humanos fazem, até mesmo à conduta individual e é nesse sentido que a ação não é garantia da fundação da liberdade. A Revolução Francesa é um exemplo disso: quando os revolucionários intentaram fundar um novo começo, a contingência mostrou sua face através do aparecimento inesperado dos *sans-culottes*. Mesmo assim essa experiência ficou gravada como um acontecimento luminoso.

Em momentos de crise sempre podem ocorrer manifestações fundadas na violência e/ou em ideias autoritárias a respeito de como o mundo deveria ser. É nesse sentido que Arendt convida aqueles que têm o hábito de pensar para julgar tais ocorrências na condição de espectadores. Nesse caso, é necessário um princípio inspirador para o juízo do espectador e um exemplo capaz de servir de padrão para diferenciar o sentido de cada uma das manifestações políticas. Mas o princípio que inspira o espectador é também aquele que deve inspirar a ação. Para encontrar um tal princípio supõe-se que a ação, considerada nesse exercício, seja a melhor ação – a ação ideal para Arendt.

Em *O Que é Liberdade?* (1960), Arendt afirma que "o princípio inspirador [da ação] torna-se plenamente manifesto somente no próprio ato realizador". Os princípios são universais e não dizem respeito a pessoas ou grupos e "não operam no interior do eu, como fazem os motivos". Os princípios "como que inspiram do exterior e são demasiado gerais para prescreverem metas particulares, embora todo desígnio possa ser julgado à luz de seu princípio uma vez começado o ato"[101].

Para Montesquieu, nota Arendt, esses princípios podem ser

a honra ou a glória, o amor à igualdade, que Montesquieu chamou de virtude, ou a distinção ou ainda a excelência – o grego *aéi aristeúein* ("ambicionar sem-

---

101. *Idem*, p. 152.

pre fazer o melhor que puder e ser o melhor de todos"), mas também o medo, a desconfiança ou o ódio[102].

Se os atores agem desinteressadamente, a ação deve estar inspirada no amor e se esse amor não "diz respeito a pessoas ou grupos" não pode estar referido ao desejo de distinção que move cada ator; deve tratar-se do amor que emana do próprio empreendimento, do exercício da liberdade em concerto. Se não existem interesses privados guiando o desempenho dos atores é de supor, também, que entre os atores há apenas o mundo, isto é, o que está em questão é o mundo – nem o globo nem a Terra e, sim, o mundo que é abrigo e assunto dos seres humanos.

Considerando-se, naturalmente, a menção que Arendt faz ocasionalmente e em contextos diferentes ao *Amor ao Mundo* é de supor que seja esse o princípio que emana da ação ideal. O *amor ao mundo* se manifesta, assim, como desígnio da ação, quando esta encontra o próprio fim em si mesma, isto é, quando o amor à liberdade, em cada um, se transforma no *nós* da ação: no anseio de fundação da liberdade.

O princípio do *Amor ao Mundo* sintetizaria, nesse sentido, a vocação da humanidade para a comunicabilidade segundo Kant, para os novos começos segundo Agostinho e para a liberdade segundo Arendt.

Se o *Amor ao Mundo* é o princípio inspirador da ação, esse é também o princípio inspirador do juízo. É necessário encontrar, agora, o exemplo correspondente a um tal princípio: o padrão, pois o princípio encontrado é um conceito filosófico e necessita, como nota Arendt, de um disfarce para fazer parte do mundo dos assuntos humanos de modo a não subvertê-los. É possível apontar esse exemplo, agora, com alguma segurança: Sócrates. Não porque Sócrates fosse um filósofo ou um cidadão ou mesmo um cidadão-filósofo, mas porque escolheu morrer por amor à cidade e a cidade nada mais é do que

---

102. *Idem, ibidem.*

mundo. Ecoam aqui as palavras de Arendt: "não pensem que escolhi Sócrates por acaso"[103].

O *Amor de Sócrates* é exemplo "de um particular" porque este, enquanto cidadão, preferiu morrer a viver impedido de se comunicar com os demais cidadãos: amava a liberdade. E o *Amor de Sócrates* é um exemplo "de particular que é também um geral" porque o amor socrático tornou-se modelo de amor à cidade – exemplo para o princípio de amor ao mundo; Sócrates "foi escolhido em meio à multidão de seres vivos, no passado ou no presente, porque possuía uma significação representativa na realidade, que somente precisava de alguma purificação para revelar plenamente o seu significado"[104]. Esse significado Arendt revelou quando, entre vários modelos possíveis de Sócrates, escolheu aquele que, num momento em que a *polis* encontrava-se em crise, procurou instaurar, por amor à cidade, um espaço de amizade e de compreensão entre os cidadãos.

Ao exemplo encontra-se associada a máxima: "é preferível sofrer o mal a cometê-lo", um preceito ético que era inicialmente apenas um *insight* socrático e que tem conquistado, segundo Arendt, cada vez mais os seres humanos civilizados, a partir daquele longínquo momento em que "Sócrates [...] tornou-se exemplo para um certo modo de conduta e um certo modo de decidir entre o certo e o errado"[105]. Essa máxima é geral e particular porque diz respeito ao mundo e também à moralidade do indivíduo, à preservação dos dois amigos que permitem o diálogo do pensamento:

> É como se ele [Sócrates] dissesse a Cálicles: se você estivesse, como eu, apaixonado pela sabedoria, e se sentisse a necessidade de pensar sobre tudo e examinar tudo, você saberia que é preferível sofrer o mal a praticá-lo[106].

---

103. H. Arendt, "Thinking", *op. cit.*, p. 168.
104. H. Arendt, "Thinking and Moral Considerations", *op. cit.*, p. 169.
105. H. Arendt, "Algumas Questões de Filosofia Moral", *op. cit.*, p. 211 ("Some Questions of Moral Philosophy", *op. cit.*, p. 144).
106. H. Arendt, "Thinking", p. 182. Arendt esclarece que "os mitos do Górgias certamente

A respeito dessa proposição, Arendt afirma que "o impacto sobre a conduta prática enquanto preceito ético é inegável; somente os mandamentos religiosos, que são absolutamente obrigatórios para a comunidade de crentes, podem pretender maior reconhecimento"[107]. O *Amor de Sócrates* é, assim, um exemplo que é ao mesmo tempo geral e particular. Diz respeito à moralidade do indivíduo e diz respeito ao mundo e é a forma como um princípio filosófico, que é um conceito, pode fazer parte dos assuntos humanos sem interferir no impulso individual para a ação – o amor à liberdade – e na espontaneidade dos atores – o exercício da liberdade.

Encontrado o princípio inspirador da ação e o princípio inspirador do juízo, resta compreender como um princípio poderia inspirar a ação. O amor à liberdade, que leva cada um dos atores a conformar o *nós* da ação, não coincide, como se viu, com o princípio inspirador da ação. Mas há uma pista: tal como já mencionado, os princípios "não operam no interior do eu", mas "inspiram do exterior".

Ainda que os atores pareçam "um bando de insanos" e sejam apontados como aqueles que não sabem o que fazem – uma ideia que "é tão velha como as montanhas" –, os homens de ação pensam. Kant sabia disso e essa é a convicção de Arendt, pois do discurso depende o desempenho do ator e é através do discurso que se torna possível identificar aquele que pensa e aquele que não pensa. Distinção e individuação, afirma Arendt, "ocorrem no discurso, no uso de verbos e substantivos" e esses assemelham-se, como afirmou Aristóteles, aos pensamentos. A ideia de que o ator não pensa se deve provavelmente ao fato de que não é possível pensar e atuar ao mesmo tempo, bem como à parcialidade do ator que não pode apreender a visão do todo

---

não são socráticos, mas mesmo assim são importantes, porque revelam de uma forma não-filosófica o reconhecimento platônico de que os homens voluntariamente cometem atos maus. Isso acarreta a admissão suplementar de que Platão, assim como Sócrates, não sabiam como tratar filosoficamente esse fato perturbador. Podemos não saber se Sócrates acreditava realmente que a ignorância causasse o mal ou que a virtude pudesse ser ensinada; no entanto, é certo que Platão achava mais prudente fiar-se em ameaças". *Idem*, p. 180.

107. H. Arendt, "Truth and Politics", *op. cit.*, p. 247.

e, ainda, à contingência própria aos assuntos humanos que torna imprevisíveis as repercussões da ação. Aqueles que não pensam e encontram-se confusos nos momentos de crise não são os indivíduos de ação que, ao contrário, têm o hábito de pensar e capacidade para julgar, ainda que não o façam na condição de atores[108].

Em *Algumas Questões de Filosofia Moral*, ao tratar da faculdade da vontade, Arendt afirmou que Nietzsche havia descoberto a distinção crucial entre "dois fatores que, nas discussões tradicionais e modernas sobre a vontade, são confundidos": a função da vontade como árbitro e a função de comando da vontade. Nessa passagem, Arendt afirma que a função de comando da vontade "desapareceu no pano de fundo" das considerações de Paulo e Agostinho e "a sua função julgadora (isto é, que poderia clara e livremente distinguir entre o certo e o errado) veio para o primeiro plano". Esclarece que se isso ocorreu foi porque a função de comando se confundiu com o *Tu-deves* da Lei – a vontade de Deus; pareceu-lhes que o comando era a própria Lei, externa à vontade. Na sequência desse pensamento, Arendt afirma: "mas essas são questões de história e agora vamos voltar a nossa atenção para a questão do julgamento, o verdadeiro árbitro entre o certo e o errado, o belo e o feio, o verdadeiro e o falso"[109].

---

108. Ao contrário do que afirma Stephen T. Leonard, H. Arendt acredita que aqueles que pensam, espectadores ou atores, são os que podem conformar um espaço público; pensar é uma atividade que pertence à condição humana: tão necessária para agir como para julgar, bem como condição para os raciocínios cognitivo e do senso comum, pois qualquer que seja o modo de julgar esta é uma atividade que acompanha o ser humano cotidianamente e é muitas vezes exercida sem que dela se tome consciência. Para Arendt não há como hierarquizar as atividades humanas pela importância, de modo que não parece adequado afirmar que essa pensadora acredita que "'pensar' é o lugar em que o último recurso de nossa humanidade pode ser afiançado", tal como ressalta S. Leonard. O importante é que aqueles que pensam não se afastem do espaço público, principalmente em momentos de crise. Quanto a usar as ideias de Arendt para a política compreendida como administração de interesses privados e voltada para minimizar as desigualdades, certamente Arendt não deixou quaisquer prescrições em contrário. Seguir com um pensador está de acordo com as convicções arendtianas. S. T. Leonard, "Evil, Violence, Thinking, Judgment: Work on the Breach of Politics", em *Hannah Arendt & the Meaning of Politics*, *op. cit.*, p. 334.
109. H. Arendt, "Algumas Questões de Filosofia Moral", *op. cit.*, p. 203. ("Some Questions of Moral Philosophy", *op. cit.*, p. 137.)

Dessas considerações de Arendt é possível supor que aquilo que a Paulo e a Agostinho pareceu o julgamento entre o certo e o errado era, efetivamente, uma divisão entre o *Tu-deves* da Lei e o *Eu-posso*, da vontade, isto é, o *Tu-Deves* da Lei e a função de comando da vontade. A oposição entre ordem e impulso apareceu para Paulo e Agostinho como a necessidade de escolha entre o certo e o errado, referenciada pela Lei, sendo esse o motivo da luta que se estabelecia no interior do indivíduo em conversão.

A vontade é um comando: um *eu-posso* para aqueles que convivem em meio a outras vontades – um *eu-posso* ser livre junto aos demais. Resta, porém, a função decisória da ação apontada por Nietzsche. Em *Algumas Questões de Filosofia Moral*, Arendt afirma que a função de árbitro da vontade é "de fato o mesmo que o julgamento; a vontade é convocada a julgar entre proposições diferentes e opostas e se devemos tomar essa faculdade de julgamento, uma das faculdades mais misteriosas do espírito humano, como vontade, razão ou talvez como uma terceira capacidade espiritual, é pelo menos uma questão em aberto"[110].

Parece que Arendt sempre esteve propensa a afirmar que a decisão que precede a vontade voltada para a ação é proveniente do juízo enquanto faculdade separada das outras. Afirmava isso em *O Que É Liberdade?* (1960) e confirmava em *A Vida do Espírito*. Os trechos a seguir pertencem ao primeiro texto mencionado:

> A vontade considerada como uma faculdade humana distinta e separada *segue-se ao julgamento*, isto é, a cognição do desígnio correto, pois ela comanda sua execução. O poder para comandar, ditar a ação, não é um assunto da liberdade mas uma questão de força ou fraqueza[111].

> A ação, na medida em que é livre, não se encontra nem sob a direção do intelecto nem debaixo dos ditames da vontade. [...] Pois, ao contrário do *juízo do intelecto que precede a ação* e do império da vontade que a inicia,

---

110. *Idem*, p. 197 ("Some Questions of Moral Philosophy", *op. cit.*, p. 131).
111. H. Arendt, "What is Freedom?", *op. cit.*, p. 152.

o princípio inspirador torna-se plenamente manifesto somente no próprio ato realizador[112].

A ação é um *nós* e nesse sentido não depende nem do intelecto nem da vontade, pois é condição da ação livre não ser movida por motivos ou objetivos; transcende os motivos e objetivos particulares. Se a ação tem um desígnio futuro, diz Arendt, é o de ser um novo começo. O juízo que precede a ação e a vontade que a inicia dizem respeito a cada um dos atores. Do ponto de vista do sujeito da ação o juízo intelectivo avalia a conveniência da participação, mas só a vontade comanda a adesão. No *post-scriptum* de "O Pensar", dez anos depois, Arendt confirma essa convicção. Ao tratar do julgamento do historiador, acaba por reafirmar, ainda que de passagem, a precedência do julgamento sobre a vontade quando se trata do ator.

Se desejarmos aplacar o nosso senso comum, tão inevitavelmente ofendido pela necessidade que a razão tem de sempre avançar em sua busca sem fim de significado, é tentador justificar essa necessidade unicamente com base no fato de o pensamento ser uma preparação indispensável na decisão do que será e na avaliação do que não é mais. Uma vez que o passado, como passado, fica sujeito ao nosso juízo, este, por sua vez, seria uma mera preparação para a vontade. *Esta é inegavelmente a perspectiva legítima, dentro de certos limites, do homem, à medida que ele é um ser que age*[113].

E ainda que não se trate, nesse caso, do juízo estético – voltado para o julgamento de uma ocorrência política –, a decisão do sujeito da ação, diante da proposta do *Archon* – pessoa ou grupo – levará em conta além das próprias convicções políticas o *sensus communis*, uma consideração à qual está acostumado[114]. Trata-se da "concordância

---

112. *Idem*, p. 139 (grifo meu).
113. H. Arendt, "Thinking", *op. cit.*, p. 213 (grifo meu).
114. Por distinguir dois tipos de juízo na obra de Arendt – um associado à ação e outro à vida do espírito, R. Beiner vê na adoção do juízo estético kantiano uma ruptura no pensamento de Arendt. Ane Amiel distingue duas tradições de juízo no pensamento de Arendt e crê, por esse fato, que conceder importância demasiada ao juízo estético kantiano é um equívoco.

potencial com outrem" de todo o julgamento que antevê a comunicação com os outros. E o sujeito da ação torna-se um ator quando é irresistivelmente impulsionado para a liberdade na forma de um "eu posso", se a atividade de julgar avalizou o empreendimento.

Kant comparou gênio e gosto, tendo afirmado que "o gosto e a atividade de julgar em geral é a disciplina (ou o cultivo) do gênio; [...] [que] torna as ideias suscetíveis de consentimento geral"[115]. A analogia entre gênio e ator não cabe no caso em estudo, pois a ação, diferentemente da obra de arte, que é produzida longe das vistas do espectador, é criação pública e comum. A única analogia que se pode fazer entre ator e gênio, nesse caso, é que tanto um quanto outro levam em conta na hora da criação ou do desempenho o juízo do espectador. Mas, diferentemente do gênio que antecipa o juízo do espectador, o ator só leva em conta o espectador enquanto desempenha, pois este só se torna espectador quando o espetáculo está em andamento. O juízo lida com o passado e lida também com o evento em curso (passado recente), na medida em que o espectador "retira-se" para julgar.

O juízo, seja ele estético, legal ou moral, pressupõe uma retirada decididamente "não-natural" e deliberada do envolvimento e da parcialidade dos interesses imediatos tal como são estabelecidos pela minha posição no mundo e pela parte que nele desempenho[116].

Até aqui este estudo investigou os conceitos e as noções que Arendt, ao seguir com Kant, apontou como os mais relevantes para uma reflexão sobre o julgamento de ocorrências público-políticas em situações de crise e encontrou um princípio inspirador do julgamento

---

Esse problema parece surgir, nos dois casos, como decorrência da indistinção entre juízo do ator e juízo do espectador. Ane Amiel, *La non-philosophie de Hannah Arendt*, op. cit., p. 241.
115. H. Arendt, *Lições sobre a Filosofia Política de Kant*, op. cit., p. 80. (*Lectures on Kant's Political Philosophy*, op. cit., p. 62.)
116. H. Arendt, "Thinking", op. cit., p. 76.

do espectador, usando para tanto um artifício: procurou esse princípio na concepção de ação arendtiana. É possível, agora, reordenar essas ideias a partir da interpretação arendtiana do juízo estético kantiano e da teoria política de H. Arendt e imaginar como ocorreria o evento ideal: aquele em que a ação como começo tem como público os espectadores kantianos, aqueles que podem julgar porque têm o hábito de pensar, ainda que não possam e nem devam usar o intelecto e a razão para julgar porque julgam um acontecimento inusitado.

O modelo de ação ideal eleito por este estudo é aquele descrito por Arendt em *Verdade e Política* (1967):

> [...] continuamos inscientes do verdadeiro conteúdo da vida política – da recompensadora alegria que surge de estar em companhia de nossos semelhantes, de agir conjuntamente e aparecer em público; de nos inserirmos no mundo pela palavra e pelas ações, adquirindo e sustentando assim nossa identidade pessoal e iniciando algo inteiramente novo[117].

Dada a importância do aparecimento daqueles que pensam para julgar, Arendt proporia como princípio para o juízo dos espectadores o *Amor ao Mundo*, pois, como se verá, a proposição de um princípio filosófico é incumbência do pensador que, tal como ela própria, vive em meio aos assuntos humanos. Para que um tal princípio pudesse fazer parte do âmbito político, Arendt sugeriria um disfarce: o exemplo, pois os exemplos "são realmente o 'andador' (*go-cart*) de todas as atividades de julgamento" e são, ao mesmo tempo, "os sinais de orientação de todo o pensamento moral"[118]. Julgamos e distinguimos o certo do errado, diz Arendt,

> por termos presentes em nosso espírito algum incidente e alguma pessoa, ausentes no tempo ou no espaço, os quais se tornaram exemplos. Há muitos desses exemplos. Podem estar no passado remoto ou entre os vivos[119].

---

117. H. Arendt, "Truth and Politics", *op. cit.*, p. 263.
118. H. Arendt, "Algumas Questões de Filosofia Moral", *op. cit.*, p. 210 ("Some Questions of Moral Philosophy", *op. cit.*, p. 144).
119. *Idem*, p. 211 ("Some Questions of Moral Philosophy", *op. cit.*, p. 145).

O exemplo é o *Amor de Sócrates* e a este corresponde a máxima: "é preferível sofrer o mal a cometê-lo". O ator (cada um dos atores), tendo considerado a proposição do empreendimento compatível com suas convicções, é lançado para o âmbito da ação, um *eu-posso* originado de um *sim* decorrente do julgamento a que submeteu a proposta do *Archon*. Em concerto com os demais atores – "uma espécie de 'amizade' do tipo da *philia politike* aristotélica que considera ao mesmo tempo aqueles que estão próximos e o mundo que se interpõe entre cada um e entre todos" – conforma aquele *nós* capaz de atualizar um novo começo para o mundo: o espaço para a liberdade. Sabedor do que a plateia espera dele, o *Amor de Sócrates* – o melhor exemplo para o próprio desempenho e ao qual está associada a máxima "é preferível sofrer o mal a cometê-lo" – o ator, desejoso de distinção, orienta a excelência do próprio desempenho na direção da expectativa do público.

O ator depende da opinião do espectador; ele não é, na linguagem kantiana, autônomo; não se conduz de acordo com uma voz inata da razão, mas de acordo com o que os espectadores esperariam dele. O padrão é dado pelo espectador[120].

Trata-se aqui da *eupraxia* aristotélica:

[...] a ação benfeita [...] independentemente de suas consequências, é fazer uma coisa entre as *aretai*, as excelências (ou virtudes) aristotélicas. As ações desse tipo também são movidas não pela razão mas pelo desejo; não se trata, contudo, do desejo de um objeto [...] [mas, sim], o desejo de um "como", um

---

120. *Idem*, p. 72 ("Some Questions of Moral Philosophy", *op. cit.*, p. 55). Isso não significa que os espectadores exerçam o papel de um "maestro". E essa é uma referência às considerações de Maria Aparecida Abreu que, ao fazer uma analogia entre a ação em concerto arendtiana e uma orquestra, afirmou que os atores – os músicos – carecem de um maestro. Seguindo o caminho indicado pela autora, o maestro é a autoridade que dirige a orquestra. É importante ressaltar que tudo o que Arendt não deseja é um maestro pois este desqualificaria a própria atividade da ação. M. Aparecida Abreu, *Hannah Arendt e os Limites do Novo*, Rio de Janeiro, Azougue, 2004, p. 159.

modo de desempenhar, uma excelência de aparência na comunidade – a região que é própria dos assuntos humanos[121].

Nem a ação é moral nem o amor socrático fala à moralidade do indivíduo porquanto o que está em jogo é o desempenho do ator – o modo do aparecer – e não uma decisão ou um julgamento entre o certo e o errado. E se a ação em questão é a melhor ação – nenhum dos atores esconde motivos inconfessáveis ou dogmatismos geradores de violência – o princípio que emana da ação é aquele que corresponde à expectativa do público espectador e que pode ser traduzido pelo preceito ético socrático. Divergindo e tentando persuadir e dissuadir uns aos outros de forma conflituosa ou não, mas combatendo pela palavra não-violenta, os atores sabem que a excelência pela qual se empenham só é excelência se assim for reconhecida pelo público assistente.

Guiados pelo *Amor de Sócrates*, os atores procurarão evitar conflitos que impeçam a continuidade e o sucesso do empreendimento. Do ponto de vista da ação, o preceito ético pode ser assim traduzido: é preferível morrer a cometer um ato de injúria contra a cidade. Por isso a ação é começo: ela mesma é a instauração da liberdade. Não se trata de obter um consenso, mas da própria construção pública do novo[122].

---

121. H. Arendt, "Willing", *op. cit.*, p. 60. A descrição da *virtù* por Maquiavel assemelha-se à *eupraxia* grega. Para Arendt, a *phronesis*, ainda que associada ao desempenho, "uma espécie de *insight* e entendimento das coisas que são boas ou ruins para os homens, um tipo de sagacidade – nem sabedoria nem inteligência – necessária nos assuntos humanos", diz respeito às coisas que estão à mão e a todas as atividades que são um fim em si mesmo e àquelas que não são. Além disso, os gregos se referiam a *phronesis* como o discernimento que era "a principal virtude ou excelência do político, em distinção à sabedoria do filósofo" – o que Aristóteles distinguiu como o discernimento do estadista em oposição à sabedoria do filósofo. H. Arendt, "The Crisis in Culture", *op. cit.*, p. 221. Ora, essa separação é justamente o que Arendt tem em vista superar. É a *eupraxia* que Arendt considera adequada para tratar da ação. É importante observar que é aos gregos que Arendt recorre quando trata da ação e não a Maquiavel, como afirmam alguns intérpretes do pensamento arendtiano.
122. Essa referência diz respeito a Habermas. Em Arendt a ação não depende do consenso racional, mas do reconhecimento da pluralidade de pontos de vista. Ver J. Habermas, *O Conceito de Poder em Hannah Arendt*, São Paulo, Ática, 1993, Coleção Sociologia, 15. Na explicação da conformação do nós está a explicação da conformação do poder que Habermas não encontrava em Arendt. Nas palavras de Agapito Maestre, "na história do

É de supor que nesse exemplo teórico – transpolítico – que não contempla quaisquer percalços, que o espectador, que julga a ação e não o desempenho do ator individual, tendo sobreposto a representação do evento ao exemplo – o *Amor de Sócrates* –, uma representação que traz no espírito e que tem como preceito ético (o padrão): "é preferível sofrer o mal a cometê-lo", traduza em prazer os sentimentos anímicos que lhe produziram os desígnios do espetáculo.

É de presumir, além disso, que ao confrontar esse sentimento com o senso de comunidade que traz no espírito – alimentado por um pensamento alargado –, detecte um igual julgamento pela comunidade julgadora: a concordância em relação ao evento[123]. Comunicando tal juízo, compartilha o sentimento de alegria que se apodera de atores e demais espectadores – tal como Hegel e Kant quando tomaram conhecimento dos primeiros acontecimentos que constituíram a Revolução Francesa. Afinal, é uma nova chance para a construção comum de uma morada comum.

> *O que comove, comove. O que lhe agrada, agrada.*
> *O seu gosto feliz é o gosto do mundo.*
>
> LESSING

Arendt acredita que o princípio inspirador da ação e do juízo pode se revelar historicamente, independentemente de quaisquer princípios filosóficos – as lendas registram isso. Em um ou em outro caso, tem origem um evento que é Belo e nesse caso sequer há a

---

pensamento político, muito poucos autores souberam desenhar como Arendt uma noção de poder político fundada no curso da própria ação. Arendt abriu todo um universo categorial para pensar [...] politicamente no próximo século [XXI]". A. Maestre, "Prólogo" em Paolo Flores D'Arcais, *Hannah Arendt: existencia y libertad*, Madrid, Tecnos, 1966, p. 9.

123. Segundo Robert J. Dostal, o julgamento dos espectadores dominaria a ação que se tornaria assim passiva. Parece que a partir do princípio inspirador da ação e da máxima dos atores e julgadores em estudo isso não ocorreria com a ação arendtiana. Robert J. Dostal, "Judging Human Action: Arendt's Appropriation of Kant", *The Review Metaphysics*, 37 (4), 1984, p. 750.

necessidade de interpretação, pois o sentido encontra-se no próprio evento e pode ser percebido, por sua beleza, por atores e espectadores: "é belo o que agrada no mero ato de julgar", afirmou Kant[124]. Arendt crê que o sentimento de humanidade que possibilita que um tal evento venha à luz por meio da ação dos atores e do júbilo do público assistente pode revelar-se entre os seres humanos e revelou-se historicamente. A Revolução Francesa representou uma tentativa de um novo começo[125].

A irreflexão tem se revelado um fenômeno importante nas condições de isolamento que caracterizam a sociedade moderna. É nesse sentido que Arendt previu que haveria uma preocupação generalizada com o mal no mundo moderno e é por isso que buscou em Kant a importância do espectador e ofereceu um princípio filosófico para, na forma de um exemplo, inspirar a ação humana.

No extremo oposto da situação ideal aqui estudada encontra-se a experiência, talvez a mais importante entre outras vivenciadas por Arendt, que a levou a tais reflexões. Quando, durante o jogo político na Alemanha, em 1933, as "fichas" estavam sobre a mesa, Arendt tornou-se espectadora de uma cena inédita: "todos [...] estavam se deixando levar, impensadamente, por aquilo que os outros fazem e creem". Arendt foi obrigada a julgar. A partir de um *sensus com-*

---

124. H. Arendt, *Lições sobre a Filosofia Política de Kant*, op. cit., p. 86 (*Lectures on Kant's Political Philosophy*, op. cit., p. 67).
125. No que diz respeito à polêmica sobre a estetização da política por Arendt é possível afirmar que se por estética se compreende o sentimento, a comoção em relação ao Belo, certamente Arendt teria estetizado a política, pelo menos quando se trata da ação, isto é, nos momentos em que o juízo reflexivo é chamado a julgar. Mas se a estética diz respeito ao critério para julgar a aparência, num mundo em que o aparecer é condição para o existir, nada escapa a esse critério. Arendt afirma a esse respeito: "Se quiséssemos julgar objetos, ainda que objetos de uso ordinários, unicamente por seu valor de uso e não também por sua aparência – isto é, por serem belos, feios ou algo intermediário – teríamos que arrancar fora nossos olhos". H. Arendt, "The Crisis in Culture", op. cit., p. 210. Para uma concepção de realidade fundada no ser-e-aparecer das coisas, talvez seja uma redundância falar em estetização da política no pensamento arendtiano. A respeito desse tema ver, por exemplo, A. Amiel, *La non-philosophie de Hannah Arendt*, op. cit., p. 225. / Olivier Mongin, "Du Politique à l'esthétique", *Esprit*, juin 1980, p. 98. / André Enegrén, *La pensée politique de Hannah Arendt*, op. cit., p. 248.

munis constituído no trânsito entre círculos sociais diferenciados, Arendt orientou-se no sentido da fuga. Ali não havia certamente um sentimento de humanidade [*Humanität*] e apenas muitos anos depois Arendt percebeu que nem todos os participantes tinham o hábito de pensar e competência para julgar.

Quando considerou que a terceira crítica kantiana continha resquícios do projeto de juventude de Kant sobre a moralidade, por ter esse pensador identificado o oposto do *Belo* como o *Repugnante*, é possível que Arendt se lembrasse, então, dessa experiência. Talvez tenha sido este último sentimento aquele que aflorou diante da mobilização de convictos e de "confusos" por Hitler – o *Archon* –, um pouco antes de chegar ao poder. Esse julgamento não foi possível a Arendt comunicar naquela ocasião. Sócrates morria mais uma vez.

Contra "as bibliotecas inteiras" erguidas para explicar que os totalitarismos, na Alemanha e na antiga União Soviética, eram decorrentes do processo histórico e, como tal, um evento inescapável, Arendt oferece a "pedra de toque da liberdade": os acontecimentos poderiam ter ocorrido de um modo diferente. Se aqueles que pensavam, livres de teorias e de preconceitos e detentores de um pensamento alargado, lá estivessem para julgar, Arendt teria encontrado voz para aquele espanto. É nesse sentido que não bastou a Arendt lutar contra as ideologias firmadas nas filosofias da história, desestimuladoras da ação e da crença na capacidade humana de julgar sem parâmetros. Após o julgamento de Eichmann percebeu a importância da qualidade da plateia que julga os acontecimentos humanos.

Entre o exemplo em estudo e a situação vivida por H. Arendt existem naturalmente muitas outras possibilidades imaginárias ou reais (é possível buscar no passado exemplos como a Revolução Francesa, os conselhos revolucionários da Era Moderna, a Revolução Americana e outros, dos quais Arendt não se ocupou). Para novas possibilidades, Arendt oferece um princípio ético que na forma de um exemplo pode tornar-se um padrão de avaliação para os espectadores de ocorrências políticas em momentos críticos – uma espécie de *moda*, como ressaltou Gadamer, quando afirmou que "o que é mera questão de moda não contém em si nenhuma outra norma senão a que é estabelecida pela atuação de todos"[126].

Mas uma questão não foi enfrentada até o momento: aqueles que não pensam amam a liberdade "como você e eu"? Se o amor à liberdade, no caso do ator, está associado à convivência humana e o do espectador à capacidade de julgar – de sentir prazer através da contemplação inativa –, parece que não é possível afirmar o mesmo para aquele que não tem o hábito de pensar. Se é assim, pensar e amar encontram-se associados de alguma forma e essa associação pode ser uma pista na busca da resposta para a questão, não totalmente resolvida: "o que nos leva a pensar"? Além do espanto diante do Belo e do horror, a convivência humana leva a pensar e esse é o modo mais simples e mais importante, principalmente quando se considera a maioria que, diferentemente do filósofo, não costuma fazer do espanto uma morada.

Arendt afirmou em *A Vida do Espírito* que o diálogo do *dois-em-um* do pensamento tem início a partir do diálogo com o outro: Sócrates foi quem descobriu que "antes de conversar comigo mesmo converso com os outros, examinando qualquer que seja o assunto da conversa; e então descubro que eu posso conduzir um diálogo não apenas com os outros, mas também comigo mesmo"[127]. É por isso que o isolamento é condição para a irreflexão: voltadas para as coisas do mundo as pessoas apenas ocupam mas não compartilham o espaço em que vivem. E se não se relacionam umas com as outras não se relacionam consigo mesmas; nunca param para pensar. Essa é a situação em que o indivíduo falta a si mesmo como afirmou Arendt quando se referiu ao isolamento.

Ao ressaltar que a faculdade de pensar poderia perder-se para sempre se, em momentos de crise, aqueles que pensam negam-se a

---

126. Hans-Georg Gadamer, *Verdade e Método I – Traços Fundamentais de uma Hermenêutica Filosófica*, op. cit., p. 77. Nessa passagem Gadamer está se referindo a Kant que acreditava que era melhor "sermos tolos da moda do que ser contra a moda" (cita Kant em *Anthropologie in pragmatischer Hinsicht*).
127. H. Arendt, "Thinking", op. cit., p. 189.

aparecer e a julgar, Arendt apontava, possivelmente, para o fato de que os novos começos estariam comprometidos e, assim, novas oportunidades para a liberdade, para a comunicabilidade, para a convivência humana que é nascimento e fonte da atividade de pensar, na medida em que esta se realiza através da palavra.

A unidade entre espírito e mundo se dá pela palavra. São as metáforas que fazem a transferência – e esse é o significado mesmo da palavra metáfora (*Metapherein*) – daquilo que é vivenciado no âmbito da experiência mundana para a memória, o tesouro da atividade de pensar, desconhecido da *banalidade do mal* que se mostra, por isso mesmo, como penúria de palavras e incapacidade para pensar[128].

O amor à liberdade está associado à atividade de pensar quando esta se encontra fundada na pluralidade humana, no espírito alargado daquele que vive em meio ao mundo comum e no impulso da razão para a comunicabilidade. O amor à liberdade e o pensar encontram-se associados quando a atividade de pensar, uma vez assentada na comunidade, fortalece o senso de comunidade que estrutura o espírito humano. É por isso que para a liberdade ameaçada só há uma saída para Arendt: um novo começo.

As reflexões arendtianas a respeito de um princípio inspirador da ação estão associadas, também, aos problemas que Arendt havia prometido enfrentar: o da teoria e da prática e o de uma teoria da ética.

É possível que este estudo tenha se aproximado das reflexões que Arendt faria em "O Julgar". Se é assim, deve ter apreendido as bases de uma ética positiva presente no pensamento de Arendt; de uma ética que não apenas evita o mal, mas que está voltada para a ação. Uma ética fundadora de novos começos para o mundo e que não solapa a espontaneidade dos agentes nem busca destruir a ação pela imposição de regras de conduta nem tampouco transfere para o futuro a solução dos problemas presentes. Trata-se de uma ética que

---

128. A respeito desse tema, ver "Language and Metaphor", em H. Arendt, "Thinking", *op. cit.*, p. 98.

oferece um princípio para a atualização do começo: para a atualização da criação da humanidade e da natalidade[129].

Arendt tem uma ética da liberdade que em função do princípio que ela mesma oferece pode ser denominada de *Ética do Amor ao Mundo* e que é o coração mesmo de uma filosofia da liberdade, se por filosofia for possível compreender, tal como Kant, o ofício do filósofo que se dedica "a clarificar as experiências que todos nós temos"[130]. A filosofia da liberdade arendtiana não é nem filosofia política nem filosofia moral porque Arendt conseguiu sobrepujá-las por meio da única maneira possível: colocando sob reflexão o *nós* da liberdade – a pluralidade humana – e oferecendo um princípio inspirador para a ação. Apenas na forma de um exemplo pode uma verdade filosófica "tornar-se prática e inspirar a ação sem violar as regras do âmbito político" e essa é "a única oportunidade de que um princípio ético seja simultaneamente verificado e validado"[131]. Isso foi possível a Arendt porque seguiu com Kant:

[...] "preceitos gerais aprendidos aos pés de sacerdotes ou de filósofos, ou mesmo obtidos com recursos pessoais, nunca são tão eficientes como um exemplo de virtude ou santidade". Kant explica, que precisamos sempre de "intuições... para verificar a realidade de nossos conceitos"[132].

De outra parte, nota Arendt, quando o filósofo transforma "uma asserção teórica ou especulativa em um exemplar" coloca-se

---

129. Ainda que F. Collin tenha razão ao afirmar, tal como já mencionado no capítulo anterior, que o nascimento não é, em H. Arendt, uma categoria oposta à morte: "o nascimento e a morte não são [...] dois termos equivalentes da finitude e não é indiferente voltar-se para um ou para o outro", a ética arendtiana é ainda uma ética da finitude, pois é a morte de Sócrates que o transforma em um exemplo. Esse foi o motivo pelo qual Arendt fez de Sócrates um modelo. Em situação-limite para a comunidade – nas crises – a ação que é um novo começo transforma a morte – a situação-limite para o indivíduo – em uma variável política, enquanto referencial para o desempenho do ator: é preferível morrer a cometer um ato de injúria contra a cidade.
130. H. Arendt, *Lições sobre a Filosofia Política de Kant*, *op. cit.*, p. 38 (*Lectures on Kant's Political Philosophy*, *op. cit.*, p. 28).
131. H. Arendt, "Truth and Politics", *op. cit.*, p. 248.
132. *Idem*, p. 247.

nas fronteiras da ação. E aqui está a outra questão da qual essa pensadora pretendia ocupar-se em "O Julgar": a da teoria e da prática, estreitamente associada à ética arendtiana. Dando um exemplo, o filósofo que se ocupa dos assuntos mundanos começa a agir. Mas isso não significa que pensar e agir são o mesmo.

> Exatamente o que essa ocupação eminentemente solitária [o pensar] nunca pode fazer, já que só podemos agir "em conjunto", em companhia de e em concordância com nossos pares e, portanto, em uma situação existencial que efetivamente impede o pensamento[133].

O pensador que pode chegar às fronteiras da ação é aquele filósofo que não se afasta da comunidade política. O pensador-espectador "não abandona o mundo das aparências, mas se retira do envolvimento ativo neste mundo para uma posição privilegiada que tem como finalidade contemplar o todo"[134]. Arendt observa que a própria palavra "teoria" tem origem na palavra grega para espectadores: *theatai*. Esta diz respeito àquele que vê algo oculto que os atores não podem ver. Quando a ação se torna um novo começo, a partir de um princípio que inspira o juízo e a ação, não há cisão entre teoria e prática e, sim, a constituição do evento por espectadores e atores. Não se pode dizer que Arendt uniu teoria e prática e, sim, que ela não cindiu teoria e prática em *A Vida do Espírito*. É no âmbito da experiência que teoria e prática se manifestam como fenômeno único: o evento Belo.

Mas Arendt ocupou-se também em *A Vida do Espírito* e "não pela primeira vez" do conceito de história, para recuperar o papel de juiz do historiador perdido no âmbito das filosofias da história. Havia se proposto a escolher, até o final da obra, uma entre duas alternativas:

---

133. H. Arendt, "Thinking", *op. cit.*, p. 91.
134. *Idem*, p. 94.

[...] desde Hegel e Marx essas questões têm sido tratadas na perspectiva da história e sob a hipótese de que existe realmente isso que se chama Progresso da raça humana. Finalmente, ficaremos com a única alternativa possível para essas questões – ou bem dizemos com Hegel: *Die Weltgeschichte ist das Weltgericht* ["a História do mundo é o juízo do mundo"], deixando ao Sucesso o juízo final, ou bem mantemos, com Kant, a autonomia dos espíritos humanos e sua possível independência das coisas tais como são ou como vieram a ser[135].

Para Arendt, "a objetividade do mundo [...] e a condição humana são complementares; porque a existência humana é uma existência condicionada, ela é impossível sem as coisas e as coisas seriam uma massa de elementos disparatados, um não-mundo, se elas não servissem para condicionar a existência humana"[136]. Mesmo assim, é possível pensar que Arendt optaria por Kant porque é a partir da ideia de espectador que se pode resgatar a dignidade humana e a dignidade do próprio historiador no âmbito da História. Arendt apontava nessa direção já no *post-scriptum* de "O Pensar", quando afirmou:

[...] se o juízo é a nossa faculdade para lidar com o passado, o historiador é o homem que indaga sobre esse passado e que, ao relatá-lo, preside ao seu julgamento. Se assim for, poderemos reclamar para nós nossa dignidade humana, resgatá-la, por assim dizer, da pseudodivindade chamada História na Era Moderna, sem negar a importância da história, mas negando-lhe o direito de ser o último juiz[137].

As filosofias da História transformam o historiador em um tradutor dos desígnios predeterminados da História e é nesse sentido que Arendt afirmou que a História é o único juiz. Arendt também já havia mostrado a opção que fez por Kant ao final das aulas ministradas sobre a filosofia política de Kant:

Falávamos da parcialidade do ator que, por estar envolvido, nunca vê o sentido do todo. Isso é verdadeiro para todas as histórias [*stories*]; Hegel está completamente certo: a filosofia como a coruja de Minerva, abre as asas apenas

---

135. *Idem*, p. 216.
136. H. Arendt, *The Human Condition*, *op. cit.*, p. 18.
137. H. Arendt, "Thinking", *op. cit.*, p. 216.

ao cair do dia, ao anoitecer. O mesmo não é verdadeiro para o belo ou qualquer feito em si mesmo. Em termos kantianos, o belo é um fim em si mesmo porque todo o seu significado possível está contido nele mesmo, sem referência – sem vínculo, por assim dizer, com outras coisas belas[138].

Em "O Pensar", Arendt também deixou claro o partido que tomaria quando afirmou que "ninguém lutou com mais determinação contra o particular, o eterno obstáculo do pensamento, o irrecusável estar-aí dos objetos", do que Hegel, um inimigo do que é contingente e particular[139].

O fato de Arendt ter criticado Kant por este não ter reservado um lugar para o historiador nas reflexões sobre o progresso da humanidade costuma deixar dúvidas sobre a escolha que essa pensadora faria. Mas é a partir do espectador kantiano que Arendt resgata o historiador e nesse caso trata-se de como contar a história sem subsumir os eventos a uma cadeia de causalidade, como se um evento contingente e nascido do exercício da liberdade já estivesse estabelecido *a priori*. O resgate da dignidade humana encontra-se associado no pensamento arendtiano à abolição da ideia de progresso e à possibilidade de uma história capaz de incorporar os grandes feitos humanos e os novos começos.

À ideia de abolição do progresso no âmbito da história encontra-se associada à segunda epígrafe:

> *Se eu pudesse libertar meu caminho da magia,*
> *se eu pudesse desaprender totalmente seus sortilégios,*
> *confrontar-te, Natureza, simplesmente como homem,*
> *ser um humano valeria então o esforço.*
>
> Fausto, Goethe.

Muito elucidativo para as relações que este estudo estabelece entre a crítica arendtiana às filosofias da história – à noção de pro-

---

138. H. Arendt, "Algumas Questões de Filosofia Moral", *op. cit.*, p. 99 ("Some Questions of Moral Philosophy", *op. cit.*, p. 77).
139. H. Arendt, "Thinking", *op. cit.*, p. 90.

gresso histórico – e a segunda epígrafe em estudo é o livro de François Ost, *Contar a Lei*. Essa epígrafe pertence à segunda parte do *Fausto* goethiano que, como se sabe, desafiou o demônio. Essa versão, como tantas versões do mito, tem origem, como conta F. Ost, nas histórias populares que surgiram na segunda metade do século XVI na Alemanha sobre um certo Doutor João Fausto que, nascido em 1480, fez um pacto com o diabo. E Ost ressalta que a novidade não era o pacto com o demônio, pois este já constava de muitas outras histórias, mas o fato de que agora o diabo sempre saía vencedor[140].

No século XVI, a Europa parece duvidar de si mesma e mergulhar numa profunda inquietação teológica: tanto a Reforma quanto a Contrarreforma representam o Diabo como um personagem real que age com eficácia no mundo social, sempre buscando desviar da salvação criaturas frágeis[141].

Na primeira versão romanceada da história – *Volksbuch* de 1587 –, Doutor Fausto, através de conjurações mágicas, conseguiu atrair *Mephistophilès* – que significa literalmente, de acordo com a etimologia grega, como explica Ost, "aquele que não ama Fausto". Foi com esse auxiliar do diabo que Fausto compactuou: "às incertezas da liberdade que se arrisca na abertura da alteridade, da ação e do tempo, Fausto substitui o regateio contratual que lhe garantirá a onipotência – solipsista e limitada no tempo, mas ainda assim onipotência"[142]. A "perversão da liberdade desmedida" condenará o doutor:

A intenção dogmática e edificante do narrador é evidente, do título até a conclusão final. [...] Fausto é culpado de desviar-se dos dons naturais (sua grande inteligência é posta a serviço da especulação demoníaca); pelo Pacto, a liberdade de Fausto é culpada de entregar-se conscientemente às forças do mal. Depois do pacto, essa liberdade pratica um pecado ainda maior: desesperar

---

140. F. Ost, *Contar a Lei: As Fontes do Imaginário Jurídico*, São Leopoldo, Unisinos, 2005. Ost analisa doze mitos (o Fausto de Fernando Pessoa não consta da análise.)
141. *Idem*, p. 312.
142. *Idem*, p. 315.

da graça divina, acreditando seu pecado superior à capacidade do perdão de Deus. Tanto assim que Fausto acabará por atribuir a culpa à razão e ao livre-arbítrio que o terão conduzido à danação. Longe de libertá-lo, sua liberdade o terá condenado, exatamente como o Pacto, que em princípio era instrumento do livre-arbítrio e que no final se revelará um instrumento de alienação e uma máquina mortífera[143].

Embora este não seja o Fausto de Goethe, este estudo reproduziu alguns trechos do magnífico livro de Ost, não apenas porque esse referencial permite melhor apreciar a interpretação que esse autor faz do romance goethiano, mas porque o autor afirma ao final da análise do *Volksbuch* que o mito de Fausto nunca abandonará a ambivalência inicial que é a da própria liberdade, autônoma e alienada.

O *Fausto* de Goethe foi escrito entre 1808 e 1832 e encontra-se enraizado em seu próprio tempo: Doutor Fausto "metamorfoseado em herói das Luzes [...], ergue-se qual um novo Prometeu como um ser enfim livre – tão livre que em última instância será salvo"[144]. Ost lembra que o pacto não se dá entre o próprio Fausto e Lúcifer, mas no Céu entre Deus e Satã. E Fausto desafia Mefistófeles com sarcasmo:

> Que podes me oferecer, pobre Diabo? [...] Os diabos nunca compreenderam as mais altas aspirações do homem; nada, nenhum bem terrestre poderá saciar sua sede de absoluto. "Desafio-te", parece responder Mefistófeles, há sempre um momento em que o desejo se apazigua. "Que isso aconteça comigo", retruca Fausto, "se eu me estender num leito de preguiça"[145].

Na segunda parte, Satã se torna vencedor, quando Fausto pronuncia as palavras que havia negado afirmar algum dia: "Se eu disser ao instante que passa: para, és tão belo! [...] então que se abra meu túmulo [...]. Que o ponteiro se detenha na hora da morte e o tempo para mim se aniquile"[146].

---

143. *Idem*, p. 318.
144. *Idem*, p. 323.
145. *Idem*, p. 324.
146. *Idem*, p. 325.

É à quebra do pacto que a segunda epígrafe arendtiana se refere, uma alusão ao compulsivo movimento histórico que assentado na noção de progresso e em nome do futuro engolfa a ação, a liberdade, o mal, os eventos, o historiador, o presente e o passado e especialmente o Belo: o evento que é um novo começo.

A análise que Arendt faz da oposição entre ego volitivo e ego pensante a partir da filosofia da história de Hegel permite verificar a analogia que ela estabelece entre o romance goethiano e a filosofia da história como processo. Embora Hegel tenha sido o primeiro filósofo a elaborar uma filosofia do passado, diz Arendt, é o futuro que ganha primazia sobre o passado no tempo histórico hegeliano: "a dimensão dominante do tempo é o futuro, já que é o futuro que terminará e realizará o Ser". Uma vez "terminado e realizado", porém, o Ser se torna imediatamente passado e é justamente com o desaparecimento do futuro – com a cessação do Devir, "em cujo processo o Ser se desdobra e desenvolve", portanto, que o passado tem início. Trata-se da construção do Tempo pelo espírito humano. Em Hegel, o homem não é só temporal, como já mencionado, ele é Tempo e é nesse sentido que o fim da história corresponde à morte, à "frustração dos projetos da vontade" e, assim, à consolidação do "local" em que o filósofo pode se posicionar para voltar os olhos para o passado (a coruja de Minerva): "o presente eterno" do ego pensante. Assim, nota Arendt, se em Hegel o preço pago pela Vida é a inexorabilidade – que é a base do Ser –, a morte é o preço pago pela tranquilidade do espírito[147].

É possível concluir por meio de uma tal analogia que Hegel desafiou Satã e perdeu. Mas se é assim, Arendt provavelmente se lembraria de mencionar que, tal como o Fausto goethiano foi perdoado por muito ter realizado, Hegel também teria se livrado do inferno graças a outras preciosidades que compõem o legado hegeliano.

Não existe, em Arendt, a noção de um paraíso a ser alcançado, mas a possibilidade de um novo começo sempre que os assuntos hu-

---

147. H. Arendt, "Willing", *op. cit.*, p. 43 (Arendt cita Hegel, *A Filosofia do Direito*). Arendt atribui o crédito dessa descoberta a Alexandre Koyré, no ensaio de 1934, *Hegel à Iéna*.

manos ameacem a convivência humana – além do recurso ao perdão e à promessa, que são acordos (contratos) que os homens fazem no âmbito público para apagar equívocos passados e enfrentar a imprevisibilidade do futuro, dadas as limitações impostas pela condição geral de mudança do mundo (contingência). Os problemas políticos estarão sempre presentes, uma decorrência da condição humana da pluralidade – a pluralidade de seres singulares. É nesse sentido que Arendt se refere aos novos começos e não a um começo definitivo e é nesse sentido, também, que afirma a necessidade de um "coração compreensivo", como ensinou rei Salomão, pois não apenas "a mera reflexão e o mero sentimento são capazes de tornar suportável para nós a convivência com outras pessoas, para sempre estranhas em um mesmo mundo, e de tornar possível para elas suportar-nos"[148].

Deixando o futuro de lado, pois para Arendt esse não é o tempo do espectador, do ator e nem mesmo o tempo do historiador, a este último cabe preservar o evento Belo da corrente de causalidades que destrói o abismo – o Nada que anuncia o novo começo. Nesse caso, não é o passado que explica o acontecimento, mas é este que ilumina o passado[149].

---

148. H. Arendt, "Understanding and Politics", em *Essays in Understanding*, op. cit., p. 322. Nesse sentido parecem pouco oportunas as considerações que Agnes Heller faz na seguinte passagem: "foi Mary McCarthy, amiga íntima de Hannah Arendt, quem, num debate da famosa tese de Hannah sobre a necessidade de separar o social do político, ingenuamente lhe perguntou: 'E que vamos discutir no futuro, uma vez que não haverá problemas sociais na política?' Não surpreendentemente, Hannah não soube o que responder a essa pergunta" (A. Heller & F. Féher, *A Condição Política Pós-Moderna*, op. cit., p. 231). Arendt não soube responder ou não quis? Agnes Heller não é a única autora a exigir respostas de Arendt para as questões sociais, como se fosse obrigação de Arendt conhecer ou dar tais respostas. A esse respeito Arendt afirmou: "não somos obrigados a falar sempre" quando se trata de opiniões, diferentemente do que ocorre com a questão – batizada no século XVIII – de "verdades de fato". H. Arendt, "What Remains? The Language Remains: A Conversation with Günter Gaus", op. cit., p. 19.
149. Para exemplificar as considerações de Arendt, é possível contar com o estudo histórico realizado por Jorge L. Grespan a respeito da Revolução Francesa. Segundo esse autor, "é o confronto dos diferentes projetos que determina o andamento da Revolução. Dentro das condições sociais em que ela se deu e às quais reagiu, muitas propostas se apresentaram e nenhuma delas podia ser considerada de antemão vitoriosa. Findo o processo, naturalmente os historiadores partem dos resultados – sobre os quais, aliás, sempre há divergências – para encontrá-los já desde o começo e considerá-los então como causa,

Sempre que ocorre um evento grande o suficiente para iluminar seu próprio passado a história acontece. Só então o labirinto caótico dos acontecimentos passados emerge como uma estória que pode ser contada, porque tem um começo e um fim. [...] Se o historiador insiste na causalidade, arroga-se a capacidade de explicar os eventos por meio de uma corrente de causas que nele culminou. Nesse caso, ele de fato se apresenta como o "profeta voltado para trás"[150].

Mas se o historiador deve salvar o evento da causalidade, como contar a história? Nesse caso é necessário considerar o encadeamento dos fatos, isto é, a causalidade, para que a história tenha alguma coerência. É preciso deixar de fora ocorrências marginais e aquelas que sequer podem ser identificadas dada a sua profusão.

É em Duns Scotus, o único pensador cristão que admitiu a contingência – "o único que ousou [...] tornar um símbolo dos 'verdadeiros cristãos [dizer] que Deus age contingentemente'" –, que Arendt encontra os *insights* necessários para a elaboração de um empreendimento que se preocupa com a visão retrospectiva dos novos começos. Nas próprias palavras de Arendt, os *insights* de Scotus são "condições especulativas para uma *filosofia da liberdade*"[151].

Tendo sido o primeiro a perceber que a contingência é um fenômeno associado à Vontade e não ao ego pensante, Scotus já afirmava que "tudo o que é passado é absolutamente necessário"[152], na medida em que é a "condição necessária para a minha existência". Isso significa que, na condição de parte inseparável do Ser, ninguém pode

> ou para através deles afirmar o caráter dominante do processo todo. No entanto, no mesmo momento em que a Revolução ocorre, todas as possibilidades estão em aberto". E um pouco mais adiante: "assim, mesmo com o recuo posterior da Revolução, quando grupos liberais voltam a predominar politicamente e derrotam as propostas mais transformadoras, algo essencial continua. Ao contrário da opinião de Tulard, um autor recente para quem 'o desenlace da Revolução não esteve à altura das esperanças que suscitara', deve-se considerar que foi a Revolução o nascedouro de tais esperanças e que elas não morreram sob o Diretório ou Napoleão. Elas permanecem, como a utopia do novo tempo que surgia" (J. L. Grespan, *Revolução Francesa e Iluminismo*, São Paulo, Contexto, 2003, p. 107).
> 150. H. Arendt, "Understanding and Politics", em *Essays in Understanding, op. cit.*, p. 319.
> 151. H. Arendt, "Willing", *op. cit.*, p. 146 (grifo meu).
> 152. *Idem*, p. 141.

admitir o Nada. Imaginar um passado que não ocorreu é considerar a própria inexistência.

Scotus ressalta que ele próprio não define por contingente aquilo que não é necessário, mas aquilo que poderia ter ocorrido diferentemente, de modo que "é o elemento causativo nos assuntos humanos que os condena à contingência e à imprevisibilidade". Assim, afirma Scotus: "'não digo que uma coisa é contingente, mas sim que é causada contingentemente'"[153].

Scotus foi o primeiro a perceber que a liberdade e a necessidade pertencem a dimensões diferentes do espírito. A vontade se experimenta a si mesma como um agente causativo; por não estar voltada para o passado e nunca querer retroativamente, porém, deixa para o ego pensante esse trabalho. Este, por sua vez, elimina o acaso e reordena os acontecimentos a partir de um padrão de necessidade, de modo que o Intelecto, encarregado de contar a história, encaixa os dados para dar coerência a esta.

O novo começo torna-se, assim, um começo relativamente absoluto do ponto de vista histórico, no sentido de que é uma quebra na causalidade do tempo histórico, propiciada pelo milagre representado pelo dom de iniciar de muitos, a partir de um empreendimento comum. Trata-se da criação da temporalidade a partir do Nada, incompreensível para o ego pensante.

E aqui se dá novamente o encontro das ideias de Agostinho com as de Kant que são cruciais, para Arendt: a noção de natalidade como novo começo, presente em Agostinho, e a concepção de liberdade como "início espontâneo de estados sucessivos" – presente na *Crítica da Razão Pura*[154]. Em dois momentos de *A Vida do Espírito*,

---

153. *Idem*, p. 140 (Arendt cita *Vorträge und Aufsätze* ["Conferência e Ensaios"]).
154. Arendt refere-se à seguinte passagem da *Crítica da Razão Pura*: "A ideia transcendental da liberdade está, na verdade, longe de formar todo o conteúdo do conceito psicológico deste nome, conceito que é, em grande parte, empírico; apenas constituiu o conceito da absoluta espontaneidade da ação, como fundamento autêntico da imputabilidade dessa ação. É, no entanto, verdadeira pedra de escândalo para a filosofia, que encontra insuperáveis dificuldades para aceitar tal espécie de causalidade incondicionada. Aquilo que na

ao tratar da liberdade, Arendt imagina como cada um desses pensadores teria concebido as ideias do outro:

> Todo homem, sendo criado no singular, é um novo começo em virtude do fato de ter nascido; se Santo Agostinho tivesse levado essas especulações às suas últimas consequências teria definido os homens não à maneira dos gregos, como mortais, mas como "natais", e teria definido a liberdade da Vontade não como o *liberum arbitrium*, a escolha livre entre querer e não querer, mas como a liberdade da qual fala Kant na *Crítica da Razão Pura*.
>
> E se Kant tivesse conhecido a filosofia da natalidade de Santo Agostinho, provavelmente teria concordado que a liberdade da espontaneidade relativamente absoluta não é mais embaraçosa para a razão humana do que o fato de os homens nascerem – continuamente recém-chegados a um mundo que os precede no tempo. A liberdade de espontaneidade é parte inseparável da condição humana. Seu órgão espiritual é a Vontade[155].

O historiador pode ocupar a posição do espectador kantiano e isso é possível porque a origem "jamais pode tornar-se inteiramente uma coisa do passado". Esses acontecimentos luminosos trazem o sentido em si mesmos e garantem uma história sem fim, justamente porque esta sempre poderá ser renovada a partir dos novos começos. O que faz efetivamente a história, afirma Arendt, são justamente as interrupções, os acontecimentos extraordinários. O historiador certamente poderá reconhecê-los porque tais eventos trazem o sentimento de humanidade (*Humanität*) que os inspirou. Na condição de espectador, o historiador pode julgar e identificar os eventos Belos.

Um evento Belo permanece na História para sempre como um exemplo para as futuras gerações. Em *Conceito de História Antigo e Moderno* (1958), Arendt afirmava a diferença entre a concepção de

---

questão acerca da liberdade da vontade desde sempre causou um tão grande embaraço à razão especulativa é, na verdade, propriamente transcendental e consiste simplesmente no problema de admitir uma faculdade que, por si mesma, inicie uma série de coisas ou estados sucessivos" (Kant, *Crítica da Razão Pura*, 3. ed., Lisboa, Fundação Calouste Gulbenkian, B476, p. 408).

155. H. Arendt, "Willing", *op. cit.*, pp. 109-110.

O Amor ao Mundo 295

história como processo e as noções antigas de História. Ainda que tais noções tenham sido diferentes entre gregos e romanos, o que é relevante, nota Arendt, é que ambas consideravam que

> o significado ou, como diriam os romanos, a lição de cada evento, feito ou ocorrência revela-se em e por si mesma. [...] Heródoto desejava "dizer o que é" (*légein tà eónta*), porque dizer e escrever estabiliza o fútil e o perecível, "fabrica uma memória" para ele, na expressão grega: *mnémen poiêisthai*; no entanto, jamais teria duvidado que cada coisa que é ou que foi carrega seu significado dentro de si mesma, necessitando apenas da palavra para torná-lo manifesto ("descerrar através das palavras"), para "exibir os grandes feitos em público"[156].

Da Poesia e Historiografia gregas Arendt empresta a noção de grandeza do evento e da Historiografia romana a noção de exemplaridade de um evento para as futuras gerações[157]. A história do mundo pode não ser o "teatro da felicidade", como afirmou Hegel, mas contém eventos Belos que são exemplos de que os seres humanos são capazes de construir o mundo a partir de um empreendimento comum.

Um "coração compreensivo" pode ajudar a contar a história ainda que para isso seja preciso trilhar o estreito caminho entre fatos e imaginação. É esta última que auxilia o encontro de uma perspectiva adequada – pelo afastamento ou pela aproximação do evento passado – para alcançar a "superação de abismos" necessários ao diálogo da compreensão. Arendt se refere ao diálogo entre gerações e entre povos. A imaginação é a faculdade que corresponde ao coração compreensivo e não se confunde com a fantasia fundada em sonhos – à idealização de um mundo futuro. Arendt lembra que a História é

---

156. H. Arendt, "The Concept of History: Ancient and Modern", *op. cit.*, p. 64.
157. Arendt não associa o evento à tradição tal como os romanos. Para esses, a História era vista "como um repertório de exemplos tomados do comportamento político real, demonstrando o que a tradição e a autoridade dos antepassados exigia de cada geração e o que o passado acumulara para o benefício do presente". H. Arendt, "The Concept of History: Ancient and Modern", *op. cit.*, p. 65. A noção de evento como um novo começo não é compatível com a ideia de acumulação de benefícios, de orientação e de tradição. O evento é, para Arendt, exemplo, tal como para os romanos, mas de grandeza, tal como para os gregos.

uma categoria muito mais antiga do que o próprio Heródoto e tem seu início "no momento em que Ulisses, na corte do rei dos Feácios, escutou a estória de seus próprios feitos e sofrimentos, a estória de sua vida [e chorou] [...], [uma cena] paradigmática tanto para a História como para a Poesia: 'a reconciliação com a realidade'"[158].

Ao historiador cabe a imparcialidade ao ressaltar os grandes feitos daqueles que estiveram envolvidos nos eventos históricos: "louvar a glória de Heitor não menos do que a grandeza de Aquiles", pois dessa maneira,

não apenas deixa para trás o interesse comum no próprio povo, que até nossos dias caracteriza quase toda a Historiografia nacional, mas descarta também a alternativa de vitória ou derrota, considerada pelos modernos como expressão do julgamento "objetivo" da própria história, e não permite que ela interfira com o que é julgado digno de louvor imortalizante[159].

E aqui encontra-se, talvez, o sentido mais plausível, como outros já apontaram, para a primeira epígrafe e que, segundo Arendt, resume o princípio político implícito na empresa de recuperação: "A causa vitoriosa agradou aos deuses, mas a derrotada agrada a Catão" (*Victrix causa deis placuit, sed victa Catoni*).

Vê-se que o empreendimento arendtiano em *A Vida do Espírito* mais do que justifica o uso do conceito de *banalidade do mal*, um conceito que Arendt, antes de qualquer outro e seguindo com Kant, colocou em questão logo no início dessa obra:

Tendo sido aturdida por um fato que, queira ou não, "me pôs na posse de um conceito" (a banalidade do mal), não me era possível deixar de levantar a *questio juris* e me perguntar "com que direito eu o possuía e utilizava"[160].

Para finalizar, resta desvendar o golpe de mestre que Arendt prometeu a J. Glenn Gray que daria em "O Julgar". Se um tal golpe

---

158. H. Arendt, "The Concept of History: Ancient and Modern", *op. cit.*, p. 45.
159. *Idem*, p. 51.
160. H. Arendt, "O Pensar", *op. cit.*, p. 7 ("Thinking", *op. cit.*, p. 5).

não diz respeito à *Ética do Amor ao Mundo* ou às considerações sobre a constituição do Belo, como expressão da teoria e da prática ou à recuperação da dignidade humana através da história, este estudo vê ainda uma última possibilidade.

Se o Belo é revelação do Ser, é no âmbito público e a partir de um empreendimento comum que o Ser se manifesta, pois o evento que é Belo é a atualização mesma do princípio de humanidade (*Humanität*) – é atualização da liberdade, da natalidade e da comunicabilidade.

A manifestação do Belo no âmbito dos assuntos humanos contrapõe Arendt a Platão, pois este havia vislumbrado o Belo fora da caverna e no Todo, longe dos assuntos humanos. Ao introduzir um princípio inspirador para a ação, não foi necessário transmutar o Belo em Bem, como fez Platão, quando levou para o mundo comum as concepções filosóficas autoritárias e exteriores à política: verdades filosóficas que buscavam constranger os cidadãos da *polis*.

A manifestação do Ser no âmbito público contrapõe Arendt a Hegel, na medida em que essa pensadora não precisou dar conta da união entre Espírito e realidade. Por ter compreendido que somos do mundo e chegamos bem equipados para viver nesse mundo, nada havia para unir. O Ser é manifestação da humanidade (*Humanität*) quando, em concerto, os seres humanos inauguram o novo mundo e isso é muito diferente de afirmar, com Hegel, que "existe algo por trás de todos os membros individuais da espécie humana e que este algo chamado Humanidade é na verdade uma espécie de alguém, que ele chamou de Espírito do Mundo"[161].

Arendt se contrapõe, além disso, ao velho Marx, que procurou em vão trazer a ação e a verdade para o âmbito público, quando intentou "virar Hegel de cabeça para baixo" e acabou herdando a partir desse gesto as categorias tradicionais com as quais este último trabalhava. Arendt colocou a verdade no âmbito dos assuntos humanos – a verdade factual do evento que é Belo – e emprestou uma nova dignidade à ação humana sem precisar dar conta de quaisquer

---

161. H. Arendt, "Willing", *op. cit.*, p. 48.

operações de inversão, pois o ponto de partida arendtiano é a pluralidade humana – a paradoxal pluralidade de seres singulares que faz da liberdade a razão de ser da política. Contestou o velho Marx, também, ao afirmar a importância dos novos começos, isto é, da interrupção da cadeia de acontecimentos sempre que uma comunidade julgar necessário evitar a destruição definitiva do mundo comum e o aparecimento de novas formas de totalitarismo.

Arendt alcançou ainda o que Heidegger não conseguiu em *A Sentença de Anaximandro*, quando este esteve às voltas com a revelação do Ser através dos seres, marco de uma nova época, e com a possibilidade de transposição do abismo que se antepõe entre velho mundo e surgimento de um novo tempo. Tais preocupações de Heidegger encontram-se associadas à pergunta que ele mesmo fez, em 1922, quando fechou a conferência *O Que É Metafísica?*: "por que existe, afinal, algo e não, antes, o nada?" De acordo com Arendt, essa era "a questão básica" da metafísica para Heidegger: a questão que corresponde ao "espanto platônico, o choque inicial que põe o filósofo em seu caminho" e que foi, então, revivido por Heidegger[162].

Parece plausível admitir que Arendt já havia encontrado uma resposta para essa questão há algum tempo e que só poderia respondê-la no âmbito da filosofia – dos assuntos transpolíticos – e não no da teoria política. Àquela questão Arendt responderia que existe o Ser e não o Nada porque os seres humanos, além de mortais, são natais[163].

Arendt encaminhou essa resposta quando tratou da filosofia da história de Hegel em "O Querer". O Nada antecipa o novo começo na medida em que põe fim à cadeia precedente de acontecimentos, isto é, na medida em que nega algo particular. Se Hegel afirmou que

---

162. H. Arendt, "Thinking", *op. cit.*, p. 145. Arendt lembra que essa pergunta foi feita anteriormente por Leibniz e Schelling.
163. A resposta arendtiana à questão que pergunta pelo Ser não é uma solução para a questão colocada pela Metafísica que procura uma *intenção* para o Ser. A resposta de Arendt diz respeito ao *como* da manifestação do Ser. Arendt ressalta que para fugir à questão colocada pela Metafísica – *por que existe algo e não, antes, o nada?* –, o próprio Heidegger acabou substituindo-a pela ideia do homem como o pastor do Ser.

"não há, no céu ou na terra, qualquer coisa que não contenha tanto de Ser quanto de Nada", por que Hegel iniciou o processo histórico-dialético pelo Ser e não pelo Nada?[164]

Considerando o processo hegeliano como uma combinação entre dois movimentos, o movimento tese, antítese e síntese – que se torna um movimento circular-dialético na medida em que a síntese coincide com a nova tese – e o movimento retilíneo progressivo, Arendt afirma que o processo hegeliano é um processo progressivo apenas porque o Ser é tomado como ponto de partida – o Ser (tese) faz do Não-Ser (antítese) um caminho para o Ser (síntese = tese). Se Hegel tomasse como ponto de partida o Nada, o Não-Ser, não poderia levar adiante o processo histórico fundado no progresso; ao contrário, tudo seria aniquilado e nenhum Devir se tornaria possível. A primazia do Ser, em Hegel, se baseia, assim, em uma "negação que não nega algo específico e particular"[165]. Encontra-se aí a possibilidade de continuidade do processo.

Arendt interpretou que Heidegger encontrava-se às voltas com as filosofias da história em *A Sentença de Anaximandro*, por ter esse pensador questionado:

[...] o que nos importam todas as filosofias da história unicamente historicistas, se a única coisa que fazem é deslumbrar o bom ordenamento da matéria histórica dada, se explicam a história sem pensar jamais os fundamentos de seus princípios de explicação a partir da essência da história e sem ter em conta o próprio ser? Somos os epígonos que somos? Mas somos ao mesmo tempo os precursores da aurora de uma era do mundo completamente nova que deixou para trás todas nossas atuais representações históricas?[166]

Heidegger não pensava a história como progresso, mas esta lhe parecia um processo irresistível, para o qual parecia não vislumbrar

---

164. H. Arendt, "Willing", *op. cit.*, p. 192.
165. *Idem*, p. 51.
166. M. Heidegger, "La sentencia de Anaximandro", em *Caminos de bosque*, Madrid, Alianza Universidade, 1995, p. 294.

qualquer saída. Esse foi o motivo pelo qual "o desocultamento do Ser" a partir do Nada, aventado por esse pensador em *Anaximandro*, foi interpretado por Arendt como um sinal da esperança heideggeriana. É possível que essa pensadora tenha se sensibilizado com a forma desoladora com que Heidegger terminou o texto:

> O ser humano está a ponto [...] de submeter o curso da história à planificação e à ordem de um governo terrestre. [...] Que mortal é capaz de pensar até o final o abismo desta confusão? Se pode fechar os olhos ante esse abismo. Podemos intentar cegarmo-nos e deslumbrarmo-nos com falsas construções uma e outra vez. Mas o abismo sempre estará aí.
>
> As teorias sobre a natureza, as doutrinas sobre a história não resolvem a confusão. [...] Existe alguma possibilidade de salvação?
>
> Mas [...] o que ocorre se a essência do homem reside em pensar a verdade do ser?
>
> Então, o pensar terá que falar poeticamente desde o enigma do ser. O pensar traz a aurora do pensado à proximidade do que fica por pensar[167].

Não foi possível a Heidegger dar seguimento à ideia de "desocultamento do Ser" a partir do começo epocal porque para isso seria necessário acreditar que os seres humanos são capazes de fazer milagres e de colocar um ponto final nas crises que ameaçam a destruição do mundo.

O Belo é "manifestação da plenitude da criação" (Agostinho); através dele "vemos uma verdade radiante" (Jaspers). O Belo nos ensina a "amar sem interesse próprio" (Kant) e por ser expressão da beleza (atores), da sabedoria (espectadores) e da justiça (historiadores) nos obriga a parar para pensar (Sócrates).

O pensador que faz da morada humana a própria morada pode, através de um exemplo, oferecer um princípio para que o amor se faça mundo. E Arendt cita Nietzsche a esse respeito: "Tenho em con-

---

167. *Idem*, p. 336.

ta um filósofo na medida em que ele esteja em condições de dar um exemplo"[168].

Certamente Arendt estaria entre aqueles pensadores que Nietzsche levaria em conta. Ofereceu um exemplo: o amor de Sócrates pela cidade. Legou um conceito, *a banalidade do mal*, e um antiexemplo, a irreflexão de Eichmann. Deixou um princípio a ser testado e validado: o *Amor ao Mundo*.

Isso foi possível a Arendt porque acreditava, muito antes de se dedicar ao estudo das atividades do espírito e mesmo antes do julgamento de Eichmann, que

a perda da permanência do mundo e da segurança do mundo – que politicamente é idêntica à perda da autoridade [que precedeu a Era Moderna] – não acarreta necessariamente a perda da capacidade humana para construir, preservar e cuidar de um mundo que pode sobreviver à nossa partida e permanecer um lugar adequado à vida dos que vêm após[169].

---

168. H. Arendt, "Truth and Politics", em *Between Past and Future*, *op. cit.*, p. 299 (Nietzsche em *Schopenhauer als Erzieher*).
169. H. Arendt, "What is Authority?", *op. cit.*, p. 95.

Conclusão

*A pulsação do mundo é o coração da gente.
O coração do mundo é a pulsação da gente.
Ninguém nos pode impor, meu irmão, o que
é o melhor pra gente.*

MILTON NASCIMENTO,
De Magia, de Dança e Pés.

Tendo eleito a autoridade, a liberdade e o amor para estudar as relações entre ética, liberdade e política no pensamento arendtiano, este estudo alcançou bem mais do que esperava: uma ética da liberdade que tem como princípio o *Amor ao Mundo* e que mostrou ser o coração de uma filosofia da liberdade. Isso foi possível porque o que se resgatou no pensamento arendtiano foi o *Amor*. Nem sempre muito visível, o Amor mostrou-se presente em toda a obra arendtiana.

Tal como pistas, as citações que encerram cada um dos capítulos deixavam entrever a importância do Amor no pensamento e na vida de Hannah Arendt antes mesmo de iniciado este estudo: pequenas preciosidades tal como aquelas que W. Benjamin colecionava por acreditar que "o tamanho de um objeto era inversamente proporcional à sua significação"[1]. Embora tenham conquistado um lugar

---

1. H. Arendt, *Homens em Tempos Sombrios*, op. cit., p. 190.

apenas ao final de cada capítulo, essas afirmações constituíram fonte de inspiração para este estudo.

Ora associados à liberdade ora conectados à autoridade, os diferentes tipos de amor – o amor à sabedoria, o amor ao próximo e o amor à liberdade – nem sempre se mostraram como aquilo que pareciam ser: revelaram-se como desejo de poder e como resultado de um querer solipsista. Foi necessário percorrer um longo caminho para desvendar os diferentes significados do amor no pensamento arendtiano. Para Arendt, aqueles amores dizem respeito à busca de convivência humana, de reconciliação com o mundo pela compreensão, de amizade ou, ainda, de minoração do sofrimento alheio.

Do ponto de vista político, o amor não é o amor de alguém nem o amor por alguém ou por alguma coisa. É *Amor ao Mundo* e se revela quando o amor à liberdade se transforma, pela ação, no amor de muitos à liberdade. A ação é, assim, um ato de amor. Os espectadores refletem para os atores a ação em andamento e se o encontro entre atores e espectadores é manifestação da humanidade (*Humanität*), então os espectadores sentem o gosto da liberdade que os atores saboreiam.

O *Amor ao Mundo* é nascimento e enquanto novo começo encerra uma cadeia anterior de acontecimentos. Por um instante o Nada se faz presente e este Nada é a condição mesma para a manifestação do Ser, na medida em que o Nada aparece quando o Belo acontece. Este vem ao mundo através dessas "coisas belas [...] [que] ora nascem ora morrem" (Sócrates). Não há separação entre teoria e prática, não há inversão entre pensamento e ação ou hierarquização entre corpo e espírito, não há dois mundos, não há regras de conduta nem imperativos morais. A ação é feita "de magia, de dança e pés" e de corações compreensivos.

Isso não significa que Arendt acreditasse na fundação de um paraíso de felicidade eterna na Terra. Tinha consciência de que "da pluralidade humana [...] surge em sua grandeza e miséria – todo o domínio dos assuntos humanos" e esse é o motivo pelo qual insistiu na ideia de novos começos e não de um único e derradeiro começo. Arendt acreditava na construção permanente do mundo – uma exigência para a preservação de todos os tipos de relacionamento humano –, pois assim como a pluralidade humana é origem de dificuldades ela é, ao mesmo tempo, pluralidade de soluções.

Por descartarem a violência, seriam as ideias arendtianas menos plausíveis do que aquelas que constituem as filosofias da história? A violência dispensa, de fato, o agir em concerto; pode ocorrer desorganizadamente, pois se encontra firmada no querer daqueles que não têm o hábito de refletir ou na crença de que o presente pode ser maculado, pois haja o que houver a História trará a salvação. Não há remorsos, apenas "o dever" cumprido em nome do amor à humanidade (*Menschheit*) e a humanidade é, nesse sentido, uma abstração.

É possível supor a partir do pensamento de Arendt que o mal encontra-se associado à ideia de que alguém não deveria ter nascido[2], uma violação à comunidade na medida em que uma voz singular – única em toda a face da Terra – é impedida de ser ouvida.

A importância da condição da pluralidade humana esteve vinculada principalmente aos momentos de crise, no pensamento de H. Arendt. Muitas, no entanto, são as manifestações a respeito de um posicionamento dessa pensadora diante de questões sociais associadas aos conflitos de interesse presentes na sociedade. Arendt não se posicionou e nem poderia se posicionar a esse respeito porque acreditava que as soluções para essas questões encontram-se enraizadas em cada comunidade política. Quaisquer interferências vindas de fora ou do "alto" é tudo quanto Arendt reputava como uma impropriedade.

Ainda que não se arvorasse a oferecer soluções para aquelas questões, tinha consciência das dificuldades e das crises que assolavam e que assolam o mundo moderno. Para dar apenas um exemplo, Arendt afirmou: "o fato é que uma sociedade de consumo não pode absolutamente saber como cuidar de um mundo e das coisas que pertencem de modo exclusivo ao espaço das aparências mundanas, visto

---

2. A abordagem de Arendt é política. Não há quaisquer alusões aqui à eutanásia nem obviamente ao aborto.

que sua atitude central ante todos os objetos, a atitude do consumo, condena à ruína tudo em que toca"[3].

É nesse sentido mesmo que Arendt preocupava-se com um novo começo para o mundo. Dedicou-se a estudar a teoria da ação em momentos de crise porque sabia que o mundo é Belo e que poderia perder-se em meio a uma sociedade de consumo e de indivíduos isolados e, nesse caso, a destruição do mundo equivale à perda da capacidade de os seres humanos nascerem uns para os outros pela ação e pela palavra. Mas se Arendt preocupava-se com o isolamento presente nas sociedades de consumo, o que dizer das sociedades de consumo que têm se mostrado espaços permanentes de violência?

É possível caminhar com Arendt para pensar a possibilidade de novos começos em sociedades assoladas pelo mal e pelo medo do mal, ainda que não se trate, nesse caso, do conceito arendtiano de banalidade do mal. Se cometer o mal é uma decisão associada à convicção de que alguém não deveria ter nascido, praticar o mal é não apenas matar, mas também excluir. A exclusão é sempre uma violação à comunidade e o problema, nesse caso, é que o autor da exclusão não pode ser identificado. É chamado de sistema, de governo, de má distribuição de renda, de luta entre capital e trabalho, de descaso e de corrupção. Arendt afirmaria, provavelmente, a necessidade de participação política para minorar ou reverter essa situação.

Mas a participação política requer o convívio humano e o fim ou minoração do isolamento. Nas nossas sociedades a violência que gera exclusão é realimentada pela exclusão, espalhando o medo que, por sua vez, só tende a reforçar o isolamento. Parece que exclusão e violência cumprem um importante papel: deixam os governos, os políticos e os lobistas de causas privadas livres para desmandos e corrupções. Enquanto os indivíduos mantêm-se temerosos e hostis uns em relação aos outros, os governos, os políticos e as políticas sociais e econômicas deixam de ser o foco de críticas e de reivindicações. Não é coincidência que a história da desigualdade e do isolamento

---

3. H. Arendt, "The Crisis in Culture", *op. cit.*, p. 211.

em algumas sociedades possa ser contada como a história do aparecimento dos muros, das grades, das cercas eletrônicas, das empresas de segurança pessoal. Mas essa é também a história de um tempo em que as pessoas sentiam prazer na companhia de outras pessoas.

Calam-se muitas vozes: aquelas que não podem se comunicar em condições de igualdade com os demais cidadãos por falta de cuidado – carência de educação, de saúde e de recursos necessários para a produção e reprodução da vida – e aquelas arrebatadas pelo medo. Se a condição para a inauguração de novos começos é a convivência humana, é de perguntar como é possível em sociedades violentas fundar um mundo comum? Qual a validade do uso da máxima socrática "é preferível sofrer o mal a cometê-lo" em uma sociedade violenta? A falta de validade, nesse caso, é expressão mesma da libertação não conquistada. Nesse caso, seria a violência o remédio contra a violência?

Não para Arendt que acreditava na criação de espaços capazes de permitir o florescimento da confiança entre os seres humanos, pois só assim o convívio e a liberdade política poderiam ser apreciados[4]. Concordava com Montesquieu que afirmou que "para que se possa estar de posse dessa liberdade, o governo deve ser tal que um cidadão não tenha medo do outro"[5].

Se o espanto diante do mal se perdeu em meio à maldade e ao sensacionalismo em torno do mal, o mesmo não se pode dizer a respeito do Belo que continua comovendo os corações. E não são poucos os exemplos de feitos belos que ganham lugar no mundo. Para ressaltar essa convicção Arendt usou uma passagem de Nietzsche:

Há eventos de natureza tão delicada, que faríamos bem em soterrá-los e torná-los irreconhecíveis através de uma grosseria; existem atos de amor e

---

4. "Confiar na palavra do outro é acreditar que o outro fala para me transmitir, ainda que de forma insatisfatória, o seu ponto de vista sobre o mundo e não para me enganar; confiar na ação do outro é acreditar que ele quer edificar, através da ação concertada – mesmo que isso implique o desacordo e o conflito – um mundo com sentido." A. M. Roviello, *Senso Comum e Modernidade em H. Arendt*, Lisboa, Piaget, 1997, p. 27.
5. Montesquieu, *Esprit des Lois*, Livro XI, cap. 3. Citado por Arendt em "Willing", p. 199.

extravagante grandeza, após os quais é aconselhável tomar de um bastão e surrar a testemunha, para lhe turvar a memória, para vingar-se ao menos desse cúmplice – o pudor é criativo. Não são as piores coisas aquelas de que mais envergonhamos. [...] Posso imaginar que um homem, tendo algo precioso e frágil a esconder, rolasse pela vida, tosco e redondo, como um velho tonel de vinho fortemente guarnecido[6].

Caminhando com Arendt é possível crer que a confiança no outro é passível de recuperação porque os seres humanos nasceram para a liberdade. É possível pensar, também, na possibilidade de uma rebelião ética contra o mal e contra o medo do mal: um mutirão cotidiano, persistente e alegre que através de "uma atitude de carinhoso cuidado", em cada espaço e por amor à liberdade, seja capaz de cultivar a confiança necessária para transformar em poder um punhado de cidadãos[7].

---

6. Nietzsche, "Além do Bem e do Mal", n. 40. Citado por H. Arendt em "Some Questions of Moral Philosophy", op. cit., p. 124.
7. Não se trata aqui de uma "política da amizade", mas da consideração da imprescindibilidade do outro para a construção de um mundo comum.

Bibliografia

De Hannah Arendt

ARENDT, H. *Essays in Understanding: 1930-1954*. KOHN, J. (ed.). New York, Harcourt Brace & Company, 1994.
_____. *Between Past and Future: Eight Exercises in Political Thought*. New York, Penguin Books, 1993.
_____. *Crises of the Republic*. New York, Harcourt Brace & Company, 1972.
_____. *Eichmann in Jerusalem: A Report on the Banality of Evil*. New York, Penguin Books, 1992.
_____. *Homens em Tempos Sombrios*. Trad. Ana Luísa Faria. Lisboa, Relógio D'Água, 1991.
_____. "L'intérêt pour la politique dans la pensée philosophique européenne recente". *Cahiers de Philosophie*, 4 (*Hannah Arendt: confrontations*) Lille, Presses de Université de Lille, 1987.
_____. *Lectures on Kant's Political Philosophy*. BEINER, R. (ed.). Chicago, The University of Chicago Press, 1992. / *Lições sobre a Filosofia Política de Kant*. Trad. André Duarte. Rio de Janeiro, Relume Dumará, 1993.
_____. *Love and Saint Augustine*. SCOTT, J. V. & STARK, J. C. (eds.). Chicago, The University of Chicago Press, 1996.
_____. *On Revolution*. New York, Penguin Books, 1990. / *Da Revolução*. Trad. Fernando Dídimo Vieira. São Paulo, Ática & UnB, 1990.
_____. *On Violence*. New York, Harcourt Brace & Company, 1970.
_____. "Philosophy and Politics", *Social Research*, vol. 71, n. 3, 2004.
_____. *Qu'est-ce que la politique?* LUDZ, U. (ed.). Trad. Sylvie Courtine-Denamy. Paris, Éditions du Seuil, 1995.

_____. *Rahel Varnhagen: A Vida de uma Judia Alemã na Época do Romantismo*. Trad. Antônio Trânsito e Gernot Kludasch. Rio de Janeiro, Relume Dumará, 1994.

_____. *Responsibility and Judgment*. KOHN, J. (ed.). New York, Schocken Books, 2003. / *Responsabilidade e Julgamento*. ASSY, B. (ed.). Trad. Rosaura Einchenberg. São Paulo, Companhia das Letras, 2004.

_____. *The Human Condition*. Chicago, The University of Chicago Press, 1989.

_____. *The Life of the Mind*. New York, Harcourt, Inc., 1978. / *A Vida do Espírito*. Trad. Antônio Abranches e Helena Martins. Rio de Janeiro, Relume Dumará, 1993.

_____. *The Origins of Totalitarianism*. New York, Harcourt Brace, 2004.

_____. *The Portable Hannah Arendt*. BAEHR, P. (ed.). New York, Penguin Books, 2000.

_____. "Travail, oeuvre, action", *Études Phénoménologiques*, 2, 1985.

Hannah Arendt / Karl Jaspers: Correspondence 1926-1969. KÖHLER, L. & SANER, H. (orgs). Trad. Éliane Kaufholz-Messmer. Paris, Ed. Payot & Rivages, 1995.

Hannah Arendt-Martin Heidegger: Correspondência 1925-1975. LUDZ, U. (org.). Trad. Marco Antonio Casa Nova. Rio de Janeiro, Relume Dumará, 2001.

De Outros Autores

ABREU, M. Aparecida. *Hannah Arendt e os Limites do Novo*. Rio de Janeiro, Azougue, 2004.

AGOSTINHO, Santo, Bispo de Hipona. *A Doutrina Cristã – Manual de Exegese e Formação Cristã*. São Paulo, Edições Paulinas, 1991.

_____. *A Cidade de Deus. Parte I*. REIS, O. (org.). Trad. Oscar Paes Leme. Petrópolis, Vozes, 2002.

AMIEL, A. *Hannah Arendt: Política e Acontecimento*. Trad. Sofia Mota. Lisboa, Instituto Piaget, 1997.

_____. *La non-philosophie de Hannah Arendt: revolution et jugement*. Paris, Presses Universitaires de France, 2001.

ALTHUSSER, L. & BALIBAR, E. *Para leer el Capital*. Trad. Marta Hernecker. México, Siglo XXI, 1978.

APEL, Karl-Otto. *Transformação da Filosofia II: O A Priori da Comunidade de Comunicação*. Trad. Paulo Astor Soethe. São Paulo, Loyola, 2000.

ASSY, B. "Eichmann, Banalidade do Mal e Pensamento em Hannah Arendt". In *Hannah Arendt. Diálogos, Reflexões, Memórias*. JARDIM, E. M. & BIGNOTTO, N. (orgs). Belo Horizonte, Ed. UFMG, 2001.

_____. "A Atividade da Vontade em Hannah Arendt: Por um Êthos da Singularidade (Haecceitas) e da Ação". In *Transpondo o Abismo: Hannah Arendt entre a Filosofia e a Política*. CORREIA, A. (org.). Rio de Janeiro, Forense Universitária, 2002.

_____. "Introdução à Edição Brasileira: Faces Privadas em Espaços Públicos por uma Ética da Responsabilidade". In ARENDT, H. *Responsabilidade e Julgamento*. ASSY, B. (org.). São Paulo, Companhia das Letras, 2004.

BADIOU, A. *Ética, um Ensaio sobre a Consciência do Mal*. Trad. Antônio Trânsito e Ari Roitman. Rio de Janeiro, Relume Dumará, 1995.

BEINER, R. (org.) "Interpretative Essay". In ARENDT, H. *Lectures on Kant's Political Philosophy*. Chicago, The University of Chicago Press, 1992.

_____. "Hannah Arendt and Leo Strauss: the uncommenced dialogue", *Political Theory*, 18 (2), 1990.

BENHABIB, Seyla. "La paria y su sombra. Sobre la invisibilidad de las mujeres en la filosofia política de Hannah Arendt". In *Hannah Arendt: El orgullo de pensar*. BIRULÉS, F. (org.). Barcelona, Gedisa, 2000.

BERGSON, H. *As Duas Fontes da Moral e da Religião*. Trad. Nathanael C. Caixeiro. Rio de Janeiro, Zahar, 1978.

_____. *Ensayo sobre los datos inmediatos de la conciencia*. Montevido, Uruguay, Claudio Garcia & Cia, 1944.

BERNSTEIN, R. "The Banality of Evil Reconsidered". In CALHOUN, Craig & MCGOWAN, John (eds.). *Hannah Arendt & the Meaning of Politics*. Mineapolis, University of Minnesota Press, 1997.

_____. *Hannah Arendt and the Jewish Question*. Cambridge (Mass.), MIT Press, 1996.

_____. "Did Hannah Arendt Change Her Mind?: From Radical Evil to the Banality of Evil". *Hannah Arendt Twenty Years Later*. MAY, L. & KOHN, J. (eds.). Cambridge (Mass.), MIT Press, 1997.

_____. "Provocation and Appropriation: Hannah Arendt's Response to Martin Heidegger". *Constellations*, 4 (2), Blackwell Publishers Ltd, 1997.

BIGNOTTO, N. *Maquiavel Republicano*. São Paulo, Loyola, 1991 (Coleção Filosofia, vol. 19).

BIRULÉS, F. (org.). "Presentación: veintecinco años despues". *Hannah Arendt: El orgullo de pensar*. Barcelona, Gedisa, 2000.

BRUNKHORST, H. "Equality and elitism in Arendt". In *The Cambridge Companion to Hannah Arendt*. VILLA, D. (ed.). Cambridge, Cambridge University Press, 2002.

CAILLÉ, A.; LAZZERI & C., SENELLART, M. *História Argumentada da Filosofia Moral e Política: A Felicidade e o Útil*. Trad. Alessandro Zir. São Leopoldo, Ed. Unisinos, 2004.

CANOVAN, M. *Hannah Arendt: A Reinterpretation of Her Political Thought*. Glasgow, Nell and Bain, 1995.

―――――. "Socrates or Heidegger? Hannah Arendt's Reflections on Philosophy and Politics", *Social Research*, New York, 57 (1), 1990.

―――――. "Hannah Arendt as a Conservative Thinker". In *Hannah Arendt Ttwenty Years Later*. MAY, L. & KOHN, J. (eds.). Cambridge (Mass.), MIT Press, 1997.

CASSIRER, E. *Kant, Vida e Doutrina*. Trad. Wenceslao Roces. México, Fondo de Cultura Económica, 1993.

COLLIN, F. "Nacer y tiempo. Agustín en el pensamiento arendtiano". In *Hannah Arendt: El orgullo de pensar*. BIRULÉS, F. (org.). Barcelona, Gedisa, 2000.

―――――. "Du privé et du public", *Les Cahiers du Grif*, 33, 1986.

CORREIA, A. "O Pensar e a Moralidade". In *Transpondo o Abismo: Hannah Arendt entre a Filosofia e a Política*. CORREIA, A. (org.). Rio de Janeiro, Forense Universitária, 2002.

COURTINE-DENAMY, S. *Hannah Arendt*. Trad. Ludovina Figueiredo. Lisboa, Instituto Piaget, 1999.

―――――. *O Cuidado com o Mundo*. Trad. Maria Juliana Gambogi Teixeira. Belo Horizonte, UFMG, 2004.

CRESPIGNY, A. & MINOGUE, K. "Hannah Arendt: A Nostalgia Helênica e a Sociedade Industrial". In *Filosofia Política Contemporânea*. Brasília, Ed. UnB, 1979.

CRITELLI, D. M. *Analítica do Sentido: Uma Aproximação e Interpretação do Real de Orientação Fenomenológica*. São Paulo, Educ/Brasiliense, 1996.

CUNHA, M. P. Sérvulo da. *O Movimento da Alma: A Invenção por Agostinho do Conceito de Vontade*. Porto Alegre, Edipucrs, 2001.

DELACAMPAGNE, C. *História da Filosofia no Século XX*. Trad. Lucy Magalhães. Jorge Zahar Editor, Rio de Janeiro, 1997.

DOSTAL, R. J. "Judging Human Action: Arendt's Appropriation of Kant". *The Review Metaphysics*. 37 (4), 1984.

DUARTE, A. "Hannah Arendt e a Modernidade: Esquecimento e Redescoberta da Política". In *Transpondo o Abismo: Hannah Arendt entre a Filosofia e a Política*. CORREIA, A. (org.). Rio de Janeiro, Forense Universitária, 2002.

―――――. "A Dimensão Política da Filosofia Kantiana Segundo Hannah Arendt". In ARENDT, H. *Lições sobre a Filosofia Política de Kant*. Trad. André Duarte. Rio de Janeiro, Relume Dumará, 1993.

―――――. "Hannah Arendt entre Heidegger e Benjamin. A Crítica da Tradição e a Recuperação da Origem Política". In *Hannah Arendt. Diálogos, Reflexões, Memórias*. JARDIM, E. M. & BIGNOTTO, N. (orgs.). Belo Horizonte, Ed. UFMG, 2001.

_____. *O Pensamento à Sombra da Ruptura: Política e Filosofia em Hannah Arendt*. São Paulo, Paz e Terra, 2000.

ENEGRÉN, A. *La pensée politique de Hannah Arendt*. Paris, Presses Universitaires de France, 1984.

ESPOSITO, R. "Politas o comunitas?". In *Hannah Arendt: El orgullo de pensar*. BIRULÉS, F. (org.). Barcelona, Gedisa, 2000.

FOUCAULT, M. "L'éthique du souci de soi comme pratique de la liberte". In *Dits et écrits*, vol. IV, *1954-1988*. DEFERT, D. & EWALD, F. (orgs.). Paris, Gallimard, 1994.

GADAMER, H. Georg. *Los caminos de Heidegger*. Trad. Angela Ackermann Pilári. Barcelona, Herder, 2002.

_____. *Verdade e Método: I – Traços Fundamentais de uma Hermenêutica Filosófica*. Trad. Flávio Paulo Meurer. Petrópolis/Bragança Paulista, Vozes/Ed. Univ. São Francisco, 2004.

GARCÍA GONZÁLEZ, D. E. *Del poder político al amor al mundo*. Ciudad de México, Porrúa, 2005.

GARRIDO, M. "Contra la filosofía de las minucias". In JASPERS, K. *Los grandes filósofos/Los hombres decisivos: Sócrates, Buda, Confucio, Jesús*. Trad. Pablo Simón. Madrid, Tecnos, 1993.

GINER, S. "Hannah Arendt: Uma Recordação Pessoal". In *Hannah Arendt: El orgullo de pensar*. BIRULÉS, F. (org.). Barcelona, Gedisa, 2000.

GRESPAN, J. *Revolução Francesa e Iluminismo*. São Paulo, Contexto, 2003.

HABERMAS, J. "O Conceito de Poder em Hannah Arendt". In *Habermas*. São Paulo, Ática, 1993. Coleção Sociologia, 15.

HEGEL, G. W. F. *Filosofia da História*. Trad. Maria Rodrigues e Hans Harden. Brasília, Ed. UnB, 1995.

HEIDEGGER, M. "Conversación de *Spiegel* con Martin Heidegger". In *Martin Heidegger*. Trad. Ramón Rodríguez. Madrid, Tecnos, 1996.

_____. "La sentencia de Anaximandro". In *Caminos de bosque*. Trad. Helena Cortés e Arturo Leyte. Madrid, Alianza Editorial, 1995.

HANSEN, P. *Hannah Arendt: Politics, History and Citizenship*. Standford (Cal.), Standford University Press, 1993.

HELLER, A. *O Cotidiano e a História*. Trad. Carlos Nelson Coutinho. São Paulo, Paz e Terra, 2000.

HELLER, A. & FEHÉR, F. *A Condição Política Pós-Moderna*. Trad. Marcos Santarrita. Rio de Janeiro, Civilização Brasileira, 1998.

HOBSBAWM, E. *Revolucionários*, 2. ed. Trad. João Carlos V. Garcia e Adelângela S. Garcia. Rio de Janeiro, Paz e Terra, 1985.

HUBENY, A. *L'action dans l'oeuvre de Hannah Arendt: Du politique à l'éthique*. Paris, Découvrir, 1993.

JAEGER, W. *Paideia: los ideales de la cultura griega*. México, Fondo de Cultura, 1993.
JAY, M. "O Existencialismo de H. Arendt". In *Hannah Arendt: El orgullo de pensar*. BIRULÉS, F. (org.). Barcelona, Gedisa, 2000.
JASPERS, K. *Iniciação Filosófica*, 9. ed. Trad. de Manuela Pinto dos Santos. Lisboa, Guimarães Editores, 1998.
_____. *Razón y existencia: Cinco lecciones*. Trad. Haraldo Kahnemann. Buenos Aires, Editorial Nova, s/d.
_____. *La fé filosófica*. Trad. J. Rovira Armengol. Buenos Aires, Losada, 2003.
_____. *Los grandes filósofos/Los hombres decisivos: Sócrates, Buda, Confucio, Jesús*. Trad. Pablo Simón. Madrid, Tecnos, 1993.
_____. *Kant*. Trad. Ralph Manheim. New York, Harcourt Brace & Company, 1962.
_____. *Plato and Augustine*. Trad. Ralph Manheim. New York, Harcourt Brace & Company, 1962.
_____. *Filosofía de la existencia*. Trad. Luis Rodríguez Aranda. Barcelona, Planeta-Agostini, 1985.
JONAS, H. "Acting, Knowing, Thinking: Gleanings from Hannah Arendt's Philosophical Work", *Social Research*, New York, 44(1), Spring 1977.
KANT, I. *Crítica da Faculdade do Juízo*. Trad. Valerio Rohden e António Marques. Rio de Janeiro, Forense Universitária, 2002.
_____. *Crítica da Razão Pura*. Manuela Pinto dos Santos. Lisboa, Fundação Calouste Gulbenkian, 1994.
KRISTEVA, J. *Le génie féminin: La vie, la folie, le mots, t. 1, Hannah Arendt*. Paris, Fayard, 1999.
KOHN, J. "Evil and Plurality: Hannah Arendt's Way to The Life of the Mind, I". In *Hannah Arendt Twenty Years Later*. MAY, L. & KOHN, J. (eds.). Cambridge (Mass.), MIT Press, 1997.
_____. "Freedom: The Priority of the Political". VILLA, D. (ed.). In *The Cambridge Companion to Hannah Arendt*. Cambridge, Cambridge University Press, 2002.
_____. "Introduction". In ARENDT, H. *Responsibility and Judgment*. New York, Schocken Books, 2003.
LAFER, C. "Na Confluência entre o Pensar e o Agir: Sobre uma Experiência com os Conceitos de Hannah Arendt". In DUARTE, André (org.). *A Banalização da Violência: A Atualidade do Pensamento de Hannah Arendt*. Rio de Janeiro, Relume Dumará, 2004.
_____. *Hannah Arendt: Pensamento, Persuasão e Poder*. 2. ed., São Paulo, Paz e Terra, 2003.

LEFORT, Claude. "Hannah Arendt y la cuestión de lo político". In *Hannah Arendt: El orgullo de pensar*. BIRULÉS, F. (org.). Barcelona, Gedisa, 2000.

LE GOFF, J. *Em Busca da Idade Média*. Trad. Marcos de Castro. Rio de Janeiro, Civilização Brasileira, 2005.

LEONARD, S. T. "Evil, Violence, Thinking, Judgment: Work on the Breach of Politics". In CALHOUN, Craig & McGOWAN, John (eds.). *Hannah Arendt & the Meaning of Politics*. Mineapolis, University of Minnesota Press, 1997.

LUDZ, U. "Commentaire de l'éditeur". In ARENDT, H. *Qu'est-ce que la politique?*. Trad. Sylvie Courtine-Denamy. Paris, Éditions du Seuil, 1995.

McARTHY, M. "Posfácio". In ARENDT, H. *A Vida do Espírito*. Trad. Antônio Abranches e Helena Martins. Rio de Janeiro, Relume Dumará, 1993.

MAESTRE, A. "Prólogo". In D'ARCAIS, Paolo Flores. *Hannah Arendt: existencia y libertad*. Madrid, Tecnos, 1966.

MAGALHÃES, T. C. "Hannah Arendt e a Desconstrução Fenomenológica da Atividade de Querer". In *Transpondo o Abismo: Hannah Arendt entre a Filosofia e a Política*. CORREIA, A. (org.). Rio de Janeiro, Forense Universitária, 2002.

MAGALHÃES-VILHENA, V. *O Problema de Sócrates: O Sócrates Histórico e o Sócrates de Platão*. Lisboa, Fundação Calouste Gulbenkian, 1984.

MAQUIAVEL, N. *Discorsi – Comentários Sobre a Primeira Década de Tito Lívio*. Brasília, UnB, 1982.

MARCUSE, H. "Ética e Revolução". In *Cultura e Sociedade*. São Paulo, Paz e Terra, 1998, vol. 2.

MARX, K. *O Capital: Crítica da Economia Política*. Trad. Reginaldo Sant'Anna. Rio de Janeiro, Civilização Brasileira, 1980.

MONGIN, O. "Du Politique à l'esthétique", *Esprit*, juin 1980, p. 98.

MORAES, E. Jardim de. "Hannah Arendt: Filosofia e Política". In *Hannah Arendt: Diálogos, Reflexões, Memórias*. JARDIM, E. M. & BIGNOTTO, N. (orgs.). Belo Horizonte, UFMG, 2001.

MUSSE, R. "Teoria e Prática". In *Capítulos do Marxismo Ocidental*. LOUREIRO, I. M. & MUSSE, R. (orgs.). São Paulo, Unesp, 1998.

NYE, A. *The Thought of Rosa Luxemburg, Simone Weil and Hannah Arendt*. New York, Routledge, 1994.

Novo Testamento. Editora Vozes, Petrópolis, 1962.

ORTEGA, F. *Para uma Política da Amizade: Arendt, Derrida, Foucault*. Rio de Janeiro, Relume Dumará, 2000.

OST, F. *Contar a Lei: As Fontes do Imaginário Jurídico*. Trad. Paulo Neves. São Leopoldo, Unisinos, 2005.

PEETERS, R. "Hannah Arendt et le démantèlement de la vita contemplative". In *Hannah Arendt et la modernité*. ROVIELLO, A. M. & WEYEMBERGH, M. (orgs.). Paris, Vrin, 1992.

PLATÃO. *Górgias ou a Oratória*. Rio de Janeiro, Brasiliense, 1989.
POPPER, Karl. *A Miséria do Historicismo*. Trad. Octany S. da Mota e Leônidas Hegenberg. São Paulo, Cultrix/Edusp, 1980.
PRESAS, Mário A. *Situación de la Filosofía de Karl Jaspers*. Buenos Aires, Desalma, 1978.
REVALULT D'ALLONNES. "Amor Mundi. La persévérance du politique". In ABENSOUR, Miguel et al. (orgs.). *Colloque Hannah Arendt: Politique et pensée*. COLLIN, F. (org.). Paris, Payot & Rivages, 1996.
RICOEUR, P. "Da Filosofia ao Político". In *Em Torno ao Político*. São Paulo, Loyola, 1995.
_____. "Jugement esthétique et jugement politique selon Hannah Arendt". In *Le Juste*. Paris, Éditions Esprit, 1995.
_____. "Préface". In *Condition de l'homme moderne*. Trad. Georges Fradier. Paris, Calmann-Lévy, 1983.
ROVIELLO, A. M. *Senso Comum e Modernidade em H. Arendt*. Trad. Bénedicte Houart e João Filipe Marques. Lisboa, Piaget, 1997.
SCALA, A. "Hannah Arendt et la philosophie", *Les Cahiers de Philosophie (Hannah Arendt, confrontations)*. Lille, Presses de l'Université de Lille – III, 1987.
SOUKI, N. "Da Crise da Autoridade ao Mundo Invertido". *Hannah Arendt. Diálogos, Reflexões, Memórias*. JARDIM, E. M. & BIGNOTTO, N. (orgs.). Belo Horizonte, UFMG, 2001.
_____. *Hannah Arendt e a Banalidade do Mal*. Belo Horizonte, UFMG, 1998.
TAMINIAUX, J. "Arendt, disciple de Heidegger?", *Études phénoménologiques*, 2, 1985.
TASSIN, E. "Être ou faire. Les conditions de l'humain selon Arendt et Weil". In *Les Catégories de l'Universel: Simone Weil et Hannah Arendt*. NARCY, M. & TASSIN, E. (orgs.). Paris, L'Harmattan, 2001.
TAYLOR, A. E. *El Pensamiento de Sócrates*. México, Fondo de Cultura Económica, 1993.
VILLA, D. *Arendt and Heidegger: The Fate of the Political*. Princeton (New Jersey), Princeton University Press, 1996.
_____. "The Banality of Philosophy: Arendt on Heidegger and Eichmann". *Hannah Arendt: Twenty Years Later*. MAY, L. & KOHN, J. (eds.). Cambridge (Mass.), MIT Press, 1997.
_____. "Introduction: The development of Arendt's Political Thought". In *The Cambridge Companion to Hannah Arendt*. VILLA, D. (ed.). New York, Cambridge University Press, 2002.
_____. "Arendt, Nietzsche, and the Anesthetization of Political Action", *Political Theory* (16/1), 1988.

WAGNER, E. S. *Hannah Arendt & Karl Marx: O Mundo do Trabalho*, 2. ed. São Paulo, Ateliê Editorial, 2002.

_____. "A Consideração da Pluralidade Humana". In *As Mulheres e a Filosofia*. EGGERT, E. et al. (orgs.). São Leopoldo, Unisinos, 2002.

WELLMER, A. "Hannah Arendt sobre o Juízo: A Doutrina não Escrita da Razão". In *Hannah Arendt: El orgullo de pensar*. BIRULÉS, F. (org.). Barcelona, Gedisa, 2000.

WOLLIN, R. *Labirintos: Em Torno a Benjamin, Habermas, Schmitt, Arendt, Derrida, Marx, Heidegger e Outros*. Trad. Maria José Figueiredo. Lisboa, Instituto Piaget, 1998.

_____. *Los Hijos de Heidegger: Hannah Arendt, Karl Löwith, Hans Jonas y Herbert Marcuse*, Madrid, Cintra, 2003.

YOUNG-BRUEHL, E. *Hannah Arendt: Por Amor ao Mundo. A Vida e Obra de Hannah Arendt*. Trad. Antônio Trânsito. Rio de Janeiro, Relume Dumará, 1997.

Título	*Hannah Arendt: Ética & Política*
Autora	Eugênia Sales Wagner
Editor	Plinio Martins Filho
Produção Editorial	Aline Sato
Revisão	Geraldo Gerson de Souza
Editoração Eletrônica	Camyle Cosentino
Capa	Tomás Martins
Formato	16 x 23 cm
Tipologia	Sabon
Papel de Capa	Cartão Supremo 250 g/m^2
Papel de Miolo	Chambril Avena 80 g/m^2
Número de Páginas	320
Impressão	Gráfica Vida e Consciência